GREG BUCHANAN

SECHZEHN PFERDE

Roman

Aus dem Englischen von Henning Ahrens

S. FISCHER

Erschienen bei S. FISCHER

Die Originalausgabe erschien 2021 unter dem Titel »Sixteen Horses« bei Mantle, an imprint of Pan Macmillan The Smithson, 6 Briset Street, London.
Copyright © Buchanan Productions Ltd 2021

Für die deutschsprachige Ausgabe:

© 2022 S. Fischer Verlag GmbH,
Hedderichstr. 114, D-60596 Frankfurt am Main

Die Zitate auf den Seiten 7 und 336 stammen aus Robert Frost, *Innehaltend inmitten der Wälder an einem Schnee-Abend* (1922), übersetzt von Paul Celan.

Gesamtherstellung: CPI books GmbH, Leck
Printed in Germany
ISBN 978-3-10-397488-1

Für Charlotte

Wes diese Wälder sind, das weiß ich recht genau.

Allein im Dorf erst, drüben, steht sein Haus.
Der Schnee füllt ihm den Wald – steh ich und schau,
dann sieht er mich nicht, macht er mich nicht aus.

Mein kleiner Gaul, der findets wohl verquer:
kein Haus, kein Hof – und dahier hält sein Herr;
ein Teich, gefroren, und nur Wälder um uns her;
der Abend heut – im ganzen Jahr kein finsterer.

Das Zaumzeug schüttelt er – die Schelle spricht:
Ist das ein Mißverständnis – oder nicht?
Ich lausch und horch – ich hör sonst nichts;
doch, dies noch: leichten Wind, die Flocken, erdwärts, dicht.

Anheimelnd, dunkel, tief die Wälder, die ich traf.
Doch noch nicht eingelöst, was ich versprach.
Und Meilen, Meilen noch vorm Schlaf.
Und Meilen Wegs noch bis zum Schlaf.

Robert Frost

EINS

Kurz vor Sonnenaufgang standen Wolkenfetzen am Himmel, sie übersäten den Horizont als rostbraune Silhouetten. Die beiden waren allein unterwegs. »Kondensstreifen«, hatte der Farmer zu Beginn ihres Fußmarsches gesagt. Davon abgesehen war er stumm geblieben.

Nun enthüllte der Schein ihrer Taschenlampen die Böschung eines flachen Grabens, der das dem Meer abgetrotzte Marschland durchzog. Im Schilf und auf den Uferböschungen regten sich Fliegen, Grillen und Rohrammern.

»Wo ist die Stelle?«, fragte Alec bibbernd. Es war fünf vor sieben. Er hatte seine Jacke im Polizeiwagen gelassen.

»Hier waren keine Schafe«, meinte der Farmer und überging die Frage. Er sprang über den Graben, glitt auf der steilen Böschung aus, fing sich aber wieder. »Sonst treiben sie sich gern hier rum.«

Alec betrachtete den Schlamm, und der Farmer grinste, wobei die wettergegerbten Wangen unter dem grau-weißen Bart zum Vorschein kamen. Mit dem dicken Wachs-

9

mantel, der Wampe und der Stimme hätte er ebenso gut ein übergeschnappter Weihnachtsmann sein können. »Sie legen sich schon nicht auf die Schnauze«, sagte er. »Oder haben Sie Angst vor ein bisschen Dreck, Sergeant Nichols?«

»Nein.« Doch. »Ich hoffe mal, ich bin nicht umsonst hier. Und diese Fliegen ...« Eine hatte es sich unterhalb des aufgekrempelten Ärmels zwischen den Haaren seines Unterarms gemütlich gemacht, und er wedelte sie hektisch weg. Er war ein gefundenes Fressen für die hiesige Fauna.

»Beim nächsten Mal sollten Sie besser nicht halb nackt rumlaufen«, meinte der Farmer.

Alec verzog den Mund. Er trat einen Schritt zurück, dann sprang er über den Graben. Er landete mit einem klatschenden Geräusch im dicken, zähen Schlamm, bespritzte seine schwarze Hose und die Jeans des Farmers.

Der sagte lächelnd: »Ts-ts-ts. Was man nicht alles tun muss, wie?«

Alec wollte den Schlamm von der Hose wischen, verschmierte ihn aber nur. Seine Hände wurden schmutzig.

Der Farmer ging weiter.

Er wies auf einen halb leeren, etwa siebzig Meter entfernten großen Wassertank aus durchsichtigem, nun verdrecktem Plastik. Eine Schliere markierte den Wasserstand wie ein schiefes Lächeln. »Wir haben sie in der Nähe des Tanks entdeckt.« Sein Gesicht fiel in sich zusammen.

Alec sah auf die Uhr. Sechs nach sieben.

Bald ginge die Sonne auf.

Sie wanderten weiter. In der Stille surrten Fliegen, irgendwo weiter draußen blökten Schafe im Halbdunkel.

»Jean zieht weg«, sagte der Farmer. »Schon gehört?«

»Wer?«

»Jean, sie wohnt den Weg hinunter«, erklärte der Farmer stirnrunzelnd. »Sie zieht weg, verkauft ihre Farm.«

»Ah, ja, Jean …« Alec verstummte kurz. »Ich habe das Schild gesehen.« Er war unterwegs daran vorbeigekommen. Die Farm war bestimmt doppelt so groß wie diese, und Vieh und Land waren in deutlich besserem Zustand. Der Name war ihm trotzdem nicht geläufig. Er kannte hier noch immer kaum jemanden. Vermutlich sollte ihm auch mit dieser Information unter die Nase gerieben werden, dass er ein Fremder war.

»Sie will zu ihrer Familie ziehen. Behauptet sie jedenfalls.«

»Ich glaube, ich habe sie gelegentlich in der Stadt gesehen«, sagte Alec. Sie hatten den Wassertank fast erreicht. »Sind das die Leute, die diese Schnecken machen? Sie mischen Wurstfleisch in eine Art Zimtschnecke. Köstlich. Haben Sie mal gekostet?«

Er schlug wieder nach einer Fliege, nun auf seinem Gesicht.

»Nein«, antwortete der Farmer. »Ich bin Vegetarier.«

»Ach, ja? Meine Frau hat es vor Jahren versucht, aber …«

»War nur ein Witz«, sagte der Farmer, und das Gespräch erstarb.

Die Welt war noch in Dunkel getaucht, doch die Sonne stieg langsam über den Horizont. Der Tag brach an.

≠

Knapp zwanzig Meter weiter wich die Brache einem frisch bestellten Acker, dessen dunkle Erde stellenweise aufgeworfen war. Man versank bei jedem Schritt im nassen Schlamm.

Die Grenze des Landes wurde in der Ferne von einem Drahtzaun markiert, der an den Stellen, wo sich Schafe gerieben hatten, mit schimmernden Wollbüscheln geschmückt war.

Jetzt waren keine Schafe zu sehen. Es war eine Einöde.

»Ich weiß wirklich nicht, was wir hier …«

»Dort«, unterbrach ihn der Farmer. »Im Boden.«

Alec senkte seinen Blick. Anfangs sah er nur Erde.

»Ich kann nichts …«

Er verstummte, und im nächsten Moment wurden sie von einer Windbö gestreift. Auf dem Boden schien sich etwas zu bewegen.

Er ging ein paar Schritte weiter und richtete den Strahl seiner Taschenlampe auf die Stelle. Einen Meter vor ihm türmten sich schwarze Haare in dicken, seidigen Wirbeln, schlammig wie der Boden.

Alec trat näher und ging in die Hocke. Er wischte die Hände an der Hose ab und holte ein Paar Latexhandschuhe aus der Tasche. Er wollte sie schnell überstreifen, doch seine Finger – kalt und klamm nach dem Fußmarsch –

hafteten am Latex. Mühsam musste er sie über die Finger zerren, wobei er die dunklen Wirbel nicht aus den Augen ließ.

Schließlich hob er ein Haarbüschel an, das sich erstaunlich schwer und zottelig anfühlte. Er hielt es noch höher, fuhr mit den Fingern der anderen Hand durch die Strähnen, befühlte sie.

Alec legte die Haare behutsam ab. Die Sonne stieg immer höher. Da war noch etwas.

Etwas Schwarzes, glänzend wie Plastik und mit einem schmutzig weißen, halbmondförmigen Rand. Es sah an ihm vorbei.

Es war ein Auge, ein großes, bekümmertes Auge im Boden.

Alec richtete sich auf und wich zurück.

»Meine Tochter hat sie entdeckt«, sagte der Farmer. »Sie hätte gar nicht hier sein dürfen …«

Alec ließ den Taschenlampenstrahl über den Boden gleiten. Es gab weitere – manche dicht beieinander, andere abgesondert. Er suchte einen Umkreis von dreißig Metern ab, bis er die Gewissheit hatte, alle gefunden zu haben.

Alec zählte sechzehn Köpfe, auf der Seite liegend und fast vollständig eingegraben. Nur ein Auge lag frei, und bei einem Kopf konnte man ein Stück des Halses erkennen. Schwer zu sagen, ob die Reste der Kadaver sich auch an dieser Stelle befanden.

Ringsherum war alles voller Fußabdrücke: Seine eigenen, die des Farmers, zweifellos auch von dessen Tochter.

»Wer tut so was?«, krächzte der Farmer und blinzelte.

Alec sah ruckartig auf, er spürte, wie ihm Säure in die Kehle stieg. Der Himmel wurde zusehends heller, das Rot breitete sich aus wie Feuer, die Wolken nahmen eine bläuliche Färbung an. Im Schilf zirpten und summten immer noch Fliegen und Grillen, aber kein Insekt ließ sich auf den toten Augen nieder. Sie schienen unantastbar zu sein.

In einer halben Meile Entfernung war ein Haus am Horizont zu erkennen.

»Wer wohnt dort?«, fragte Alec.

»Niemand.«

Er starrte das Haus an. Es wirkte einsam.

»Haben Sie so was schon mal gesehen?«, fragte er. »Das ist …«

Grotesk.

Wunderschön.

»Nein. Sie etwa?«

Alec schüttelte den Kopf, trat noch weiter zurück, betrachtete abermals die Haare. Eindeutig Schweife, wie er jetzt begriff.

»Das ist doch Mord«, sagte der Farmer, nun leiser.

»Schauen Sie nur. Schauen Sie doch mal.«

Es handelte sich genau genommen um Sachbeschädigung, um ein Eigentumsdelikt.

Mit allem, was nicht als Mensch galt, konnte man nach Belieben verfahren.

Alec blickte wieder zu dem Haus, das dunkel und abweisend in der Ferne stand.

»Gibt es jemanden, der Ihnen etwas nachträgt? Der den Wunsch haben könnte, Ihnen zu schaden?«

Der Farmer rang sich ein Lächeln ab. »Abgesehen von meiner Frau, meinen Sie? Nein, nein, ich komme mit den Leuten klar. War immer so.« Er schwieg kurz. »Und was nun?«

»Wir sollten einen Tierarzt rufen«, antwortete Alec. »Wir müssen sie obduzieren lassen. Wir rühren sie besser nicht an, bevor wir nicht mehr wissen.«

»Das kann ich mir finanziell nicht leisten«, meinte der Farmer.

»Sie müssen das nicht …«

»Und außerdem«, fuhr der Farmer fort, »hat sie jemand hier vergraben, stimmt's? Pferde buddeln sich wohl kaum selbst ein.«

»Und der schlammige Boden? Wenn dies früher Meeresgrund war, dann sind sie vielleicht … Tja, ich weiß auch nicht, aber vielleicht sind sie im Boden versunken.«

»Nein«, entgegnete der Farmer entschieden und ohne sich weiter zu erklären.

Alec betrachtete wieder die Augen. Sie waren reglos, aber davon abgesehen hätten sie auch lebendig sein können.

Er holte sein Handy heraus, um zu fotografieren. Das musste reichen, bis Unterstützung käme. »Sie müssen dringend auf Ihre anderen Tiere achten«, sagte Alec. »Vielleicht können Sie sie im Stall unterbringen.«

»Und der Halter?«, fragte der Farmer.

»Welcher Halter?«

»Na, hier … der Halter dieser …« Der Farmer fuchtelte mit verkniffener Miene herum.

Alec betrachtete erneut die Köpfe und sah dann den Farmer an. »Diese Pferde waren also nur bei Ihnen untergebracht?« Er schwieg kurz. »Dann müssen wir mit den Haltern Kontakt …«

»Nein«, fauchte der Farmer. »Nein, nein, nein.«

»Schon gut«, sagte Alec und trat näher, worauf der Farmer zurückwich. »Ihre Versicherung deckt bestimmt alles ab.«

»Sie begreifen nicht. Ich halte keine Pferde – ich habe nie Pferde auf meiner Farm gehabt. Das habe ich der jungen Frau schon am Telefon klarzumachen versucht.«

Eine Fliege landete neben seinem Auge.

»Ich habe diese Pferde noch nie gesehen.«

ZWEI

Ein Toter sitzt in einem Raum. Er ist nicht umgekippt, weil seine Hände hinter dem Rücken gefesselt sind. Die Luft ist von Staub und Gasen gesättigt. Sein rechtes Auge ist nur noch eine leere Höhle. Irgendetwas regt sich in seinem Magen.

Der Hunger hat ihn überlebt. Seine Eingeweide brodeln, sein Mikrobiom, erhitzt durch Bakterien und symbiotische Flüssigkeiten. Das Leben, das dem Toten noch innewohnt, konsumiert und atmet weiter, bis alles erstickt. Er verdaut sich selbst.

Es stinkt nach ranzigem Schweinefleisch und Zucker. Es ist ein abartiger Gestank nach Essen. Es stinkt, wie es auf Erden schlimmer nicht stinken kann.

Ein Toter sitzt in einem Raum, aber er ist nicht allein.

Zwei Detectives schauen zu, während man etwas von der Leiche entfernt. Etwas, das nicht zu dem Opfer, ja nicht einmal zu einem Menschen gehört.

Drei weiße Katzenhaare, die im Blut entdeckt wurden.

Cooper presst sich die Maske fester aufs Gesicht. Der Gestank ist widerlich, aber sie lässt sich nicht aus dem Konzept bringen. Sie wird nicht zum Fenster rennen und kotzen und diesen selbstgefälligen Besserwissern eine Gelegenheit geben, an ihr zu zweifeln. Es ist die erste Leiche, die Cooper je gesehen hat, aber das ist ihr nicht anzumerken.

Sie konzentriert sich auf die Katzenhaare und blendet alles andere aus. Sie darf jetzt keine Gefühle zeigen. Durch diese Katzenhaare wird der Fall aufgeklärt. Mit ihrer Hilfe wird man jemanden identifizieren, den bislang niemand zu identifizieren vermochte.

$$\neq$$

»Warum sitzen wir hier?«, wollte die Therapeutin wissen.

In dem kleinen, weißen, von Neonröhren erhellten Raum gab es keine Uhr, doch Cooper trug eine schwarze SmartWatch am linken Handgelenk. Sie musste täglich aufgeladen werden. Sie war klobig. Sie hatte einen roten Rand. Sie war so umständlich und nervig zu handhaben, dass sie das Geld im Grunde nicht wert war.

Cooper konnte schwerlich auf ihre Uhr schauen, ohne dass man ihr unterstellte, sie sei nicht bei der Sache. Die Therapeutin legte alles zu ihrem Nachteil aus. Sie war gnadenlos.

»Warum sitzen wir hier, Cooper? Überlegen wir noch einmal, warum wir hier sitzen.«

Cooper verengte die Augen.

»Wollen Sie, dass ich erkläre, was ich fühle?« Sie setzte sich aufrechter hin. »Das tue ich ja schon.«

»Ich möchte auf etwas zurückkommen, das Sie erwähnt haben. Dass Sie damals ›keine Gefühle zeigen‹ durften.«

»Damals befand ich mich am Ort eines Mordes«, erwiderte Cooper verärgert. »Ich hatte zum ersten Mal mit einem Mordopfer zu tun. Was hätte ich denn tun sollen? Heulen?«

Die Therapeutin starrte sie an. Sie war ganz anders als Coopers letzte Therapeutin, eine warmherzige Frau, die große, grüne Pullover geliebt und Empathie, Sympathie und noch viel mehr besessen hatte.

Diese Frau hingegen hatte einen kalten Blick.

»Ich war damals fünfundzwanzig. Ich entfernte die Katzenhaare, ich untersuchte den Toten, und draußen habe ich mich dann ins Gras erbrochen.« Cooper neigte sich etwas vor. »Ich habe gute Arbeit gemacht.«

»Glauben Sie, Sie waren darauf vorbereitet?«

»Aber sicher. Man hätte mich nicht mit dem Job betraut, wenn ich nicht vorbereitet gewesen wäre.«

»Sie sind keine Polizistin. Sie gehören nicht zur Spurensicherung. Sie sind …«

»Ich war bestens vorbereitet«, unterbrach Cooper sie. »Ich bin Profi, ob Sie es glauben oder nicht.«

»Sie sind Tierärztin.«

Cooper wandte den Blick ab. Eine Weile herrschte Schweigen, weshalb sie wieder auf die Uhr sah.

14:18 Uhr.

14:19 Uhr.

»Die Katzenhaare, die wir auf dem Bein des Mordopfers entdeckt haben, stammten von einem Freund seines

Schwagers. Wir haben im Haus seiner Schwester einige gefunden, wir haben seine Geschäftspartner ausfindig gemacht, und wir haben den Freund aufgespürt. Die Beweise haben es ermöglicht, Mordanklage gegen ihn zu erheben.« Cooper verstummte.

Die Therapeutin schwieg, und sie verkrampfte sich.

»Sie scheinen immer noch nicht zu begreifen, wieso ich …«

»Warum haben Sie sich auf den Geruch fixiert? Das würde mich wirklich interessieren.«

»Kennen Sie den Gestank einer Leiche?«

Die Therapeutin schüttelte den Kopf.

»Er lässt keinen Raum für andere Gedanken.« Cooper griff nach der Flasche, die neben ihr stand, und trank einen Schluck Wasser. »Ein Teil von uns lebt nach dem Tod weiter, stimmt schon, aber ganz sicher keine Seele oder Ähnliches. Nur unsere Gedärme.«

»Sie haben gesagt, wir fressen uns selbst.«

»So ist es ja auch. Die Bakterien, die wir in uns tragen, zersetzen alles.«

»Dann fressen wir uns genau genommen nicht *selbst*.«

»Wir bestehen zu sechzig Prozent aus Wasser. Unser Körper bietet Raum für alles Mögliche.«

Cooper setzte sich aufrecht hin, sah erneut auf ihre Uhr. 14:23 Uhr. Die Therapeutin studierte ihre Notizen.

»Warum wollten Sie Tierärztin werden?«, fragte sie.

Cooper sah sie an.

»Warum diese Berufswahl?«

»Ich wollte Tieren helfen.«

20

»Ist das wahr?«

»Ja.«

»Ist das die ganze Wahrheit?«

Kurzes Schweigen.

»Wenn Sie Tieren helfen wollten«, fuhr die Therapeutin fort, »dann würden Sie Tieren helfen. Stattdessen tun Sie etwas anderes, wenn ich es richtig sehe.«

Cooper nickte.

»Warum?«

»Weil ich keine Lust hatte, bei der Arbeit höflich tun zu müssen.«

»Wem gegenüber wollten Sie nicht höflich tun?«

»Wem gegenüber?«

»Cooper …« Die Therapeutin seufzte.

»Allen gegenüber.«

»Wie meinen Sie das?«

»Die meisten Menschen verschwenden keinen Gedanken daran, dass sie irgendwann sterben. Das meine ich.«

»Und Sie wissen, was die meisten Menschen denken?«

»Ja«, antwortete Cooper. »Sie doch auch. Das ist Ihr Job.« Sie schnaubte. »Glauben Sie allen Ernstes, die Leute würden kapieren, was es heißt, zu sterben? Wenn man das Thema anschneidet, sieht man ihnen an, was in ihnen vorgeht. ›Ach, über den Tod mache ich mir keine Gedanken, alles halb so wild, vorausgesetzt, ich habe keine Schmerzen, und wenn ich erst mal tot bin, spüre ich sowieso nichts mehr, wo also ist das Problem?‹«

»Und was *ist* das Problem?«

»Das Problem besteht darin, dass man es nicht weiß«,

antwortete sie. »Niemand weiß, was nach dem Tod kommt. Wir wissen nur, dass es danach kein Bewusstsein mehr gibt, weil alles, was wir erleben – jeder Augenblick des Lebens –, so gründlich getilgt sein wird, als hätte es nie existiert. Der Tod bedeutet ewige Abwesenheit.«

»Andere leben aber weiter«, entgegnete die Therapeutin.

»Ja und?«

Wieder Schweigen. Cooper verkniff sich den Blick auf die Uhr. »Ich habe Veterinärmedizin studiert, weil mir damals nichts Besseres eingefallen ist.«

»Und heute?«

»Heute bin ich einunddreißig und habe seit Jahren kein krankes Tier mehr behandelt.«

»Und wie finden Sie das?«

»Das ist mir gleichgültig.«

»Bereuen Sie etwas?«

»Nein.«

Die Therapeutin notierte etwas. »Fahren Sie fort.«

»Ich mag meinen Job.«

Die Therapeutin legte den Notizblock auf den Tisch. »Ihre Sitzhaltung – und die Art, wie Sie es sagen – verraten mir, dass es Ihnen nicht leichtfällt, sich zu Ihrem Job zu bekennen. Ich finde das interessant.«

»Prima, dass Sie Ihren Spaß haben.«

»Cooper …«

Draußen war das Licht schwächer geworden.

»Wir können nicht zusammenarbeiten, wenn Sie nicht dazu bereit sind«, sagte die Therapeutin.

»Ich will gar nicht mit Ihnen zusammenarbeiten. Ich sitze hier, weil ich dazu verdonnert wurde.«

»Das haben Sie bereits erwähnt.«

»Dann wiederhole ich mich halt.«

»Ich dachte, Sie befürchten, Ihr Leben zu vergeuden, Cooper. Nun habe ich den Eindruck, dass genau das Ihre Absicht ist.«

»Ja, scheint so, nicht wahr?«

Die Therapeutin zögerte kurz, bevor sie weitersprach.

»Erzählen Sie mir von …«

»Wussten Sie, dass die Suizidrate bei Veterinärmedizinern viermal höher ist als der Durchschnitt?« Sie legte eine Pause ein. »Und diese Statistik ist nicht neu – so ist es seit langem.«

»Woran liegt das Ihrer Meinung nach?«

»Wir wissen, wie man Leiden beendet.«

Sie betrachteten einander stumm, weder besonders wütend noch besonders freundlich, aber Coopers Atem ging schneller, als ihr lieb war.

Schließlich ergriff die Therapeutin das Wort.

»Warum sitzen wir hier, Cooper?« Und nach einer Pause: »Diese Frage habe ich Ihnen schon vor zwanzig Minuten gestellt – warum sitzen wir hier?«

»Das habe ich beantwortet.«

»Nein, das haben Sie nicht. Ich möchte den wahren Grund hören. Nicht, was Sie sich einreden. Nicht diesen …«

Cooper starrte sie an.

»Ich bestehe darauf, dass Sie es aussprechen.«

»Weil meine Auftraggeber glauben, ich wäre überfordert. Weil sie glauben, dies könnte mir helfen. Weil sie mich nicht kennen.«

Die Therapeutin seufzte. »Ich frage noch einmal, und ich möchte, dass Sie ehrlich sind.«

Sie blieb stumm.

»Warum sitzen wir hier, Cooper?«

Im Flur regte sich etwas. Sie sah auf die Uhr. 14:38 Uhr. Die Zeit wurde knapp.

Sie blickte auf, mit müden Augen, noch immer angespannt.

»Wegen der Pferde«, sagte Cooper. »Wir sitzen hier wegen der Pferde.«

Der Transporter fuhr durch die Nacht.

»Schon wieder.«

Auf der Straße war kein anderes Auto unterwegs.

»Und es war nicht das letzte Mal, oder?«

Der Fahrer blieb stumm.

»Nun sag schon.«

Der Himmel vor ihnen wurde von einem Feuerwerk erhellt.

»Was wärst du lieber? Unbedacht oder grausam?«

Teil eins:

ILMARSH

TAG EINS

1

»Die Elf«, ertönte die Stimme. »Hat jemand die Elf?«

Keine Antwort. Möwen hockten auf schwarzen Laternenpfählen und oben auf Häusern, deren Farbe abblätterte. Grelle Neonreklamen warben für St George's Charcoal Grill, das Tropical Cafe, Caesar's Palace. In verwaisten Spielhallen schepperten Waka-waka-waka-Chiptunes, blinkten Lichter. Alles für die Katz, denn hier hielt sich keine Menschenseele auf. Grauer Himmel. Wellen schwappten ans Ufer.

Noch vierundzwanzig Tage, dann würde man auf diesem Sand zwei verstümmelte Kadaver entdecken.

≠

Einige Stunden nach der Entdeckung der Pferdeköpfe lehnte ein Mann an seinem Wohnwagen, eine Zigarette in der rechten Hand, bekleidet mit einem schmuddeligen Baumwollunterhemd, das an seinem mageren, sommersprossigen Körper klebte.

Das vormittägliche Bingo hatte Michael geweckt. Das war jetzt ständig so. Die Wiederholungen, die Fragen, die monotone Stimme des Conférenciers, die einen in den Selbstmord treiben konnten – kein Wecker hätte ihn so zuverlässig aus dem Schlaf reißen können. Die Stimme bohrte sich regelrecht in Michaels Schädel. Ein kalter Tag, die Luft roch nach Asche.

Er ließ die Kippe auf den Boden fallen und zertrat sie, atmete tief aus und musste husten.

»Dreiundsiebzig, dreiundsiebzig! Hat niemand? Gibt's nicht!«

Er kehrte kurz in das Wohnmobil zurück. Als er wieder auftauchte, war er für die Arbeit angezogen: Dasselbe Unterhemd, darüber ein verwaschenes, blau-schwarzes Holzfällerhemd. Er schloss die Tür ab und beeilte sich, damit er von dem Bingo nichts mehr mitbekam.

Er hatte Annie bei Joe's Tyres zurückgelassen und dem Namensgeber des Ladens täglich etwas gezahlt, damit er auf sie achtgab.

Joe tat das gern, klar, aber ein Gefallen musste entgolten werden.

Sein Freund besaß eine Wiese direkt hinter der Autowerkstatt, umgeben von hohen Gebäuden; das war goldrichtig, auf jeden Fall besser, als Annie weiter an den Wohnwagen zu binden. Auf jeden Fall gefiel es den Kunden. Joe auch. Annie trottete hin und her, während sie darauf warteten, dass ihr Auto repariert wurde. Sie trabte zum Zaun, um Leckerbissen abzustauben.

Ja, ein Pferd, das hatte was.

Die Leute liebten Annie, und sie mochten Michael, weil er ihnen erlaubte, sie zu streicheln. In dieser Jahreszeit brummte das Geschäft nicht gerade, aber manchmal wollte ein Kind in der kleinen Kutsche über den Strand gefahren werden. Auch Jugendliche nahmen das Pferd in Anspruch – manche buchten eine nächtliche Kutschfahrt, ließen sich mit ihrem Date von Annie durchs Dunkel ziehen. Sicher ein Highlight in ihrem jungen Leben, alles andere war zweifellos eine Enttäuschung.

Und im Sommer, tja, da ging sein Geschäft durch die Decke. Sie waren ein Team.

Er holte Annie jeden Morgen vor der Arbeit, selbst wenn es voraussichtlich keine Arbeit gab. Dann saß er am Meer, während sie nebenan weidete. Dann durfte sie die Sonne genießen, und er las seine Zeitung, manchmal ein Buch. Er hielt sich bereit; aus dem gleichen Grund öffneten leere Spielhallen die Türen, wurde im Bingo-Saal für sechs Leute gespielt.

Michael erreichte Joe's Tyres und ging zur Rückseite.

»Annie«, krächzte er, weil er vom Vorabend eine raue Kehle hatte. »Annie!«, wiederholte er munterer und etwas lauter.

Keine Reaktion. Er rieb seine müden Augen.

Er betrat die Wiese, um sein Pferd zu suchen. Sie war nicht groß, doch es gab ein paar Bäume, und Annie befand sich vielleicht zwischen den Rückseiten der Hotels, grauen Gebäuden, die vor Jahren dichtgemacht hatten und teils farbig angestrichen worden waren, um neue Investoren anzuziehen. Einige wurden jetzt von verarmten, sozial an den Rand gedrängten Leuten bewohnt, die aus anderen Städten vertrieben worden waren. Die Mieten waren niedrig.

Die Wiese lag im Schatten dieser ehemaligen Hotels, das Meer war wenige Gehminuten entfernt. Vielleicht war die Wiese früher ein Garten gewesen, umhegt von einem Schmiedeeisenzaun. Michael ging weiter.

Er suchte die ganze Wiese ab. Weiter entfernt fuhr brummend ein Auto vorbei, dann noch eines.

»Annie?«

Nichts. Sie war wie vom Erdboden verschluckt.

$$\neq$$

All Ihre Lieblingssorten: Eiscreme, zehn Geschmacksrichtungen.

Papa Tea.

Schuhreparatur und Schlüsseldienst. In null Komma nichts.

American Chip Salon (man hatte das zweite O vergessen, und der Name hatte sich eingebürgert).

NATO-Shop, in dem ein zorniger, junger Mann saß, der eine zornige Zeitung las und all jene, die vorbeizugehen wagten, drohend anglotzte.

Ringsumher der Müll des Vorabends. Zigarettenstummel. Quittungen. Kaugummi. Schmale Holzgabeln, fleckig von Fritten-Öl. Abgebrannte Wunderkerzen.

Motorroller tuckerten über den Platz, versammelten und zerstreuten sich, ihre Fahrer hatten aufgedunsene, bekümmerte Gesichter. Diese Männer hatten früher, als alles noch wie geschmiert gelaufen war, auf Ölplattformen gestanden, unter sich die tosende, dunkle See, oder sie hatten jährlich Tausende Tonnen Fisch aus dem Meer geholt. Sie hatten den Jungen und Mädchen am Strand ein Lächeln geschenkt, ihre Arme waren muskulös gewesen, ihre kräftigen Herzen voller Freude.

Nun hielten sie den Blick gesenkt. Sie sprachen kaum ein Wort miteinander. Fünfzig Prozent dieser Männer wussten nicht mehr, wer sie waren, jedenfalls nicht so ganz.

Möwen flogen von Dach zu Dach. Paare mittleren Alters saßen meist stumm auf Bänken. Die Luft roch nach Staub und Sonnencreme und Zigarettenrauch.

Jenseits der gesichtslosen, maroden Gebäude am Market Square schepperte ein Song aus Lautsprechern. Wenn Musik so weit weg ertönt, wenn sie in einem schmierigen Pub wummert, kann man die Worte nicht mehr verstehen.

»Czy Alexej wciąż *leży w* łóżku?«, fragte eine Frau, das Handy an die Wange gepresst. Vor ihr standen Einkaufstüten auf dem Boden. »*Powiedz mu, żeby wstał z łóżka. Musi iść do szkoły.*«

Sie sprach leise, aber mancher horchte auf. Die meisten sahen nicht hin. Eine alte Frau aber schon. Sie ärgerte sich.

»*Ok, ja ciebe też kocham. Zrobię później klopsiki, dobrze?*«

Die Polin steckte das Handy ein und fing den Blick der

alten Frau auf. Sie nahm ihre Einkaufstüten und betrat ein Café: Tea Sarah Coffee (Rolls).

»Milch, zwei Würfel Zucker«, sagte die Polin fast akzentfrei. Lächelnd nahm sie den Tee entgegen und nickte dankend. Sie ergriff ihre Einkaufstüten und ging.

Nachdem sie fort war, tuschelte die alte Frau mit ihrem Begleiter. Sie unterhielten sich über Wahlen.

Der Tag verstrich. Menschen kamen und gingen.

Um zwei nach zwölf fuhr ein Polizeiwagen über den Platz und hielt an der Ecke des Parkplatzes. Das war nicht ungewöhnlich. Es wäre ungewöhnlich gewesen, wenn einer nachts hier herumgefahren wäre. Nachts überließ man die Stadt sich selbst.

Ein Polizist stieg aus – der ältere, fesche; George, wie sich die alte Frau zu erinnern meinte – und ging zu den Marktzelten. Er blieb eine Weile verschwunden. Die metallenen Buchstaben über dem Bogen – Ilmarsh Market – waren verdreckt und leuchteten nur, wenn die Sonne schien.

Minuten später tauchte George wieder auf und stieg in sein Auto. Er fuhr davon.

Im Laufe der nächsten Stunde begann das Gerede.

Die alte Frau spürte eine Veränderung – man gestikulierte und redete. Sie sah zwei Männer, die neben ihren Motorrollern in ein Gespräch vertieft waren.

Irgendetwas war geschehen.

Das sagte sie auch zu ihrem Freund. »Irgendwas ist passiert, Derrick.«

Er nickte nur. Schwer zu sagen, woran er dachte.

Sie wandte den Kopf, wobei sie ihren Körper mit ruckartigen Bewegungen verdrehte, eine Alterserscheinung, und schaute halb verängstigt, halb erfreut drein. »Irgendwas ist passiert«, wiederholte sie.

$$\neq$$

Am Vortag hatte man Regen vorhergesagt, doch er war ausgeblieben.

Bis jetzt.

Sie schlugen gerade die Heringe der Zelte ein, wobei sie die toten Pferde in drei Gruppen unterteilten. Dieses Mal hatten sie die Streifenwagen nicht so weit entfernt abgestellt.

Sechzehn Pferde, hatte Alec berichtet. Und die Schweife – alle abgetrennt. Sie liegen auf einem Haufen.

Die Art, wie die Schweife, nun regennass, ineinander verstrickt waren. Die Art, wie die Augen immer noch vom Boden aufsahen. Und ihre Anordnung … diese groben Kreise … Er hatte nicht den Eindruck, dass dies der Ort eines Verbrechens war.

Es wirkte eher wie der Ausdruck eines Wunsches.

Vormittags war kein Polizist verfügbar gewesen. Alec hätte gar nicht kommen sollen. Er war Detective Sergeant und gehörte zur Spurensicherung. Dies war unter seiner Würde.

Er hatte schlecht geschlafen.

Als der Amtstierarzt abfuhr, ergriff Alec sein Handy.

Der Mann hatte ihm den Namen und die Nummer

einer Spezialistin genannt, die nur ein paar Stunden entfernt wohnte. Jemand mit Erfahrung in Forensik, wie es schien.

»Wäre einen Versuch wert«, sagte Alec zu seinem Vorgesetzten. Sie würden sie nur vorübergehend brauchen.

Zuvor hatte man Alec ausgelacht, weil er vorgeschlagen hatte, Gipsabgüsse der am Tatort vorgefundenen Fußabdrücke zu machen (»Vielleicht noch ein bisschen Luminol, Poirot? Wie wäre es, wenn wir COBRA anrufen und …«). Aber nun – nun war die Situation eine andere.

Das Revier wurde mit Anrufen bombardiert. Und es waren nicht nur Pferdehalter.

Irgendetwas war passiert. Irgendetwas war im Gange. Ein kalter Tag mit böigem Wind, und nun schüttete es auch noch.

»Na, gut«, sagte der Inspector, ein Foto des Tatortes vor sich. Harry betrachtete die dunklen Bilder, Nahaufnahmen abgetrennter Schweife, geronnenes Blut. Er betrachtete die weißen Knochen. »Gut, ich rufe mal an.«

2

Die Fahrt dauerte nur wenige Stunden, aber die Spezialistin hatte ein flaues Gefühl. In der Bahn war es meist auszuhalten, und wenn sie am Steuer saß, war sowieso alles gut, aber der Zug wankte auf den Gleisen. Ihr Körper, ihre Gedanken – alles kam aus dem Lot. Die Welt versank in

Übelkeit. Sie hätte an die Tabletten gegen Reisekrankheit denken sollen.

Ihre Taschen, prall gefüllt mit Instrumenten und Apparaten, hatte sie gleich nebenan auf der Ablage verstaut.

Vor ihr stand ein Plastikbecher mit Rotwein, den sie eine Weile nicht angerührt hatte. Sie hatte versucht, einen Film zu gucken, aber rasch aufgegeben, weil das Abteil so voll war, und schaute stattdessen aus dem Fenster in die verwischt vorbeifliegende Welt. Der Wagen leerte sich mit jedem Halt etwas mehr, und dann war es nur noch eine halbe Stunde bis Ilmarsh.

Sie hatte sich im Internet informiert.

Früher war das Küstenstädtchen ein Urlaubsort gewesen, mitsamt Zuckerwatte und Zuckerstangen.

Ein Ort, um abzutauchen. Ein Ort, um saubere Luft zu tanken, der Tretmühle der alltäglichen Arbeit zu entrinnen.

Sie schloss die Augen, dämmerte ein. Endlich saß sie allein am Tisch. Sie faltete ihren Mantel zusammen und benutzte ihn als Kissen.

Sie döste. Hinten im Wagen ging eine Tür auf und zu. Fahrgäste schleppten ihre Taschen durch den Gang. Jemand lachte über etwas, das er auf dem Handy sah. Ein anderer erzählte leise. Die Minuten verstrichen. Sie erwachte.

Die Endstation. Sie hatte die letzten sechzig Meilen wie im Traum zurückgelegt.

Der Bahnsteig, auf den sie mit ihrem Gepäck trat, war verwaist. Die Anzeigetafel verriet, dass nur alle paar

Stunden ein Zug kam. Sie entdeckte Plakate für Filme, die vor über einem Jahr in die Kinos gekommen waren. Alte, verblasste Werbung. Wenn nichts mehr investiert wurde, ging es mit einem Ort bergab. Dann verlor alles an Wert. Dann wurde nur noch gespart.

Es gab weder Barrieren noch Sicherheitspersonal, rein gar nichts. Nur der Bahnsteig, ein verrammelter Warteraum und eine kleine Verkehrsinsel mit roten und blauen Blumen.

Minuten später kam ihr Taxi. Der Fahrer war höflich und still, und sie schwieg sowieso lieber.

Schließlich erreichte sie ihr Ziel. Sie war dem Meer nun näher, konnte es aber noch nicht sehen.

Die Polizei hatte ihr diese Adresse genannt.

Auf einer Wiese standen Bäume. Eichen. Überall hohe, finstere Hotelbauten, jeweils mit einem farbigen Streifen geschmückt. Ihr ursprünglich weißer Putz war grau. An der Straße die Autovermietung, niedrig und rot und mit dem knalligen Schriftzug Joe's Tyres.

Sie trat ein. Der Laden stank nach Zigarettenrauch. Neben dem Tresen standen Auto-Lufterfrischer im Regal. Hinter dem Tresen saß ein junger Typ, der einen Berg Schlüssel sortierte.

»Sind Sie Joe?«, fragte sie.

Er sah etwas verwirrt auf. »Was?«

»Sind Sie Joe?«

»Wie kommen Sie darauf?«

Sie legte die Stirn in Falten. »Wegen der Aufschrift draußen.«

»Welche Aufschrift?«

»Na, draußen am …« Sie seufzte, schaute grimmig drein, versuchte dann zu lächeln. »Wissen Sie was? Ist ja auch egal. Ich möchte ein Auto abholen.«

»Und welches darf's sein?«

»Ein Mietwagen. Er wurde für mich gebucht.«

»Von wem?« Er hörte auf, die Schlüssel zu sortieren.

»Von der hiesigen Polizei.«

»Wegen der Sache auf der Farm«, meinte er.

Sie erwiderte nichts.

»Ihr Name?«

»Cooper Allen.«

Er reichte ihr den Schlüssel. »Vier Tage«, sagte er.

Als sie das Hotel erreichte, war es schon dunkel. Man hatte Lichterketten zwischen den Laternen aufgehängt, die das Ufer säumten. Ein altmodischer Schriftzug prangte auf der Seite des Gebäudes: *Coates Inn*.

Es regnete, doch Cooper ersparte sich die Mühe, für die paar Meter ihre Kapuze aufzusetzen. Sie strich ihre dunklen Haare glatt, als sie die Eingangstür durchschritt, ihre feuchten Finger hinterließen einen Fleck auf dem schmutzigen Glas.

Die Rezeption war verrammelt.

An der Wand hing ein Zettel: *Jeder, der beim Handeln mit Drogen erwischt wird, fliegt raus.*

Na, schön. Kein Drogenhandel.

Ein kleines Aquarium blubberte im Schein des gelblichen Lichts. Die Pension schien verwaist zu sein. Ein Restaurant grenzte an das Foyer, war entweder aufgegeben worden oder wurde gerade renoviert. Dort türmten sich Sofas, als wäre vor Jahren eine Razzia durchgeführt worden. Versiffte Matratzen lehnten hinten an der Wand.

»Kann ich Ihnen helfen?«

Cooper fuhr herum und erblickte einen alten, nahezu kahlköpfigen Mann. Sie erklärte, warum sie hier war, und er gab ihr den Schlüssel. Dann wollte er ihren Personalausweis kopieren, was bei einer britischen Staatsbürgerin unnötig war, und sie musste mit ihm diskutieren, den Sachverhalt per Handy bestätigen lassen.

»Haben Sie immer die Ausweise Ihrer Gäste kopiert?«

»Nein«, brummte er und schien es auf einmal eilig zu haben, sich zu verkrümeln.

Cooper wollte zu ihrem Zimmer. Die Tür des betagten Aufzugs musste man selbst öffnen und schließen. In der Kabine hingen Tafeln, die vor zu vielen Personen warnten, unsinnigerweise, denn nichts deutete darauf hin, dass es weitere Gäste gab. Das Hotel lag im Dämmerschlaf, eine Einsamkeit, die ihr unangenehmer war als neugierige Blicke. Sie brauchte Menschen, wenn auch nicht zum Reden.

Sie packte ihre Sachen gar nicht erst aus; sie hatte ohnehin nur das Nötigste mitgenommen. Ihre Toilettenartikel legte sie im Bad neben das Waschbecken. Sie hatte ein paar Flaschen Wasser, eine Dose Limonade und Kaugummi im Rucksack. Sie zog den purpurroten Mantel, grünes Top und Blue Jeans aus, nahm die schwarze Uhr mit dem roten Rand ab. Dann ging sie in die Dusche und prüfte den Wasserdruck. Während sie duschte, ließ sie die Tür zum Schlafzimmer ein wenig offen.

Sie brauchte nur fünf Minuten. Sie entdeckte einen Fön unter dem Bett. Ihre Haare waren viel zu lang, sie mochte es nicht, wenn sie in ihr Gesicht fielen. Nur bei einem besonderen Anlass trug sie sie offen.

Derlei Anlässe hatte es in letzter Zeit selten gegeben.

Cooper zog einen roten Pullover an, schlüpfte wieder in die Jeans.

Sie trat ans Fenster und schob die Vorhänge beiseite. Draußen rauschte das Meer. Hoffentlich machten die Leute nicht zu viel Krach, sonst könnte sie nicht schlafen.

Sie blieb eine Weile stehen, verschränkte die Arme vor der Brust und betrachtete ihr Spiegelbild vor dem Hintergrund der Nacht. Das Dunkel verstärkte alles und schien sie zu infizieren. Dunkle Haare, dunkle, tiefliegende Augen.

Sie knipste die Deckenleuchte aus. Nun war mehr zu erkennen. Es war ruhiger geworden.

Weiter draußen auf dem Meer blinkte etwas. Blitzte. Vielleicht Schiffssignale. Sie kannte sich mit dergleichen nicht aus.

Die massenhafte Verstümmelung von Pferden, tja – das war eher ihr Metier.

Der Inspector hatte am Telefon wissen wollen, ob sie so etwas schon mal zu Gesicht bekommen habe. Ob sie vergleichbare Fälle kenne, ob man es mit dem Werk eines Verrückten zu tun habe.

Womöglich kam Rache als Motiv in Frage, aber soweit Cooper wusste, hatten die Pferde unterschiedliche Halter, die wenig miteinander verband.

Hinter solchen Tötungen konnten sich ganz andere, banale Motive verbergen, die die Behörden außer Acht ließen, weil sie sich an der blutigen Inszenierung festbissen.

»Zum Beispiel?«, hatte der Inspector gefragt, seine Stimme knisterte aufgrund der schlechten Verbindung.

Zum Beispiel Versicherungsbetrug.

Ein nachvollziehbares Motiv, jedenfalls auf den ersten Blick. In den Siebzigern, Achtzigern und Neunzigern wurden in den USA hundert Pferde getötet und schließlich ein Mensch. Dieser Mord rief das FBI auf den Plan, und der Versicherungsbetrug wurde aufgedeckt.

Der Inspector hatte versichert, man werde die Pferdehalter überprüfen. Das Team in Ilmarsh freue sich auf die Zusammenarbeit.

Nun, da Cooper allein war, in die einsame Nacht schaute und das Meer betrachtete, begann sich ihre Übelkeit zu legen.

Sie brauchte einen Drink und musste etwas essen. Sie verließ ihr Zimmer und schloss hinter sich ab.

3

Tags zuvor hatte es kaum Vorfälle gegeben. In der Nähe des Marktes waren die Scheiben eines Autos eingeschlagen worden. In einem Pub war es nach der Sperrstunde zu einer Schlägerei gekommen. Mehrere Leute hatten angerufen, weil in einer Wohnung, in der eine Familie mit drei kleinen Kindern lebte, Krach und Geschrei zu hören gewesen waren. Als man dort klingelte, hieß es, alles sei in Ordnung.

In den alten Hotels hatte es keine Vorkommnisse gegeben.

Man schaffte Obdachlose aus dem Park und verwehrte ihnen den erneuten Zutritt.

Lkw waren eingetroffen. Paletten, beladen mit Essen und Trinken.

Die Stadt erzählte dies all jenen, die fragten.

Am Samstag vor oder nach dem fünften November, je nachdem, gab es im King's Park, der weiter unten am Ufer lag, stets ein Feuerwerk, dann wimmelte der Strand von Menschen, überall Wunderkerzen und Leuchtstäbe. Dann erwachten alle Cafés, Läden und Pubs aus dem Dornröschenschlaf. In diesem Jahr fiel das Fest auf den siebten November.

Bonfire Night.
Morgens um fünf nach drei war der Besitzer der Well Farm mit dreißig Schafen im Transporter nach Westen aufgebrochen. Er wäre gegen sechs beim Viehmarkt und käme erst am frühen Abend zurück, erschöpft nach der langen Fahrt, dem Rangeln mit den Tieren, dem Heben. Bekannte, die auch zur Versteigerung gingen, würden sehen, wie er seine Schafe entlud. Einer würde von einem Schaf berichten, das ausgebüchst war und sich weiter unten auf der Straße herumtrieb, aber das war nichts Besonderes, jedenfalls nicht für diese Leute.

In Ilmarch hatten sich die Leute zum Park begeben. Manche hatten fünf Pfund Eintritt bezahlt und ein Programmheft erhalten. Andere waren draußen geblieben, sie begnügten sich mit den billigen Rängen.

Es gab Stände mit Hotdogs und Zuckerwatte sowie diverse Spiele, Vertreter des lokalen Radiosenders wurden auf einem Wagen herumgefahren. In manchen Jahren war während des Feuerwerks opulente Film- und Fernsehmusik aus großen Lautsprechern ertönt.

Später setzte man die Puppe eines Mannes in Brand, der vor langer Zeit versucht hatte, das Parlament in die Luft zu sprengen.

Danach waren alle nach Hause aufgebrochen. Einige gingen in die Pubs.

Und damit hatte sich die Sache.

Die meisten konnten sich nur an das Übliche erinnern. Während der ganzen Nacht waren Transporter durch die Stadt gefahren, weil man alles umgehend abgebaut und weggeschafft hatte. Ein zusätzlicher Transporter wäre niemandem aufgefallen. So viel Lärm und so viel Licht. Und den Pferdehaltern war entgangen, dass man ihre Tiere entführt hatte, weil sie fröhlich gefeiert hatten. Vielen war ein Beruhigungsmittel verabreicht worden. Auf Wunsch der Halter, wie die Polizei herausfinden sollte. Andernfalls wären die Pferde vielleicht panisch geworden und hätten sich bei jeder grellen Explosion am Himmel, bei jedem fernen Donnerschlag erschreckt. Also hatte man dafür gesorgt, dass sie schläfrig und brav waren.

Sie hatten keine Angst gehabt, jedenfalls zunächst.

Der Himmel über der Farm war bleischwarz, dichter Regen durchtränkte Alecs einzigen Mantel. Er war gerade fertig, als der Inspector anrief, um ihm mitzuteilen, ein alter Mann, der behaupte, alles beobachtet zu haben, in der Nacht des Gemetzels vor Ort gewesen zu sein, wolle ihn sprechen. Ein Landstreicher, der am Rand der Farm in einer Hausruine lebe. Kein fester Wohnsitz. Nicht im Wahlregister eingetragen. Keine Freunde. Keine Kontakte. Und doch war er in ein Polizeirevier marschiert und hatte von Tieren und Taschenlampen erzählt.

»Halten Sie es für möglich, dass er tatsächlich dort war?«

45

»Wenn ich das wüsste«, antwortete der Inspector. »Fragen Sie ihn selbst.« Damit war das Gespräch beendet.

Alec fuhr in die Stadt. Seine klitschnasse Hose klebte am Sitz. Das Polizeirevier war schon seit geraumer Zeit im Gebäude der Stadtbücherei untergebracht, und das County hatte einen großen Teil seines Budgets für elektronische Helpdesks verpulvert, die Rezeption und Wartezimmer ersetzten. Die Bücherei – seit der Zusammenlegung geplündert und fast leer – hatte auf der rückwärtigen Laderampe einen Aufzug, den man aber nur im Notfall benutzte. Das Sicherheitssystem war die Pest. Vom Eingang des Reviers ging man im Zickzack Metalltreppen hinauf.

Kameras beobachteten Alec, während er hinaufstieg, wobei er sich an das rostige und durch die Nässe glitschig gewordene Geländer klammerte.

Alec hielt seine Karte vor den Scanner. Das Licht wurde grün, die Tür ging summend auf.

Der Inspector winkte in seinem verglasten Büro, zeigte dann hinten in den Raum. Alec begab sich brummelnd zum Verhörraum. Nicht mal ein beschissenes Hallo, von einem mündlichen Bericht ganz zu schweigen.

Der Einsiedler saß wie angekündigt da. Vor ihm auf dem Tisch stand eine Coladose. Sie war noch zu und wurde auch während des ganzen Gesprächs nicht geöffnet. Sie saßen da, beide durchnässt.

»Brauchen Sie ein Handtuch?«

»Was?« Der Einsiedler zog eine Augenbraue hoch.

»Ich hole ein paar Handtücher.«

46

Alec fand nur Stapel blauer Papierhandtücher in den Toiletten. Blau wie eine Schlafzimmerwand mit aufgemalten Wolken. Ein hübsches Blau. Er nahm einen ganzen Packen mit.

Beide Männer tupften Haare und Kleider ab. Der Einsiedler erzählte seine Geschichte.

4

DER ZEUGE

Sie arbeiteten auf riesigen Schonungen mit Koniferen, groß und dick und grün und schön, sogar bei Nacht. Eine gute Arbeit. Sie ließen die Bäume stehen, bis sich Ökosysteme entwickelten, so dass sie für alle, die auf der Straße daran vorbeikamen, die in der Gegend lebten, irgendwann zu einem Bestandteil der Landschaft wurden. Schließlich machten sie alles dem Erdboden gleich und verkauften das Holz an Papierfabriken. Die Schönheit bestand im Tod, in der Kurzlebigkeit. Am Ende zogen sie weiter.

Diese Leichenfelder verliefen zwischen den Farmen und Wäldern, den Flüssen und Teichen. Es gab Wasser, es gab Bäume, und es gab Bereiche, wo einst Koniferen gestanden hatten, Seite an Seite in dieser endlosen, flachen Weite.

Der Einsiedler kannte das Pfeifen des Windes und die

Rufe der Vögel dieser Landschaft. Er kannte jeden Ruf, aber nicht die Namen der Arten. Er hatte vorgehabt, sich an den Computer in der Bücherei zu setzen, wenn er wieder einmal in der Stadt wäre. Um die Vögel zu bestimmen. Er würde sich alle Namen einprägen. Das hatte er sich fest vorgenommen. Er besaß noch den abgenutzten, verblassten Büchereiausweis.

Stunden, bevor man die Pferde abgeschlachtet hatte, war er im Wald spazieren gegangen. Die Sonne stand tief, sie verbarg sich hinter Wolken. Überall vermodertes Laub. Jeder Schritt ließ es weiter zerfallen. Das war befriedigend. Beruhigend. Unterwegs sah er sich immer wieder um. Ein Großteil der Bäume war abgestorben, aber hier gab es viele Tiere, Eichhörnchen und Igel, sogar Dachse. In der Nähe der Stadt lebten angeblich Wildschweine.

Er hatte zu einem Dasein gefunden, dessen einziger Sinn darin bestand, am Leben zu sein. Alle Menschen, die er geliebt hatte, die ihm wichtig gewesen waren, hatte er verlassen. Er hatte Frieden gefunden.

Eine halbe Stunde Fußmarsch von den Bäumen entfernt, neben einem ausgebrannten, verrosteten Autowrack, wusch er sich im See.

Er trocknete sich mit einem Lumpen ab, den er in der Tasche bei sich trug. Pfannen und Becher aus Metall klapperten, als er ihn herauszog. Wenn er wieder in der Ruine wäre, würde er sich einen Kaffee kochen. Er sah zum Himmel auf, fragte sich, welcher Wochentag war.

Er zog sich an und eilte in den Wald, weil er Feuerholz sammeln musste. Trockenes Moos pellte er von den

Baumstämmen. Außerdem brauchte er Äste und Holzstücke, sowohl kurze als auch längere. Zum Entfachen musste das Holz dünn und kurz sein. Wenn das Feuer brannte, legte er längere Stücke nach. Er las auf, was er benötigte, und ging. Der Abend kündigte sich an.

Bei Anbruch der Dunkelheit formte er Moos und Zweige zu einer Kugel, nahm sie in beide Hände und drückte mit den Fingern eine Mulde hinein. Er riss ein Streichholz an, hielt die Flamme an die Kugel und blies darauf, bis Flämmchen loderten. Das Feuer brannte vor der Hausruine, die seit einigen Nächten sein Zuhause war. Er legte die längeren Holzstücke über Kreuz auf die brennende Kugel. Ihm wurde warm, und im Feuerschein konnte er lesen. Er wärmte die Bohnen in der Dose auf und kochte Kaffee. Tags zuvor hatte er einen Vogel getötet und gerupft, also hatte er Fleisch. Der Vogel hatte einen Ring am Bein.

Der Himmel wurde in der Ferne von einem Feuerwerk erhellt.

Ein leises Pfeifen, dann blitzten Sterne knatternd in der Schwärze. Seit Wochen wurden Raketen abgeschossen, aber heute Nacht war es schlimmer. Er wusste nicht, wann der fünfte November war, wann das Feuerwerk und das große Feuer stattfanden. Man stelle sich vor, eine Nachbildung der eigenen Person würde jahrhundertelang alljährlich in Flammen aufgehen. Das mochte er sich nicht ausmalen, wollte auch nicht dabei sein.

Er klappte das Buch zu und ließ das Feuer erlöschen. Dann ging er in die Hausruine und entzündete die Kerze. Schlafunterlage und Decken waren noch ausgerollt.

Sie genügten, um ihn warmzuhalten. Es war eine kleine Bruchbude mit löcherigem Dach, die bei Regen unter Wasser stand. Er hatte einen Unterschlupf gesucht, und diese Ruine lag in der Nähe von Wald und See. Das war optimal, und bislang hatte ihn niemand gestört. Wenn möglich, würde er bleiben.

Er hatte den Farmer einige Male gesehen. Well Farm. Kaum jemand kannte den Ursprung des Namens. Ein guter Name für eine Farm. Optimistisch, dachte man wohl. Doch er hatte nichts mit Wohlbehagen oder dergleichen zu tun. In einem Waldstück, das einst zur Farm gehört hatte, gab es eine Quelle, daher der Name.

In ihrer Unkenntnis hielten die meisten Leute *Well Farm* für einen hübschen Namen.

Er hatte nicht mit dem Farmer gesprochen, ihn aber gesehen und darauf geachtet, unbemerkt zu bleiben, denn vielleicht beanspruchte der Mann dieses Stück Land für sich oder kannte den Eigentümer. Er hatte beobachtet, wie der Farmer auf seinen Feldern Unkrautvernichter gespritzt hatte. Er hatte ihn seinen Hund ausführen sehen. Der Farmer wirkte einsam.

Wie ein Gefangener.

Der Einsiedler legte sich schlafen.

Er erwachte vor Tagesanbruch.

Es war noch dunkel, und er entzündete seine Kerze. Draußen tat sich irgendetwas.

Er hörte einen Motor, den eines Autos oder Transporters aber bald verstummte. Der Einsiedler konnte nichts erkennen, als er aus dem Fenster sah. Die Geräusche mussten von der Farm oder in deren Nähe gekommen sein. Schließlich sah er doch noch etwas. Er hielt den Atem an.

Eine Taschenlampe. Zwei Taschenlampen.

Ihre Lichtstrahlen tanzten auf den Feldern durch das Dunkel. Sie glitten hin und her, dann strahlte das Licht lang über den Boden. Man schien die Taschenlampen auf den Acker gelegt zu haben.

Der Einsiedler hüllte sich in den Mantel und verließ die Ruine. Er wollte nachschauen, was da los war.

Hände wühlten im Boden, schienen irgendetwas einzugraben. Er sah nur leblose Umrisse.

Die fremden Gestalten liefen hin und her.

Jemand weinte.

$$\neq$$

Vor Tagesanbruch sammelte der Einsiedler seine Sachen ein und verschwand. Bevor der Polizist auf der Farm eintraf. Bevor man die Augen im Erdboden entdeckte. Bevor alles seinen Lauf nahm.

»Ich bin zurück«, erzählte er schlotternd. »Zurück in der Stadt. Ich wollte nicht mehr allein sein, nicht nach diesem Erlebnis. Ich brauchte neue Lektüre. Ich wollte … ich wollte unter Menschen sein. Und dann erfuhr ich, was passiert war, was man den Tieren angetan hat.«

Alec starrte ihn über den Tisch hinweg an. Überall Stapel blauer Papiertücher.

»Konnte ich Ihnen helfen?«, fragte der Einsiedler.

Alec wollte wissen, ob er ihre Gesichter gesehen habe oder sagen könne, ob es Männer oder Frauen gewesen seien, ob er sich an konkrete Merkmale erinnere. »Sie … sie weinten. Jemand weinte«, sagte der Mann. Davon abgesehen wisse er leider nichts Genaues.

»Sie haben uns geholfen«, sagte Alec, um ein Lächeln bemüht. »Sie waren selbstverständlich eine Hilfe.«

Daraufhin strahlte der Einsiedler und nickte, seine müden Augen glitzerten.

An diesem Abend wusste er nicht, wohin.

Alec half ihm die Metalltreppe hinunter.

Er sah den Mann nie wieder.

5

Den Song über das Ende der Welt, der im CD-Spieler lief, hörte man bis draußen, obwohl die Vorhänge zugezogen waren. Im Kamin schien ein Feuer zu brennen, denn er konnte einen goldenen Schimmer erkennen.

Im Hausflur stehend, sah er ein Kind, das in der Küche Büroklammern miteinander verband und an Holzstühlen aufhängte, um Spielzeuge und Action-Figuren daran aufzuhängen.

Alec widmete dem Kind Zeit und Aufmerksamkeit,

mehr konnte man wohl nicht verlangen. Er wusste nicht, wie er mit dem Jungen reden sollte.

Seine Frau stand am Herd und verrührte Hackfleisch mit Tomaten.

Der Geruch war ihm in die Nase gestiegen, als er zur Haustür hereingekommen war. Ein neuer Song begann. Er rief:»Bin wieder da«, obwohl es ihm idiotisch vorkam. Seine Frau kochte das Essen, sein Sohn beschäftigte sich mit dem komischen Büroklammer-Spiel. Im Vorbeigehen zerzauste Alec Simons Haare, was dem Jungen ein Brummen entlockte.

»Wie war dein Tag?«, fragte Elizabeth, ohne sich umzudrehen.

Er legte ihr die Arme um die Taille, doch sie entzog sich ihm.

»Nicht beim Kochen.«

»Mein Tag war super«, log Alec und schlang seine Arme noch einmal um ihre Taille.

Sie wandte sich von der Pfanne ab und drückte ihrem Mann den Holzlöffel in die Hand.»Umrühren«, sagte sie.

»Entschuldige, dass ich so spät komme«, sagte Alec unaufrichtig, während er in der Pfanne rührte.

»Macht nichts«, erwiderte seine Frau ebenso unaufrichtig und nahm die kochenden Spaghetti von der Herdplatte.

»Liegt am aktuellen Fall. Du errätst niemals, womit wir es zu tun haben.«

Er wartete. Die Musik lief noch. Das Kind spielte weiter.

Er wiederholte:»Wie gesagt – du errätst niemals, womit wir es zu tun haben.«

»Ich bin nicht taub.«

»Du bist sauer«, sagte Alec.»Wieso?«

»Du bist sauer«, äffte sie ihn spöttisch nach.

»Na, toll.«

»Na, toll.« Sie nahm ihm den Löffel ab und rührte selbst weiter, kostete, würzte. Sie deutete mit dem Mundwinkel ein Lächeln an, das er erwiderte.

»Du äffst mich nach.«

»Du äffst mich nach.«

»Ich glaube, Alec Nichols bereut zutiefst, was auch immer er getan hat.«

»Ich glaube, Alec Nichols bedauert bla, bla, bla.«

Das brachte den Jungen zum Lachen. Alec lächelte wieder, obwohl ihm nicht danach zumute war.

»Hey«, sagte er und berührte seine Frau etwas zärtlicher am Arm. Sie drehte sich zu ihm um, war offensichtlich müde. Er sagte:»Ich glaube, Alec Nichols ahnt nicht, was für ein Glückspilz er ist.«

Sie äffte ihn nicht mehr nach, legte nur die Stirn in Falten.

»Hey«, wiederholte er und sah ihr in die Augen, und dann mussten beide leise lächeln.

»Lass uns einfach essen, okay?«, sagte sie.»Wir können reden, wenn der Junge im Bett ist.«

Alec zögerte kurz, aber dann schnappte er sich seinen siebenjährigen Sohn, stellte ihn auf die Füße und wies ihn an, seine Spielsachen wegzuräumen.

Er hängte im Flur den Mantel auf, während seine Frau das Essen auftat. Auf den Ärmeln war noch Schnee. Vermutlich hatte Elisabeth, als er sie umarmte, etwas abgekriegt. Er war hundemüde und rieb sich die Augen. Hinter seinen Schläfen regten sich Kopfschmerzen.

Alec blieb stehen.

Der verkrustete Matsch des Ackers klebte noch an seinen Kleidern, als er vor seinem Haus stand, in dem weder ein Kaminfeuer brannte noch Musik lief und die Küche kalt war.

Es war ein anderes Gebäude an einem anderen Ort in einer anderen Zeit. Simon lebte noch bei ihm, zeltete heute aber mit einem Freund. Der Junge war nun achtzehn und schien täglich ein Stück zu wachsen. Er hatte die Schule so gut wie beendet, und die Zeit, als er seine Spielzeuge an die Stühle gehängt hatte, lag Jahre zurück. Er schwamm im Meer, obwohl Alec Bedenken hatte und ihn vor den Gezeiten warnte. Wenn er zu Hause war, las er meist. Spielte am Computer. Er saß abends oft mit Alec zusammen, dann schwiegen beide, und beide wussten nicht, was sie sich für die Zukunft wünschten. Simon hatte mit zig Jobs geliebäugelt, ebenso überraschend wie flüchtig sogar mit dem des Polizeibeamten. Arzt. Oder vielleicht Tierarzt, vorausgesetzt, seine Noten wären gut genug. Alec wusste nicht, ob das eine schwieriger war als das andere, aber wahrscheinlich schon. Es war gewiss aufwendiger, ein Menschenleben zu retten als das Leben eines Hundes.

Alec hatte auch versucht, seinem Sohn über die Hürden aufzuklären, die mit der Bewerbung an einer Uni verbunden wären – die Zukunft stellte eine Herausforderung dar, egal, welche Entscheidung Simon träfe, doch er hatte sich noch nicht entschieden.

Schon verrückt, was man von Achtzehnjährigen verlangte.

Die Sonne war inzwischen untergegangen, die Pferdeköpfe lagen nun im Dunkeln. Es war Anfang November, der Winter rang mit dem Herbst, für die kommenden Tage hatte man steigende Temperaturen vorhergesagt.

Nach diesem Regen war das schwer vorstellbar. Aber heutzutage war es sowieso fast unmöglich, das Wetter vorherzusagen.

Alec schloss die Haustür auf.

Er knipste das Licht an und zerrte die dreckigen Stiefel von den Füßen. Er warf sie auf die Veranda und schloss wieder ab. Im Haus war es kalt. Die Heizung war ausgeschaltet gewesen.

Er war von Kopf bis Fuß mit Matsch beschmiert, stellenweise war der Stoff noch feucht. Seine schwarze Hose und die Jacke stanken. Sogar sein weißes Hemd war dreckig. Er hatte den Mantel angezogen, während es geschüttet hatte, aber vielleicht war das dumm gewesen. Vielleicht hätte er sich vom Himmel reinwaschen lassen sollen.

Alec zog sich bis auf die Boxershorts aus und betrachtete sich im Flurspiegel, der Sprünge hatte.

Er musste das Ding endlich entsorgen. Einen neuen kaufen.

Doch es bedeutete Pech, wenn er zu Bruch ginge. Und Alec konnte sich noch ganz gut darin sehen. Er hatte Dreck in seinem dunklen Stoppelbart und etwas Blut auf der Wange. Wahrscheinlich hatte er sich gekratzt.

Er blinzelte, denn er hatte leichte Kopfschmerzen. Außerdem war er dehydriert.

Alec ging in die Küche.

Normalerweise dröhnte um diese Zeit der Fernseher im Wohnzimmer.

Alec seufzte. Er stellte den Wasserkocher an und stopfte seine dreckigen Klamotten in die Waschmaschine. Dann ging er ins Bad und blieb geschlagene zehn Minuten unter der heißen Dusche, genoss das Kribbeln von Haut und Muskeln. Als Teenager hatte er lange gebadet. Auf diese Weise hatte er trotz fehlender Freiräume doch noch einen Freiraum gehabt.

Er dachte über seine weiteren Ermittlungen nach.

Die Szene auf dem Feld hatte ihn sowohl belastet als auch fasziniert. Sie hätten vier Tage, um die Sache zu untersuchen – der Inspector verplemperte ungern Geld –, doch der Elan würde rasch erlahmen. Das Interesse der Leute würde schwinden, weil neue schlechte Nachrichten die alten ersetzten, weil die Woche weitere Gräuel mit sich brächte, ob hier oder anderswo. Wahrscheinlich hatte er die Personenangaben zu den Pferdehaltern und deren Stellungnahmen morgen Vormittag auf dem Tisch; das Dezernat wollte einem möglichen Versicherungsbetrug nachgehen, und wenn sich dies als Sackgasse erwiese, würden sie wenigstens von den Fragen profitieren, die sie gestellt hatten. Wer auch immer die Täter waren, sie kannten sich mit Pferden aus; sie wussten, wo die Tiere standen, wie man mit ihnen umging, wie man sie tötete. Gut möglich, dass ein Halter an der Tat beteiligt gewesen war. Alec versuchte, nicht weiter darüber nachzudenken. Besser, er nahm die Arbeit nicht mit nach Hause. Sie hatten den Tatort so gut wie möglich geschützt. Hoffentlich würde der Regen nicht alle Spuren auslöschen.

Er stellte das Wasser ab und trocknete sich mit einem stinkenden Handtuch ab, das er längst hätte waschen müssen. Anschließend zog er sich an, ging nach unten und stellte fest, dass er den Wasserkocher noch mal anstellen musste. Idiotisch, dass er ihn vor dem Duschen angeschaltet hatte.

Er stellte ihn seufzend wieder an.

Während er wartete, betrachtete er das Foto neben dem Kalender. Simon war darauf sechs, und Alec hatte einen dichten Bart, nicht nur Stoppeln.

Elisabeth stand Arm in Arm mit Alec da. Sie lächelte, er lächelte. Die blonden Haare trug sie kurz, seine dunklen Haare waren damals länger gewesen. Das war die Phase vor ihren Auseinandersetzungen gewesen. Vor den Schicksalsschlägen. Bevor sie einander Schmerzen zugefügt und sich dadurch von einer neuen Seite kennengelernt hatten.

Nun waren seine Haare kurz und drahtig.

Warum musste er heute so oft an sie denken? Weil Simon nicht zu Hause war? Oder lag es an den aktuellen Ereignissen? Dass er bei dem Farmer und dessen Tochter, an der einsamen Fundstelle in den Feldern gewesen war?

Er war sicher hundertmal an diesem Foto vorbeigegangen, ohne dergleichen zu empfinden. Schwer zu sagen, was in ihn gefahren war.

Der Wasserkocher brodelte.

Alec wandte sich ab und ging mit raschen Schritten zum Mülleimer. Er musste geleert werden. Wieso war er noch nicht geleert worden?

Er schnappte sich den schwarzen Müllbeutel und stürmte in die Dunkelheit hinaus, weil er sich irgendwie ablenken musste.

Wieder dachte er über seinen Tag nach, über den Farmer, über den Einsiedler. Er hatte ihn zum Lächeln gebracht. Das freute ihn. Der Mann hatte so traurig gewirkt.

Abnehmender Mond. Das Wetter wurde immer lausiger. Alec öffnete den nassen Deckel der Mülltonne, stopfte den Sack hinein und zog die Tonne anschließend durch den Garten, wobei das hohe Gras seine Schuhe durchnässte.

Ringsumher raschelte Laub, denn der Wind frischte auf. Der Gartenzaun schwankte. Er öffnete das Tor und zog die Tonne durch die Gasse. Ilmarsh war eine Stadt der Gassen, das galt sogar für die Straßen, ja selbst für die

Hauptstraßen. Alles war schmal und einengend. In den Vororten gab es mehr Luft, aber auch an seinem Wohnort, südlich des Stadtzentrums, direkt an den Feldern, war die Enge noch spürbar.

Diese Gegend war früher sumpfig gewesen. Als drei Straßen weiter ein Haus ausgebaut worden war, hatte man bei den Erdarbeiten alte abgewetzte Münzen und Scherben skandinavischer Töpferwaren entdeckt. Die Lokalzeitung hatte im vergangenen Jahr darüber berichtet, kurz bevor sie eingestellt worden war. Diese Region mit den Marschen und Feuchtgebieten, denen die Stadt ihren Namen verdankte, stellte eine Zuflucht für Menschen dar, die anderswo vertrieben worden waren.

Das Land hatte mehr Fisch gebraucht, also auch Wohnraum für die Fischer, und deshalb hatte man Feuchtgebiete trockengelegt und die Spuren jener Menschen verwischt, die in den Schilfwäldern gelebt hatten.

Dann hatte man vor der Küste Erdöl entdeckt.

Bei diesem Regen konnte Alec kaum etwas sehen, sein T-Shirt war klitschnass und klebte am Oberkörper. Er zog die Tonne trotzdem weiter, zum Teufel mit dem Wolkenbruch.

Nach fünf Metern drehte er sich um.

Nichts. Da war nichts.

Die Gasse war verwaist. Was auch sonst.

Als er wieder ins Haus ging, knallte er die Tür so heftig hinter sich zu, dass die Zarge erbebte.

Er ging in die Küche, und sein Blick fiel auf den idiotischen, nun mehrmals angestellten Kocher.

Sein Handy vibrierte auf dem Tresen und ließ die Schlüssel klirren.

Pint. Im Stag.

Eine Nachricht von George.

Er schickte solche Nachrichten, wenn die Kollegen ins Pub gingen. Vielleicht nicht jedes Mal, aber so oft, dass sich eine stattliche Zahl angesammelt hatte. Alec erfand stets eine Ausrede, schob meist Arbeit oder seinen Sohn vor, die ihn angeblich zu Hause festhielten.

Er wusste nicht, was mit ihm los war.

Warum war er nur so lustlos?

Es dauere vier Jahre, bis man einen Ort richtig kenne, hatte mal jemand gesagt. Alec hatte das Gefühl, nicht einmal die Hälfte dieser Zeit hinter sich zu haben. Er dachte über diese Weisheit nach, ärgerte sich darüber. Was brachten vier Jahre schon? Vier Jahre vergingen rasant. Vier Jahre waren ein Witz.

Alec vermisste sie. Trotz allem, was er getan hatte, und trotz allem, was sie getan hatte, vermisste er seine Frau.

Er wechselte das Hemd und zog den Mantel an.

Er stellte sich eine Welt vor, in der sie noch am Leben war, eine Welt, in der er nicht allein war. Er ging in die Nacht hinaus.

6

Der Sturm beutelte die Zelte, sie hielten den Regenböen kaum stand. Sie leckten schon. Wasser lief neben dem Kopf einer jungen Stute zusammen, ein Fuchs namens Sally. Sie war die beste Freundin ihrer Halterin gewesen.

Das hätte man natürlich nicht sehen können, weil es so weit außerhalb der Stadt keine Beleuchtung gab.

Auf diesen Feldern hätte man bei Nacht niemanden erkennen können, selbst wenn die Person direkt vor einem gestanden hätte.

Selbst wenn die Person einen angestarrt hätte.

Man hätte die graue Gasmaske nicht gesehen.

Man hätte die engen Gummihandschuhe nicht gesehen.

Es ist schön, gesehen zu werden.

Sterne, vor Jahrtausenden erloschen, bewahrten ihren Glauben.

Sie zogen hinaus in die Nacht.

7

An jeder Wand hingen Hirschtrophäen.

»Glaubst du …« Alec zögerte. »Glaubst du, die Leute mögen mich?«

George musterte ihn. Dann erschienen zahllose Falten auf seinem müden Gesicht, und seine rissigen Lippen dehnten sich zu einem breiten Lächeln. »Ob die Leute dich *mögen*? Ja, Herrgott …« Er schüttelte den Kopf und trank einen Schluck Bier. »Wieso fragst du das?«

Ein Mittzwanziger mit Baseballkappe saß am Spielautomaten. Er schniefte, kratzte sich am Nacken. Ein Mann mittleren Alters telefonierte leise mit seiner Frau. Sein Antrag auf Invaliditätsrente sei abgelehnt worden. Na, halb so wild. Sie würden das schon irgendwie schaffen. Fünf Männer mit Halbglatze saßen etwas weiter weg in einer Ecke am Tisch und bogen sich vor Lachen, weil jemand einen Witz über Argentinien erzählt hatte. Entlang der Backsteinwand waren alte Paare aufgereiht wie Wachsfiguren. Trotz des Sauwetters war das Pub erstaunlich voll.

Alec zauderte, dann antwortete er, als müsste er sich verteidigen: »Die Leute reden anders mit mir als mit dir. Mehr wollte ich damit nicht sagen.«

»Welche Leute?«

»Die Leute hier. Wer auch immer.«

»Und wie reden sie mit dir?«

»Sie sind … stumm. Sie glotzen mich an, ohne sich darum zu scheren, ob ich es merke. Sie wollen mich nicht kennenlernen, legen auch keinen Wert auf meine Gesellschaft. Ich weiß nicht, ob es an meinem Beruf liegt oder an meiner Art zu reden oder …«

»Warum ist es dir so wichtig, dass man dich mag?«

»Weil … Ach, ich weiß auch nicht.« Alec verzog das Gesicht. »Das wünscht sich doch jeder, richtig?«

George lachte und trank aus, bat lautstark um ein weiteres Pint. »Das Leben ist zu kurz, um sich derlei Gedanken zu machen. Du musst schlicht ein bisschen Abstand dazu bekommen.«

»Ich mag es nicht, wenn man mich beurteilt.«

Sie unterhielten sich eine Weile über den Fall, die Zeugen, die Täter, vermutlich zwei. Schließlich kamen sie auf ihren Chef zu sprechen.

Vor einigen Wochen hatten mehrere Beamte das Dezernat verlassen – Alec hatte sie kaum gekannt, aber für George waren es alte Freunde gewesen, Partner, mit denen er lange zusammengearbeitet hatte.

»Harry hat getan, was getan werden musste, stimmt's?«

George schüttelte den Kopf. »Niemand muss etwas tun, wenn er es nicht will.«

»Sie kommen schon klar.«

»Kämen wir klar, wenn man uns feuern würde?«

Alec stellte das Glas auf den Tisch. »Das wäre unmöglich.«

»Und wieso?«

»Weil wir so dünn besetzt sind. Wie sollte man uns da …«

»Wir waren schon immer dünn besetzt«, entgegnete George.

»Ich bin nicht gekommen, um …«

»Ja?«

»Um Trübsal zu blasen«, sagte Alec, und George lachte.

»Du hast dich gerade ausführlich darüber beklagt, dass dich keiner mag.«

Alec runzelte die Stirn.

»Eines schönen Tages kommst du zur Arbeit und knallst uns alle ab.«

»Was redest du da?«

»Du bist wie der Postbote.« George lachte wieder. »Wie dieser Typ ... Wie hieß er noch? Lebte an der Küste, oder?«

Alec lächelte nicht. »Er war kein Postbote. Und lustig ist das auch nicht. Du solltest nicht ...«

George legte den Finger auf die Lippen, blickte sich um und brachte Alec mit einem amüsierten »Pst-Pst!« zum Verstummen. »Niemand belauscht uns. Also keine Sorge.« Er trank einen Schluck Bier; sein Lächeln hatte sich verändert.

Sie wechselten das Gesprächsthema.

Über alte Fälle – Karteileichen – sprach niemand, außer an Abenden wie diesem.

Abende, an denen man aus dem Blick verlor, wer man eigentlich war.

An denen man nichts Besseres zu tun hatte.

An denen man sich fragte, ob man gemocht wurde.

Bevor George aufbrach, beschloss er, seinem Partner ein paar gute Ratschläge zu geben und ihn in das Geheimnis des Daseins einzuweihen.

»Du musst versuchen, anderen zu helfen. Denk an das Glück anderer Menschen, nicht nur an dein eigenes. Nicht nur an das, was du für gut und richtig hältst. Dann hört das auf«, sagte er und zeigte auf Alecs Kopf. »All das.«

Alec schnaubte verächtlich. »Das wäre egoistisch.«

»Wieso egoistisch? Warum sonst bist du Polizist geworden?«

»Wenn ich Leuten helfen würde, damit sie mich mögen, dann würde ich das nur tun …«

»Nein, nein, nein.« George streifte seinen Mantel über. »Wenn es dir damit ernst wäre, dann wäre es dir schnuppe, ob die Leute dich mögen. Dann wäre ihr Glück auch deines.« Er betrachtete die leeren Gläser, auf denen sich die Spuren ihrer Lippen abzeichneten. Alec rührte sich nicht vom Fleck. »Sei einfach locker, okay?«

»*Das* ist mal ein guter Rat.«

»Hast du das nicht von deinem Dad gelernt?«

Alec schwieg und starrte in sein Glas.

George seufzte. »Sei einfach du selbst.«

»Ich versuch's.« Alec trank einen Schluck Bier, und sein Freund zögerte. »Ich trinke nur noch aus«, sagte er. »Dann gehe ich auch.«

George seufzte.

»Mach dir bitte keine Sorgen.«

»Doch, doch.«

»Bis bald, George.«

Nach kurzem Zögern verließ er das Pub. Alec saß noch eine Weile da und starrte in sein Bier, dann leerte er es abrupt und ging zur Bar.

»Einen Whisky, bitte«, sagte er.

Der Mann hinter dem Tresen nickte etwas gelangweilt.

»Einfach oder doppelt, mein Freund?«

»Doppelt.« Während er nach der Flasche griff und einschenkte, sah Alec in den Spiegel hinter der Bar.

Er blinzelte, denn sein Kopf schmerzte, und tastete in seiner Tasche nach Paracetamol.

Alec drehte sich um. Er konnte sich nicht hinsetzen, nicht jetzt, das wäre unerträglich. Er schaute durch das dreckige Fenster in den Biergarten mit dem Zaun aus künstlichem Bambus, geschmückt mit Lichterketten. Er brauchte dringend frische Luft, Scheiß auf den Regen.

Er musste raus.

Die Türglöckchen bimmelten, als er ins Freie trat. Er bemerkte erst, nachdem er mehrmals genippt hatte, dass er nicht allein war.

Die Frau lehnte am Rand des Biergartens an einem der Holzpfähle, durch die Markise vor dem Wolkenbruch geschützt. Sie trug einen dunkelroten Pullover mit einem schwarzen Blumenmuster, das an Tintenflecke erinnerte. Die Jeans steckte in braunen Stiefeln. Sie starrte auf ihr Handy. Sie hatte nicht aufgeblickt. Auf dem Tisch neben ihr lagen ein kleiner Plastikordner und ein Notizbuch. Sie hatte ihren Drink daraufgestellt, damit der immer stärkere Wind die Dinge nicht wegfegte. Ein purpurroter Mantel hing über einer Stuhllehne.

Im Licht des Pubs glitzerten ihre dunklen Haare regennass. Sie biss sich auf die Unterlippe, schien über das nachzudenken, was sie auf dem Display sah. Dann lächelte sie, vermutlich über eine Nachricht, und Alec musste auch lächeln, und als die Frau aufsah, bemerkte sie seinen Blick.

Mist. Alec sah weg, konzentrierte sich auf den Drink.

Er ging wieder hinein. Blieb stehen und drehte sich kurz um.

Den Drink stellte er auf einen Tisch und zog den Mantel an, während er das Pub verließ.

Alec nahm den Umweg am Meer. Er hatte zu viel getrunken und musste sich durchpusten lassen.

Immer noch Regen und Sturm, aber die Spielhallen waren geöffnet, selbst um 22:00 Uhr, selbst an einem solchen Abend.

Ein Wohnwagen, der weiter unten am Strand neben einem Café auf einem Parkplatz stand, schwankte im Wind.

Im Wohnwagen brannte Licht, davor stand ein Fremder mit hochgeschlagener Kapuze.

Ihm lief der Regen übers Gesicht, er schaute zu Alec, und Alec erwiderte den Blick.

Beide verharrten, zehn Meter voneinander entfernt. Das einzige Geräusch war das Prasseln des Regens auf der Straße. Neonreklamen wankten. Die Regentropfen blendeten die Welt aus wie eine Bildstörung.

Der Mann bewegte die Lippen. Alec verstand nicht, was er sagte, wusste auch nicht, ob er gemeint war. Und es war ihm egal.

Er wandte sich ab und kehrte zornig und bedrückt zu dem Haus zurück, das kein Heim war, zu einem leeren, einsamen Bett.

Morgen würden sie die Pferdeköpfe freilegen. Er träfe die Forensikerin, sie würden die Täter identifizieren, danach würde sie abreisen, und er würde bleiben. Sein

Leben – diese kaputte, elende Hülle von Leben – ginge weiter.

Er würde tun, was er tun musste, bis es nichts mehr zu tun gab.

»Sie hat mir mal eine Frage gestellt.«

Der Transporter wurde langsamer, bog ab.

»Sie hat gefragt, ob ich Gottes Willen kenne.«

Das laut krachende Feuerwerk ließ die Luft vibrieren.

»Wer fragt denn so was?«

Der Fahrer gab keine Antwort.

»Bist du religiös? Bist du gläubig?«

Nun war alles still.

Die Schreie waren verstummt.

TAG ZWEI

8

Am nächsten Morgen fuhr Alec durch eine Pfütze und bespritzte einen Jogger.

De facto eine Straftat, die mit einem Bußgeld von tausend Pfund und drei Punkten im Führerschein geahndet wurde. Er schnitt eine Grimasse. Er ließ sich straffrei ausgehen. Der Jogger befand sich auf seiner Straßenseite. Er hätte auf der anderen Seite laufen müssen, zumal es noch dunkel war.

Alec hatte den Mann nicht bemerkt.

Hundert Meter weiter ging er vom Gas und erwog, sich mit einem Hupen zu entschuldigen, unterließ es aber, weil der Mann dies als Spott hätte auffassen können. Er beschleunigte wieder, fuhr weiter zur Farm.

Gleich nachdem er aufgewacht war, hatte Alec E-Mails mit Unterlagen über die Pferdehalter erhalten, darunter ihre Aussagen. Man hatte die Leute teils telefonisch, teils persönlich befragt.

Es war eine bunte Mischung. Drei Pferde hatten einem hiesigen Reithof gehört; vier andere einer ehemaligen

Stadträtin, Joanne Marsh; die restlichen Halter waren lokale Farmer und junge Leute. Zwei Pferdehalter hatte man noch nicht identifiziert, weil die Tiere keinen Chip hatten. Ein Halter war vorbestraft: Michael Stafford, dreiundvierzig. Er wohnte direkt am Meer und hatte sein Pferd beruflich genutzt, Kinder in einer Kutsche über den Strand kutschiert. Alec schaute in die Akte.

Schwere Körperverletzung. Drogenbesitz und Drogenhandel. Alles schon länger her. Doch Fehler glichen Pfeilen, die in die Zeit geschossen wurden. Sie flogen weiter, immer weiter und fanden kein Ziel.

Auf der Liste standen die Namen der Reithofbesitzer Charles und Louise Elton. Sie waren das einzige Ehepaar, also verdächtig, weil der Einsiedler angeblich zwei Personen auf dem Acker der Well Farm gesehen hatte. Angesichts ihres Alters war es aber eher unwahrscheinlich, dass sie Pferde enthauptet hatten.

George konnte kaum helfen, weil er mit anderen Fällen beschäftigt war.

Alec würde den meisten Fragen allein nachgehen müssen.

Er musste erst in ein paar Stunden am Tatort sein. Er wollte ein zweites Mal mit dem Farmer sprechen. Albert Cole war einigen Pferdehaltern bekannt, und sie behaupteten, er habe eine dunkle Vergangenheit. Seine Frau Grace hatte ihn verlassen, und es kursierten Gerüchte; seine Tochter Rebecca war nach dem Fortgang der Mutter von der Schule genommen worden.

Alec wollte auch mit dem Mädchen reden. Das hatte

er schon gestern versucht – immerhin hatte sie die Tiere entdeckt. Doch ihr Vater schien sie schützen zu wollen und gab an, sie müsse gerade eine dringende Arbeit auf der Farm erledigen. Alec konnte nicht beurteilen, welche Arbeiten dringlich waren und welche nicht.

Er dachte an die Trophäen im Pub, die Hirschköpfe.

Er konzentrierte sich auf die Straße. Die Spezialistin würde mehr sagen können. Denn er hatte zu wenig Ahnung.

9

Das Mädchen wandte sich von der aufgehenden Sonne ab und beugte sich über den feuchten, moosbedeckten Steinbrocken, der neben ihr lag. Sie zog eine Grimasse, als sie nieste. In dem frühmorgendlichen Licht fielen Tropfen auf den bräunlichen Marschboden. Ihre Nebenhöhlen schmerzten.

Sie war allein.

Rebecca musste sich beim Niesen nicht die Hände vor die Nase halten. Sie saß auf einem Stein, einem natürlichen Thron, mitten in den Feldern, und gute Manieren waren hier überflüssig. Einfach zu niesen war Freiheit.

Die Zelte in der Ferne hatten das Unwetter überstanden. Zu dieser frühen Stunde war dort schon ein Polizist, Mr. Nichols. Wie gestern war er bei Tagesanbruch erschienen. Er hatte im Beisein ihres Vaters mit ihr geredet.

Wie hast du die Pferde entdeckt? Warum warst du so zeitig draußen?

Hast du eines angefasst?

Hast du etwas Ungewöhnliches gesehen oder gehört?

Hast du eine Ahnung, warum jemand so etwas tut?

Sie drehte eine Runde mit dem Hund, weil sie nicht wieder hatte einschlafen können.

Anfangs wusste sie nicht, was da in der Erde lag.

Nein, nur die rätselhaften Dinger im Boden.

Nein.

Sie hielt Ausschau nach den Lichtern benachbarter Farmen, die vereinzelt in der Ferne leuchteten.

Unter ihren Füßen regte sich etwas.

Sie hörte nur die Grillen und das Laub, raschelnd wie Regen.

Sie senkte den Blick. Ihr Herz schlug schneller. Unmerklich. Wie Musik, die sich von allein einschaltete. Wie Gemurmel in einem Nebenzimmer.

Das Ding unter ihren Füßen, es war zusammengerollt, schmal, flach.

Die Pferdehaare, der Haufen zottiger Schweife, der zwei Felder weiter lag, dieses Ding sah ganz ähnlich aus.

Es regte sich. Es atmete, pulsierte. Sie riss die Beine hoch, hielt sich mit beiden Händen am Stein fest. Sie blinzelte, denn das Ding befand sich im Dunkeln. Sie aktivierte die Taschenlampenfunktion ihres Handys und richtete das Licht nach unten. Das Ding, nun wieder reglos, starrte sie an.

Es war eine Schlange.

Sie war grau und schwarz gefleckt. Auf ihrem Kopf befand sich ein schwarzes V.

Die Kreuzotter hatte sich aufgerichtet, provoziert von der hektischen Bewegung des Mädchens. Sie zischte. Rebecca starrte die Schlange im Lichtschein des Handys an, und die Schlange starrte Rebecca an.

Der Himmel hellte sich weiter auf, und dann musste das Mädchen wieder niesen. Als Reaktion riss die Kreuzotter den Kopf zurück und bleckte die Giftzähne. Ob es sehr weh tat, wenn man gebissen wurde?

Rebecca stand auf, klopfte ihren Hosenboden ab, und als sie auf den Boden blickte, war die Schlange weg.

Es war wie ein Traum. Sie schien in einem Traum zu leben.

Ein Auto näherte sich aus Richtung Stadt und drosselte das Tempo.

Rebecca kannte es nicht. Es war keiner der Freunde ihres Vaters, und auch nicht die Polizei.

Das Motorengeräusch machte ihr Angst.

Sie glitt von ihrem Thron und ging weiter. Später, wenn die Polizei weg wäre, würde sie mit ihrem Vater zurückkehren und die Schlange töten. In der Nähe grasten Schafe.

10

Cooper beschleunigte. Sie gab immer Gas bei einem flotten Refrain, in diesem Fall *Waterloo* von Abba. Der Song ertönte aus den Lautsprechern, und sie sang mit.

Leere, endlose Straßen. Eine eintönige Landschaft, nur aufgelockert durch den Waldrand und das Auto.

Mit vierzig Minuten Verspätung würde sie am Tatort eintreffen. Sie hatte lausig geschlafen, weil das Bett in ihrem beschissenen Hotelzimmer steinhart war. Sie war zu lange im Pub gewesen und danach zu lange aufgeblieben. Trotzdem hatte sie sich nach dem Erwachen besser gefühlt, weil sie das Meer erblickt hatte, das im Morgenlicht eine Weile fast blau gewirkt hatte. Was hatte es ihr sagen wollen? Bleibe zuversichtlich?

Sie trank schwarzen Kaffee aus ihrer Thermosflasche. Sang von Siegen, Liebe, Krieg.

Ein früherer Kunde schien die CD im Auto vergessen zu haben. Ihr Handy hatte einen schwachen Empfang, genauso wie das Radio, das ständig knisterte. Aber bei solch einem Song gab man Vollgas. Er weckte alle Lebensgeister.

Am Ende holte sie fünf Minuten auf. Yeah!

Ein Polizeiwagen stand am Straßenrand, etwa zehn Meter von einem Farmhaus entfernt, in der Nähe führten Reifenspuren durch ein offenes Tor in die Felder.

Cooper parkte. Nach einer letzten Dosis Koffein stieg

sie aus und öffnete den Kofferraum. Sie stopfte ihr Handy, das keinen Saft mehr hatte, in eine Tasche ihrer Jeans. Auf einem Bein hüpfend, tauschte sie ihre Schuhe gegen Stiefel aus und zog einen wasserdichten Overall an. Zu guter Letzt schnappte sie sich ihre Ausrüstung. Ihre Linsen, die Gefäße für Gewebeproben, Pinzette, Flohbürste, Nadeln und Spritzen, Hautstanze, Pfefferminzbonbons und Skalpelle. Sie hatte fast immer ein Skalpell oder Seziermesser dabei, je nach Laune, denn man konnte nie wissen.

Man hatte sechzehn Pferde getötet und ihre abgetrennten Köpfe so in die Erde gebettet, dass ein Auge zum Himmel aufblickte. Die Schweife waren in der Nähe abgelegt worden.

Man hatte ihr die Dokumentation aller Funde geschickt.

Sie knallte die Kofferraumhaube zu.

Drüben beim Farmhaus sah sie einen Polizisten. Er hatte die Ärmel hochgekrempelt und kratzte sich am Arm, der mit einem rötlichen Hautausschlag bedeckt war.

Cooper setzte ihren Weg fort.

Einmal hatte sie gesehen, wie ein Sergeant den Finger in das Einschussloch eines Schafschädels gesteckt hatte, und das ohne Handschuh. Ein Fall von Wilderei. Der Beschuldigte hatte nur lässig genickt, als der Sergeant gesagt hatte, die Schädelwunde könnte von einem Vogel verursacht worden sein. Offenbar gab es Vögel, die ein Loch in den Schädel eines lebendigen Tieres hackten.

Cooper überquerte die Böschung. Überall summten Fliegen, zirpten Grillen. Der nächtliche Regen hatte alles durchtränkt, aber zum Glück stand nichts unter Wasser. Sie seufzte erleichtert, als sie den Halbkreis weißer Zelte in der Ferne sah, flatternd wie Segel. Man hatte die Fundorte geschützt.

Ihre Stiefel schmatzten leise im Schlamm, und der Lärm der Insekten wurde immer lauter. Sie wedelte Mücken weg, die ihr Gesicht attackierten.

Sie dachte an die Fotos.

Die Augen im Boden. Der Rattenkönig verknoteter Schweife.

Pferde waren etwas Besonderes, richtig?

Cooper hatte dies erörtert, als sie nach einem langen Tag mit Kollegen in einer Bar gesessen hatte. Wenn Leute mit dem Auto verunglückt waren, sagten sie:»Ich hatte einen Unfall.« Oder:»Ich wurde gerammt.« Sie sagten nicht:»Mein Auto hatte einen Unfall« oder:»Mein Auto wurde gerammt.« Das Auto war ein Teil ihrer Persönlichkeit. Und so verhielt es sich auch mit Pferd und Reiter.

Sie blinzelte, lauschte dem Rascheln des Schilfs, während sie sich einen Weg hindurchbahnte. Kurz glaubte sie, jemand würde sie beobachten, aber sie hatte sich getäuscht.

Der Tatort war inszeniert worden, man hatte die Köpfe so abgelegt, dass ein Auge zum Himmel aufblickte. Die Schweife lagen in der Nähe auf einem Haufen. Das Ganze war auf Wirkung aus. Es sollte Angst, Zorn und Empörung wecken. Das hatten schon die Fotos nahegelegt. Sie würde sich alles genau anschauen müssen, um mehr herauszufinden.

Verödende Orte brachten verzweifelte Menschen hervor. Und diese agierten meist weder sorgsam noch subtil.

Es wäre sicher kein schwieriger Fall.

≠

Kurz vor den Zelten hatte sich ein Polizist gebückt und betrachtete etwas auf dem Boden.

Ein großer, stämmiger Mann mit Dreitagebart. Was auch immer er untersuchte, es genoss seine volle Aufmerksamkeit. Er sah erst auf, als Cooper dicht vor ihm stand.

Seine Miene veränderte sich sofort.

»Ich bin Dr. Allen«, sagte sie. Sie stellte sich immer mit *Dr.* vor. Das sorgte stets für einen gewissen Respekt.

Er entgegnete nichts und zog ein Gesicht, als wäre sie ihm auf die Zehen getreten.

Sie hatte ein komisches Gefühl. »Sind wir uns schon begegnet?«, fragte sie. »Sie kommen mir bekannt vor.«

»Nein«, sagte der Mann mit einem Blinzeln. Seine Züge entspannten sich. »Nein, nicht dass ich wüsste.« Er kratzte sich am Nacken und versuchte zu lächeln. Dann hielt er ihr die Hand hin. »Detective Sergeant Alec Nichols – freut mich, Ihre Bekanntschaft zu machen.«

Sein Händedruck war fest, aber sie war darauf gefasst und drückte noch fester. Seine Augen waren gerötet. Ein kräftiger Mann, nur sah er nicht ganz gesund aus.

Sie schaute an ihm vorbei.

Eine Krähe lag auf dem Boden. Ihr Gefieder war mit ge-

79

trocknetem Blut befleckt. Vermutlich war sie von einem anderen Tier angegriffen worden.

»Verzeihen Sie, wenn ich etwas neben mir stehe«, meinte er und rieb seine Augen. »Ich war die ganze Nacht wegen eines Jobs unterwegs … habe wenig geschlafen …«

»Verständlich.«

Sie sah wieder zum Vogel, und Alec folgte ihrem Blick.

»Weiß nicht, ob es von Bedeutung ist, aber diese Krähe lag gestern noch nicht da.« Er schwieg kurz. »Ich habe die Pferde entdeckt. Na, ja, eigentlich Mr. Cole und seine Tochter.« Wieder eine Pause. Sie sah zu ihm auf. Schwer zu durchschauen, dieser Mann. Anfangs hatte er nervös auf sie gewirkt. Aber sie hatte sich wohl getäuscht.

Cooper hob die Krähe mit behandschuhten Händen auf und betrachtete sie. Behutsam tastete sie sie ab, untersuchte die verletzten Flügel und Beine.

Die Krähe öffnete den Schnabel, schloss ihn wieder.

Ihr Bauch war geschwollen, sie hatte zweifellos starke Schmerzen. Sie war ausgemergelt und von Parasiten befallen. Sie würde sterben. Selbst wenn man sie gesund pflegte, würde sie in der freien Wildbahn keine Woche überleben.

Cooper hielt die Krähe mit der einen Hand fest und drehte ihr mit der anderen den Hals um. Sie legte den Vogel wieder auf den Boden und sah Alec an. Er blinzelte verdutzt, sagte aber nichts.

11

Man hatte große Eimer und Tröge in den Zelten aufgestellt, um das Wasser aufzufangen. Taschenlampen
erhellten das Halbdunkel. Kleine Leuchten standen auf
dem Boden. Pflöcke, zwischen die man farbige Schnüre
gespannt hatte, markierten die wichtigen Stellen.

Alec versicherte ihr, man habe alles umfassend foto-
grafiert. Cooper machte trotzdem ein paar Fotos. Aus der
Entfernung, aus mittlerer Distanz, aus nächster Nähe.
Eine fotografische Dokumentation war unverzichtbar für
weitere Ermittlungen und juristische Entscheidungen,
sogar bei Tieren – *vor allem* bei Tieren.

Nur Bilder konnten die Qualen vermitteln, die dahin-
tersteckende Bösartigkeit offenbaren.

Cooper hatte dies und auch anderes schmerzhaft
lernen müssen, aber die Welt hatte immer neue Über-
raschungen zu bieten.

Die Pferdeköpfe waren auf der Seite eingegraben worden, so dass ein Auge frei geblieben war.

In diesem Zelt lagen fünf, alle etwa eine Armlänge voneinander entfernt.

Cooper kniete sich hin. Ihre Knie bohrten sich in den
Boden, als sie in ihre Tasche griff. Sie holte die Bürste heraus. Sie entschied sich für den Kopf, der ihr am nächsten
war, und begann mit der Arbeit.

Mit behutsamen Bewegungen entfernte sie die Erde

vom Auge des Pferdes, achtete auf Auffälligkeiten. Zunächst fand sie nichts. Aber nach einer Weile stieß sie auf eine weitere, festere Schicht Erde.

Der Täter hatte ein Loch gegraben, den Kopf hineingelegt und die Lücken mit Erde aufgefüllt. Diese hatte er festgestampft und anschließend Erde auf den Kopf rieseln lassen, so dass dieser schwer zu erkennen war.

Der Zweck bestand wohl darin, die Entdeckung hinauszuzögern, aber nicht endlos lange: Sie sollte eine Wucht entfalten.

Cooper untersuchte den Stumpf des abgetrennten Kopfes. Sie entfernte fremde Materie aus der Schnittwunde, wobei sie darauf achtete, das Gewebe nicht zu beschädigen.

»Dieses Pferd wurde mit einem scharfen Gegenstand enthauptet«, sagte Cooper. »Aber …« Sie zögerte. »Nicht auf Anhieb. Man hat wahrscheinlich mehrere Werkzeuge benutzt.«

»Ein Beil?«, krächzte Alec. Er hatte offenbar einen Frosch im Hals.

»Sieht eher aus, als wäre der Kopf abgesägt worden«, sagte sie bei einem neuerlichen Blick auf den Stumpf. »Im Labor werden wir mehr erfahren.«

Das Pferd schien vor seinem Tod ein ordentliches Gewicht gehabt zu haben, das jedenfalls legte die Fettschicht unter der Haut nahe. Sie untersuchte die kalte, schlaffe Haut.

Rings um die Nüstern gab es Blutspuren. Die Totenstarre ließ nach, und die Augen waren trüber, als es im

November zu erwarten gewesen wäre. Die Verwesung schritt ungewöhnlich schnell voran, aber die Aktivität der Insekten hielt sich zum Glück noch in Grenzen. In der Luft wimmelte es mehr von Getier als in diesem Kadaver.

Sie öffnete das Maul, spürte das Gewicht unter ihren Händen. Die Zungenspitze war zwischen den Zähnen zu sehen. Sie überprüfte die Gaumen. Die Schleimhäute waren nicht gerötet. Sie tastete die Lymphknoten am Unterkiefer ab, sie fühlten sich normal an.

Cooper stand auf.

»Wo sind die Schweife?«

Sie gingen in das zweite Zelt.

Alec drehte sich immer wieder nach ihr um, wobei er jedes Mal die Taschenlampe schwenkte. Ein verräterischer Tanz des Lichts.

Er schien sich in ihrer Gegenwart unwohl zu fühlen und tat so, als wäre er für jede Verunreinigung verantwortlich.

»Ich habe einen zur Hand genommen«, sagte er, »ohne zu ahnen, was es ist.« Er erschauderte. Nach einer Weile fragte er mit fast schriller Stimme, ob sie so etwas schon mal gesehen habe.

»Verstümmelungen? Ja, sicher«, antwortete Cooper und stieg über das Band hinweg, das man um die Schweife gespannt hatte. Sie lagen neben einem weiteren Kreis aus Köpfen.

Wieder kniete Cooper sich hin und griff mit beiden Händen in die Schweife.

Sie tastete nach einem knochigen Stumpf. Als sie einen fand, zog sie den dazugehörigen Schweif heraus.

»Ein ähnlicher Schnitt wie bei den Köpfen. Mit einer Säge abgetrennt.«

Sie tastete die groben Haare des Schweifes ab, die oben Spuren weiterer blutiger Ausscheidungen sowie Reste von Kot aufwiesen. Dieser schien flüssig gewesen zu sein. Durchfall? Schwer zu sagen.

Bei einem genaueren Blick stellte sie fest, dass nicht alle Schweife die gleichen Spuren aufwiesen. Dieses Blut war schon älter, was nahelegte, dass man die Schweife einzeln hatte trocknen lassen.

»Ich nehme an, sie wurden an unterschiedlichen Orten getötet«, sagte sie. »Also nicht direkt nacheinander.«

»Wir haben vierzehn dieser Pferde neun Haltern zuordnen können«, sagte Alec. »Zwei waren nicht gechippt, und es haben sich keine Halter gemeldet.« Alec ließ den Taschenlampenstrahl über die Schweife wandern.

»Wann haben sich die Leute gemeldet?«

»Wie meinen Sie das?«

»Wann haben die Halter bemerkt, dass die Tiere fehlen?«

Alec zog eine Grimasse. »Einige erst, als wir sie informiert haben … die meisten gestern am frühen Morgen. Kurz nachdem ich mir die Köpfe angesehen hatte.«

Cooper untersuchte den Schweif genauer, bevor sie ihn wieder ablegte.

»Glauben Sie, dass Sie etwas herausfinden?«, fragte Alec. »Im Labor, meine ich …«

»Wenn man nichts herausfindet, dann nur, weil man nicht richtig hinschaut.«

Der Vormittag schritt voran. Cooper nahm in jedem Zelt ähnliche Untersuchungen vor, die Ähnliches ergaben. Nichts deutete darauf hin, dass Aasfresser an den Augen gepickt hatten. Die Köpfe hatten vor der Entdeckung nur wenige Stunden im Boden gelegen, und da war es noch nicht richtig hell gewesen, falls man den Aussagen des Farmers und seiner Tochter Glauben schenken konnte.

Bevor sie aufbrachen, wollte Alec wissen, ob die Pferde noch am Leben gewesen seien.

»Ich verstehe nicht ganz.«

Ob man die Pferde bei lebendigem Leib oder nach ihrem Tod enthauptet habe, fragte er.

Ob sie gelitten hätten.

Cooper antwortete, das wisse sie nicht.

Doch sie log.

Reifenspuren führten von der Straße auf das Feld. Alec zeigte ihr die Fotos. Ein großer Transporter. Marke und Modell kannten sie nicht, noch nicht.

»Überwachungskameras?«

Er schüttelte den Kopf.

Etwas weiter weg, aber in Sichtweite der Pferde, stand die Ruine eines kleinen Hauses. Dort hatte der Mann gehaust, der ausgesagt hatte, zwei Personen beim Eingraben der Köpfe beobachtet zu haben, eine davon habe geweint. In dieser Gegend gab es viele solcher Ruinen.

Im hellen Tageslicht war alles deutlich zu erkennen. Die öde Landschaft, die Silhouetten von Traktoren und von Autowracks.

Inzwischen hatte es aufgeklart. Die Sonne zeigte sich, und es wurde wärmer.

»Wissen Sie …«

»Ja?« Er drehte sich zu ihr um.

»Sie wollten wissen, ob ich so etwas schon mal gesehen habe.« Sie zögerte. Jenseits der Straße grasten Schafe auf einem Feld, eines starrte sie an. Cooper schaute weg. »Es gab mal einen Fall, der im Süden für Aufsehen sorgte. Es begann in Croydon und breitete sich dann an der M25 aus.«

Schafe blökten. In der Ferne bellte ein Hund.

»Irgendjemand«, fuhr Cooper fort, »lockte Katzen an, erschlug und zerstückelte sie und breitete die Einzelteile gut sichtbar auf den Autos oder in den Vorgärten der Halter aus. Schwanz, Läufe, Kopf, alles nebeneinander.«

»Wie schrecklich.« Alec verzog den Mund.

Cooper nickte. »Die Ermittler meinten, es ging nicht um die Tiere, sondern um ihre Entdeckung durch den Halter. Um die Macht des Mörders in dem Moment, wenn er über die Beziehung des Halters zu seinem geliebten Tier triumphierte. Vermutlich saß er oder sie in einem Versteck und wartete ab, bis die Halter nach dem Aufstehen nach draußen gingen. Es ging um die Entdeckung der Tiere, nicht um ihre Ermordung.«

Alec seufzte. Das Farmhaus kam in Sicht.

»Und wer hat das getan?«, fragte er.

»Das wissen wir noch nicht.«

»Nein, im Falle der Katzen, meine ich. Wer hat sie getötet?«

86

Cooper schwieg.

»Wurde der Täter gefasst?«

»Die Polizei hat die Ermittlungen eingestellt. Am Ende schob man alles auf die Füchse. Die sauberen Schnitte, die sorgsame Anordnung der Gliedmaßen, die Inszenierung, das Fleisch, das in zugeknoteten Plastiktüten aufgefunden wurde … alles reiner Zufall.«

»Wie viele Katzen wurden getötet?«

»Vierhundert«, sagte Cooper. »Vierhundert tote Katzen.«

12

Cooper saß neben ihrem Auto und aß ein geschmacksneutrales Weißbrot mit Rindfleisch und einer roten, dünnen, undefinierbaren Sauce.

Sie aß noch einen Happen und verzog das Gesicht, bevor sie mit einem Schluck Kaffee nachspülte. Er war noch heiß, obwohl er schon seit Stunden in der Thermoskanne war.

Ringsumher marode Zäune. Alles heruntergekommen. Die Subventionen waren weitgehend versiegt. Sie fragte sich, was für einen Verlust die Well Farm während der letzten Jahre gemacht hatte. Ob sie vielleicht überlegt hatten, zu verkaufen, ob es überhaupt Käufer gab. Teile der Welt wurden nutzlos, verödeten. In diesem Fall machten Vater und Tochter allein weiter.

Die Mutter hatte ihre Familie verlassen, und kurz danach hatte man das Mädchen von der Schule genommen. Sie war von ihrem Vater unterrichtet worden. Alec hatte Cooper alles erzählt.

Mehrere Polizeibeamte hatten sich gründlich im Haus umgesehen. Die Mutter hatte wegen einer Neigung zu Thrombosen Warfarin genommen. Auf dem Etikett der Flasche stand ihr Name: Grace Cole.

Außerdem gab es Kleidung und Schmuck. Recht aktuelle, an sie adressierte Briefe. Grace hatte vollständig mit ihren Angehörigen gebrochen. Sie hatte sie vor einem Jahr sitzen lassen. Seither kein Wort.

Sonnenschein fiel durch Wolkenlücken.

Cooper aß ihr Sandwich, stand auf, reckte und streckte sich. Man hatte fast alle Köpfe aufgeladen.

Die Obduktion würde bald beginnen.

13

Am späteren Vormittag saß Michael Stafford im Bett und schaute aus dem Fenster. Der Kutscher hatte der Polizei alles erzählt, was er wusste, und trotzdem löcherte man ihn mit den immer gleichen Fragen. Wo er lebte. Was er zur Tatzeit gemacht hatte. Warum wurde er drangsaliert?

An diesem Morgen war es in den Bingo-Hallen still, und er hörte in seinem Wohnwagen keine Musikfetzen.

Während der regnerischen Nacht hatte er schlecht geschlafen.

Jenseits der Bucht lagen Inseln, massige, schwarze Flecken am Horizont.

Er musste seine Bude lüften und putzen. Er suchte nach Alkohol. Aber es gab nur leere Flaschen, Wodka und Rum.

Als er ins Freie trat, schlug ihm die salzige Luft entgegen. Michael schloss die Tür ab und machte sich auf den Weg zum Laden.

Unterwegs wurde er angerufen. Joe wollte ihn sprechen. Ihm sagen, wie leid es ihm tue.

»Was tut dir leid?«

Der Mann krächzte etwas Unverständliches. Dann bat er Michael, um 15:00 Uhr in die Spielhalle zu kommen.

Michael war früh erwachsen geworden und im Gegensatz zu all seinen Freunden in Ilmarsh geblieben. Er war gerade zwanzig gewesen, als er wegen ein paar dummer Fehler verschwinden musste. Nachdem er dafür bezahlt hatte, durfte er zurückkehren.

Er konnte sich noch an die Schlachter erinnern, an den Schnurrbart des einen und an den schmutzigen Bart des anderen, an die roten Gesichter, den Geruch nach Seife und Fleisch, den die Gullys verströmten, an die Seifenlauge auf den Stufen, das Fleisch im Fenster, das so appetitlich und köstlich aussah wie sonst nur in Filmen.

Aber das gab es nicht mehr.

Die Schlachterei war durch einen kleinen Supermarkt ersetzt worden.

Die Tür glitt auf, als er sich näherte.

Michael steuerte die Spirituosen an, die neben dem Eis und der Tiefkühlkost standen. Eine große Flasche Rum war im Angebot, und als er durch den Gang lief, hielt er sie in einer Hand und kramte mit der anderen nach Geld.

Im Laden waren nicht viele Kunden.

Michael überlegte, ob er die ältere Frau kannte, die einen Verkäufer nach dem Regal mit Cornflakes und Müsli fragte. Aber nein, wie auch. Einige Kinder standen mit dem Handy am Ohr bei den Zeitschriften und Zeitungen.

Vielleicht hatte Annie eines dieser Kinder herumkutschiert.

Als er sich in der kurzen Schlange vor der Kasse anstellen wollte, berührte jemand seinen Nacken.

Er fuhr herum. Die Flasche entglitt ihm und knallte auf den Kunststoffboden. Der Rum ergoss sich, die Scherben hüpften über den Boden wie Steine über eine Wasserfläche.

Hinter ihm stand niemand. Als er dies begriff, begann er zu frösteln. Zu zittern.

Wieder hörte er die grässliche Musik der Spielhallen, denn die Eingangstür des Supermarkts stand offen.

Ein Angestellter erschien mit einer Rolle Zellstoffpapier und einem Kehrblech. Er begann, die Schweinerei aufzuwischen.

»Nichts für ungut …«, setzte Michael an.

»Ich muss das aufwischen.« Der Mann stellte ein gelbes Schild auf, das vor einem frisch gewischten Boden warnte.

»Ich habe nur …« Michael sah sich um wie vor den Kopf gestoßen.

Er war von Kunden umringt. Alle glotzten ihn an. Als gäbe es etwas zu sehen. Die ältere Frau stand hinter ihm und dem Angestellten und betrachtete ihn voller Mitleid.

Er senkte den Blick auf seine Hände und sah, dass sie zitterten. Er schaute zur offenen Tür des Supermarkts, horchte auf die Musik, die nun noch lauter war.

»Bitte bezahlen Sie die Flasche bei meinem Kollegen an der Kasse«, sagte der Angestellte.

»Ich kann keine zwei kaufen.« Michael starrte den Mann an, der in die Hocke gegangen war, um alles aufzuwischen. »Das kann ich mir nicht leisten.«

»Sie müssen ja nur die eine bezahlen.«

»Die habe ich aber nicht getrunken.«

»Selbst schuld.« Der Angestellte stand auf. »Sie wurden gefilmt. Unsere Überwachungskameras zeichnen alles auf.«

»Was soll das heißen?« Michaels Gesicht begann zu zucken. »Was soll das heißen?«

»Nicht aufregen. Bezahlen Sie einfach.«

»Ich rege mich nicht auf! Ich habe nur gefragt, was das heißt – dass Sie mich aufzeichnen. Warum zeichnen Sie mich auf?«

»Wir zeichnen alles auf.« Der Angestellte wirkte nun etwas nervös. »So macht man das heutzutage.«

»Wieso?« Michael war den Tränen nahe. Er schämte sich.

»Falls jemand eine Straftat begeht.«

»Jemand hat mich am Nacken berührt«, sagte Michael. »Ich … ich habe keine Straftat begangen. Ich habe mich nur erschreckt.«

Der Angestellte starrte ihn an.

»Ich will etwas haben, wenn ich schon dafür bezahle.« Michael wurde zunehmend ärgerlich. »Was ist falsch daran? Ich will bloß …«

Die ältere Frau stellte ihren Einkaufskorb auf das Laufband.

»Schon gut«, sagte sie zu dem Angestellten und holte eine Dose Kaffee, eine Packung Haferflocken und eine große Flasche Rum heraus. »Ich bezahle für ihn. Er kann die kaputte Flasche bezahlen, ich übernehme die neue.«

»Und wieso?« Der Angestellte schüttelte verständnislos den Kopf.

Sie antwortete nicht.

Der Kassierer stellte die gleiche Frage. Sie glaube sicher, etwas Gutes zu tun, meinte er, aber sie irre sich. Ein solcher Typ dürfe nicht noch mehr in sich hineinschütten.

Die Frau schwieg.

Draußen gab sie Michael die Flasche.

»Vielen Dank«, murmelte er und nahm sie mit zitternden Händen entgegen. Sie schien plaudern zu wollen, aber Michael wandte sich ab.

»Möchten Sie denn nicht ein bisschen reden?«

Er ließ sie stehen und eilte auf der Straße davon.

»Das hat man nun davon«, rief die Frau ihm hinterher, doch er ging weiter.

$\neq$

Vor seiner Verabredung versuchte Michael, nicht zu viel zu trinken. Er kochte einen Kaffee, damit er wieder zu sich kam. Dann brach er auf. Minuten dehnten sich zu Stunden, es schien, als wären seit dem Vormittag ganze Tage verstrichen.

Die Spielhalle mit dem blauen Teppichboden war dunkel, nur die Automaten blinkten. Ein Junge feuerte wie besessen auf Außerirdische, die auf dem Bildschirm auf ihn zustürmten. Alte Männer standen hinten bei den Spielautomaten, ein Bereich, den man nur ab achtzehn betreten durfte.

Dort pflegte Joe zu verschwinden. Michael hatte munkeln hören, Joe besitze diesen Laden. Andere Gerüchte besagten, dass ihm nichts von alldem gehörte. Die Spielhalle, hieß es, sei bloß auf seinen Namen eingetragen, es sei Betrug, reiner Betrug.

Die Spielhallen hatten immer auf, auch wenn niemand kam, und die Frage, wie sie überlebten, obwohl alles andere vor die Hunde ging, hatte Michael lange beschäftigt. Eines Tages, er hatte ein Glas getrunken, war er von jemandem in das Geheimnis eingeweiht worden.

Diese Spielhallen waren nur Schein.

»Die Leute werfen ständig Münzen ein. Sie gewinnen aber nichts«, hatte der Mann erklärt. »Kapierst du?«

Michael hatte nichts kapiert.

»In diesen Spielhallen wird Geld gewaschen. Hier wird der Schmutz abgespült, diese Automaten sind Waschmaschinen.« Der Mann hatte seine Kippe im Aschenbecher ausgedrückt und dann Michaels Haare zerzaust. Das hatte Michael missfallen. »Wo bleibt die Kohle deiner Meinung nach, Mikey? Wo bleibt das Geld dieses Vollidioten?«

Und nun, Monate später, saß Michael wieder hier.

Er wartete auf Joe, vielleicht der Besitzer dieses Ladens, vielleicht auch nicht.

Ein Fremder erschien und verharrte am Tisch. »Ist hier noch frei?«

Michael nickte.

Der Fremde nahm Platz und kratzte sich am Nacken. Ein älterer Typ, graue Haare, kräftige Arme. Michael meinte, ihn vom Sehen zu kennen. Er hatte ihn herumfahren sehen.

»Viel verloren?«, fragte der Mann.

Michael starrte ihn schweigend an. »Ja«, sagte er dann.

»Ich spiele selten. Jedenfalls nicht um Geld.«

»Dann sind Sie hier verkehrt«, erwiderte Michael und sah sich um. Joe war nicht da. »Außer Sie mögen die Ballerspiele.«

»Ha.« Der Mann grinste ihn an. »Darf ich Sie etwas fragen?«

Michael blieb stumm. Irgendetwas an dem Fremden begann ihn zu irritieren. »Kennen wir uns?«

94

»Vielleicht kommen Sie mir entgegen und antworten zunächst.« George lächelte. »Wo waren Sie in der Nacht vom siebten auf den achten November?«

14

Wolken trieben über die Felder. Hier gab es keine Hoteltürme, die sie verdeckten, keine Stadt, die den Himmel ausblendete.

Irrtümlich eines Vergehens bezichtigt zu werden, stärkte nicht unbedingt den Charakter.

Und doch bewirkte es etwas. Alecs Arbeit brachte es mit sich, dass er immer wieder Unschuldige verdächtigte. Anfangs konnte man nicht wissen, wer eine weiße Weste hatte und wer sich in Lügen verstrickte. Er musste schlicht seinen Job machen.

Auf seiner Wange glänzte Schweiß, während er seinem Freund zuhörte, das Handy am Ohr.

»Michael behauptet, am Abend der Pferdemorde beim Feuerwerk gewesen zu sein«, erzählte George, der wegen der schwachen Verbindung etwas roboterhaft klang. »Er konnte keine Namen von Begleitern nennen, beharrt aber darauf, dort gewesen zu sein. Er war angeblich allein. Tja, mehr war nicht aus ihm rauszuholen.«

»Und sein Lkw-Führerschein?«

»Er ist seit Jahren keinen Lkw mehr gefahren. Unser Ex-Knasti hat nur Pferd und Kutsche.« George schwieg kurz. »Ich habe durch ein Fenster seines Wohnwagens geschaut, bevor ich ihn vernommen habe. Er scheint kräftig zu bechern, vielleicht auch Drogen zu nehmen, aber von außen konnte ich nicht viel erkennen.«

»Wie war er bei der Vernehmung?«

»Bekümmert, würde ich sagen. Er hatte nur die Stute. Sie war sein Broterwerb. Und seine Freundin. Sein Haustier. Ich glaube kaum, dass er seinem Pferd etwas angetan hätte.«

»Er war gewalttätig«, sagte Alec.

»Bin ich das etwa nicht? Jeder macht Fehler.« George seufzte. »Ich kann ihn schlecht einschätzen. Wenn wir noch länger mit diesem Fall zu tun haben, besorge ich Überwachungsaufnahmen vom Strand. Gibt sicher eine Kamera, die den Wohnwagen im Visier hat. Könnte ihm ein Alibi verschaffen – wann er gegangen und wann er zurückgekommen ist. Ich würde nicht ausschließen, dass ein paar seiner Kumpel in den Fall verwickelt sind, aber er selbst? Nein, das bezweifele ich.«

»Gut«, sagte Alec. »Wir haben alle Köpfe in die Tierklinik gebracht. Die Expertin untersucht sie gerade.«

Beide schwiegen eine Weile.

In der Nähe des Farmhauses der Familie Cole klapperte eine Tür.

»Glaubst du, sie findet etwas heraus?« George klang gedämpft.

»Sie sagt, man hat die Köpfe abgesägt. Ich bin also zuversichtlich.«

»Schräger Job, den sie da macht«, sagte George. Und

dann, nach einer Pause: »Ihr scheint euch ja gut verstanden zu haben.«

»Bitte?«

»Ich meine ja nur. Ihr scheint euch angeregt unterhalten zu haben.«

»Vierhundert Katzen.« Alec schnitt eine Grimasse.

»Hä?«

»Man hat sie … sie wurden aufgeschlitzt und den Haltern … Ach, egal.«

»Warum schlitzt jemand Katzen auf?« George klang aufrichtig betroffen und verblüfft, seine Stimme wurde leiser. »Das ist ja grauenhaft.«

»Das ist tatsächlich grauenhaft«, gab Alec zu. »Wir reden später weiter, okay?«

»Klar, okay.«

Alec steckte sein Handy wieder ein.

Er musste niesen. Einen Moment glaubte er, er hätte Blut geniest, aber die untergehende Sonne hatte ihm einen Streich gespielt.

≠

Alec hatte gelogen, als Cooper gefragt hatte, ob sie sich kennen würden. Jedenfalls hatte er nicht die ganze Wahrheit erzählt.

Im Morgenlicht hatte die Tierärztin anders ausgesehen, zumal im grünen Overall, mit den schwarzen Gummistiefeln und den müden Augen. Die dunkelhaarige Frau vom Vorabend – die mit dem dunkelroten Pullover, die er im Biergarten hatte lächeln sehen. Das war Cooper gewesen.

Alec konnte ihr schlecht gestehen, dass sie sich dort zum ersten Mal gesehen hatten, dass er der stumme Psycho im Pub gewesen war. Er wusste nicht, was mit ihm los gewesen war, warum er so bizarre Gedanken gehabt hatte. Wahrscheinlich hatte sie ihn nicht bemerkt. Eine Frau wie sie wurde sicher ständig von Typen umschwärmt.

Er dachte daran, wie sie der Krähe den Hals umgedreht hatte.

Er betrachtete die Straße. Diese Landschaft war so flach wie ein Bügelbrett. Keine Hügel, weder Steigungen noch Gefälle. Eine endlos weite Öde, gesprenkelt mit ein paar Scheunen und Traktoren, und der Rest der Welt, einschließlich des Meeres, war hinter der Erdkrümmung verborgen. Nur Ilmarsh mit seinen niedrigen, in das Umland wuchernden Häusern war im Osten zu sehen.

An einer Scheunenecke stand ein Müllcontainer, aus dem rostige Werkzeuge und Teile landwirtschaftlicher Geräte ragten. Etwas flatterte.

Alec ging zum Container. Was mochte das sein?

Nachdem er eine Schubkarre weggeschoben hatte, fand er die Erklärung.

Metallisch glänzend, bei einem Windstoß in die Höhe gleitend, dann wieder absackend.

Ein schlaffer Luftballon.

Alles Gute zum 16. Geburtstag, stand darauf.

15

WIR VERMISSEN UNSEREN KATER:
BITTE HELFT UNS, UNSEREN JAKE ZU FINDEN.

Jake ist grau getigert.
Zuletzt in Lower Grenwood, Ilmarsh gesehen,
am Vorabend des Feuerwerks.
Er trägt ein rotes Halsband
mit der Aufschrift:
BITTE NICHT FÜTTERN.
Jake ist Diabetiker.
Bitte helft uns, ihn zu finden.
Kleine Belohnung.

16

In der Mitte der Halle war ein Abfluss für das Blut. Die
meisten Hallen für größere Tiere hatten einen solchen
Abfluss.

Das Gebäude wirkte kalt und leer, obwohl die anderen
Tierärzte vor der offenen Tür standen. Das war typisch für
solche Räume, es gehörte genauso dazu wie die Boxen,
in denen tagsüber die Tiere standen, oder der gelbe Fußboden. An einer Wand hatte man Regale und Behälter

aufgereiht, dort fanden sich auch Stricke und Materialien zum Vernähen von Schnitten.

Die Halle war fensterlos. Nur in der einen Ecke, beim Waschbecken, befand sich eine rote Tür und daneben ein offenes Rolltor, durch das man die Pferdeköpfe hereingeschafft hatte.

Diese lagen im fahlen Neonlicht auf Chromtischen, zweimal fünf, einmal sechs. Die Schweife befanden sich auf einem Rollwagen.

Die Tierärzte zogen die Handschuhe aus und wuschen sich die Hände. Sie hatten in der Eingangstür Tee getrunken – der ergrauende Leiter der Tierarztklinik, Frank, und eine jüngere Tierärztin, ein unscheinbares Mäuschen namens Kate. Nur diese beiden hatten Cooper unterstützt.

»Hübscher Becher.« Cooper lächelte.

»Oh!« Kate betrachtete ihn. Ihr Becher trug den Aufdruck *Ich packe den Stier bei den Hörnern.* »Ein Geschenk von meinem Freund.« Sie errötete leicht. »Ist nur als Scherz gemeint.«

»Mein schönster Becher trug die Aufschrift: *Ich bin verrückt nach Tier.*« Cooper zuckte die Schulter. »Geschenk von einem Ex.«

»Und einen solchen Mann haben Sie in den Wind geschossen?«

Cooper lächelte, erwiderte aber nichts. Dann fragte sie ihre vorübergehenden Kollegen aus.

Kate war noch ein Frischling und arbeitete erst ein gutes Jahr dort. Sie hatte schon während ihres Studiums ein Praktikum in der Klinik gemacht; sie war in der Nähe aufgewachsen, dann waren ihre Eltern fortgezogen.

Frank arbeitete seit vielen Jahren in der Tierklinik. Er war der Leiter und kümmerte sich um die meisten Großtiere. Als junger Mann hatte er länger in Frankreich und Belgien praktiziert. Davon erzählte er ausführlich.

»Und Sie?«, fragte er. »Wie sind Sie zu diesem Job gekommen?«

Cooper zwang sich ein Lächeln ab. »Ich fürchte, das ist ziemlich banal.«

»Vielleicht sehen wir das anders«, meinte Kate.

Der Dampf aus Coopers Becher zerfaserte im Wind.

»Es ist ein Broterwerb.«

Sie tauschten Erfahrungen aus.

Frank und Kate erzählten von ihren schlimmsten Erlebnissen.

Die Seuche in ihrer Gemeinde.

BSE vor drei Jahrzehnten.

Und die Maul- und Klauenseuche.

»Auf drei Farmen wurde das Vieh gekeult, alle anderen Farmen hatten strenge Auflagen.« Frank zog eine Grimasse. »Natürlich gab es Entschädigungszahlungen, aber manche Tiere hatten über Jahrzehnte zurückreichende Stammbäume. Eine solche Zucht lässt sich nicht ersetzen. Ich war vor Ort, als die Seuche ausbrach, zum ersten Mal, meine ich – wann war das? 2000? 2001? Sie hätten mal sehen sollen, welche Folgen das hier hatte.« Er setzte neues Wasser auf. »Waren Sie schon in der Stadt?«

»Ich wohne dort im Hotel«, sagte Cooper.

»Dann wissen Sie es ja. Seit dem Ende des Fischfangs und der Ölförderung und dem Ausbleiben der Touristen gibt es nur noch die Landwirtschaft. Sie ist der einzige Wirtschaftszweig. Und die betroffenen Farmen … Sie halten diese Pferde-Sache vielleicht für schlimm, aber stehen Sie mal zwischen Dutzenden toter Tiere, zwischen hundert Kadavern. Stellen Sie sich vor, wie alle verbrannt werden, wie ein gestandener Mann neben Ihnen weinend zusammenbricht. So viel Schmerz.«

»Es hat auch einen Menschen das Leben gekostet«, sagte Kate.

»Ein Farmer hat Selbstmord begangen«, meinte Frank. »Mit der Schrotflinte in den Mund geschossen. Die Seuche hatte ihn zwei Mal getroffen. Zuerst 2001 und dann im letzten Jahr. Dazu dieser Vorfall auf der Insel …«

»Welcher Vorfall?«

»Auf einer Insel, ein paar Meilen weiter draußen, hat eine Farm gebrannt. Niemand kannte die Bewohner, jedenfalls nicht näher, aber es gab Gerüchte. Vielleicht war es kein Unfall, sondern Brandstiftung durch den Farmer. Die Wahrheit wird wohl nie ans Licht kommen.« Er schüttelte den Kopf. »Schlechte Zeiten, Miss Allen. Schlechte Zeiten.«

Er schenkte sich Tee nach und bot ihn den anderen an.

»Und die Farm der Familie Cole?« Cooper sah zur Uhr. Sie musste loslegen.

»Was soll damit sein?«, fragte Kate.

»Wie ist es dieser Farm ergangen? Als ich dort war, habe ich nur Schafe gesehen und mich gefragt, ob man früher auch anderes Vieh gehalten hat.«

»Soweit ich weiß, halten sie nur Schafe«, sagte Frank verächtlich. »Und ich würde es nicht als Farm bezeichnen, jedenfalls nicht als richtige Farm.« Er wirkte verärgert.

»Hatten Sie Probleme mit den Leuten?«

»Probleme? Nein, nicht unbedingt«, meinte er. »Nicht mit ihrem Vieh. Aber Tatsache ist, dass der Mann uns Tausende Pfund schuldet.«

Während sie sich unterhielten, lagen die Pferdeköpfe auf den Chromtischen. Stirnlocken und Mähnen waren durch den Regen verklebt.

Die Augen starrten ins Leere.

≠

Frank und Kate machten gegen 22:00 Uhr Feierabend. Cooper blieb hinter verschlossenen Türen in der kalten Halle.

Sie rieb ihre müden Augen.

Die Neonröhren waren zu hoch, das Licht war also zu schwach. Man hatte Lampen bereitgestellt, aber zu wenige. Sie musste sie im Laufe der Arbeit deshalb immer wieder umstellen und neu einstöpseln.

Zuerst reinigte sie die Köpfe, wobei sie darauf achtete, kein mögliches Beweismaterial zu zerstören, stets eine heikle Sache, vor allem bei Kadavern, die in der Erde gelegen hatten und dem Wetter ausgesetzt gewesen waren. Cooper musste wie üblich abwägen. Sie untersuchte die Köpfe der Reihe nach auf Unterschiede im Verwesungsprozess. Unter dem Strich wäre das vielleicht nicht von Bedeutung – das Regenwasser konnte an unterschiedlichen Stellen und in unterschiedlichen Mengen in die Zelte eingedrungen sein –, aber sie musste hier ein Rätsel lösen.

Man wusste erst, was relevant war und was nicht, wenn man sich ein umfassenderes Bild machte. Mutmaßungen unterließ man besser. Indizien konnten trügen.

Sie hatte über jeden Kopf die dazugehörenden Aufnahmen gehängt.

Eine zeigte die Köpfe kurz nach der Entdeckung, als sie noch nicht durchnässt gewesen waren.

Ein Foto war vormittags aufgenommen worden, als sie die Köpfe zum ersten Mal gesehen hatte.

Eins zeigte sie nach der Exhumierung, aber noch an der Fundstelle. Alec hatte die Pferdeköpfe durchnummeriert, und Cooper hatte den Fotos die Zahlen zugeordnet.

Die Köpfe waren erwartungsgemäß nicht sehr nass, weil sie nicht besonders lange im Boden gelegen hatten. Nur einer war in einem schlechteren Zustand, aber die Fotos erklärten, wieso. Dieser Kopf war neben einem kleinen Erdhaufen abgelegt worden, und auf dem unebenen Boden hatte sich Wasser gesammelt.

Ohne DNA-Analyse würde man die Schweife nicht zuordnen können, aber in drei, vier Fällen konnte man von der Farbe auf den entsprechenden Kopf schließen.

Cooper sah sich die Pferde der Reihe nach an, wobei sie

immer gleich vorging. Sie gab die Ergebnisse in ihr Tablet ein. Zuerst suchte sie nach Anzeichen von Gewalteinwirkung oder Krankheiten, die Hautverletzungen zur Folge gehabt haben konnten.

Einige Hälse wiesen leichte Schrammen auf.

Ein paar Einstichwunden, wahrscheinlich die eines Messers, aber nur bei den größeren Pferden.

Abschürfungen an den Augen, weil vermutlich manche Tiere über einen harten Boden geschleift worden waren.

Die meisten Verletzungen waren post mortem entstanden. Für die Enthauptungen galt das allerdings nicht.

Cooper trug alles zusammen, was sie hatte, um die Pferde möglichst eindeutig zu identifizieren.

Anonyme Geschöpfe wurden zu Individuen. Fast alle Tiere waren gechipt.

Mit Hilfe der Mikrochips konnte sie Identität und Halter bestimmen und im Intranet der Tierklinik nach Referenzen suchen, die Aufschluss über Alter und Behandlungsgeschichte gaben.

Viele der Pferde waren im vergangenen Jahr behandelt worden, hauptsächlich weil sie gelahmt hatten. Das war zu erwarten gewesen – nicht, weil keine anderen Erkrankungen in Betracht gekommen wären, sondern weil genau das beeinträchtigt gewesen war, was für viele Halter an erster Stelle stand: Sie wollten ihr Pferd reiten.

Zwei Pferde waren nicht gechipt, ließen sich also nicht identifizieren, und die Halter hatten sich nicht gemeldet. Ihr Alter ließ sich nur anhand der Zähne bestimmen. Beide hatten die Galvayne-Rinne, die sich kurz vor der

Vollendung des zehnten Lebensjahrs auf den oberen Eckschneidezähnen bildete, während der nächsten Lebensjahre verlängerte und im höheren Alter wieder verschwand. Bei einem Pferd nahm sie die Hälfte der Zähne ein, bei dem anderen war sie etwas kürzer. Unter Berücksichtigung des Zustands der restlichen Zähne und des Kopfes schätzte Cooper das erste Pferd auf siebzehn bis neunzehn, das andere auf Anfang bis Mitte zwanzig. Ein altes Mädchen für eine Stute. Falls es eine war, denn sie konnte das Geschlecht nicht bestimmen.

Cooper wusch sich am Spülbecken in der Ecke. Ihre Kehle war trocken, sogar etwas rau, aber sie wollte noch nicht Feierabend machen.

Sie untersuchte jeden Stumpf mit einer speziellen Lupe, die die Furchen und Wölbungen im Fleisch stark vergrößerte. Sie untersuchte den Sterbeprozess. Fleisch und Knochen jedes Halsstumpfes wiesen besondere Merkmale auf. Zuerst hatte man die Kehle aufgeschlitzt und Haut, weiches Gewebe, Luftröhre und zentrale Blutgefäße sauber durchtrennt. Dabei waren Knorpel angeritzt worden, doch die Klinge, die verwendet worden war, hatte keine Knochen durchtrennen können. Deshalb war sie in den meisten Fällen zwischen zwei Wirbeln angesetzt worden.

Die Knochen waren aufgeschrammt. Die Enden der durchtrennten Knochen waren verkohlt, das Gewebe rings um die Wirbel faserig und versengt. Als Cooper die Wirbel genauer untersuchte, entdeckte sie winzige Metallfragmente, was ihre Hypothese, man habe die Köpfe abgesägt, zu untermauern schien. Andererseits deutete dies nicht darauf hin, dass man eine Motorsäge verwendet hatte. Eher einen Fetotomie-Draht. Tierärzte hatten einen solchen Draht benutzt, um tote Kälber im Geburtskanal zu zerlegen, und manche taten das bis heute. Man trennte Kopf und Gliedmaßen ab, damit man das Jungtier ganz aus dem Leib des Muttertiers entfernen konnte. Heutzutage wurden solche Drähte meist zur Enthornung oder zur Amputation von Rinderklauen benutzt.

Die sechzehn Enthauptungen waren unterschiedlich sauber und gekonnt vollzogen worden. Die Mörder waren entweder immer geübter oder immer hektischer vorgegangen.

Oder: Einer war Fachmann, der andere Laie.

Man schlitzte die Kehle des stehenden, sedierten Pferdes mit einem Messer auf.

Das Tier knickte ein.

Es blutete, rang um Atem, ging zu Boden.

Bevor es verendet war, wurde es mit dem Draht enthauptet. Man half mit einem Messer nach, falls nötig.

Sie hatte die Zeugenaussage gelesen.

Sie … sie weinten. Jemand weinte, hatte der Einsiedler erzählt.

Cooper machte sich eine Notiz, sie würde die lokalen Misshandlungsfälle recherchieren. Vielleicht waren schon früher misshandelte Tiere betäubt worden.

Sie begann mit dem Enthäuten.

Dies war schwieriger als bei anderen Tierarten. Bei manchen konnte man die Haut nach einem Schnitt glatt über den Kopf ziehen. Bei Pferden musste man sie stückchenweise ablösen, weil sie fest auf dem Schädelknochen saß. Sie begann mit den am besten erhaltenen Köpfen und überprüfte dabei ihre ersten Untersuchungsergebnisse, suchte nach Einstichen von Nadeln, vor allem am Hals – nach kleinen Blutgerinnseln. Einige Pferde waren vor dem Feuerwerk von Tierärzten sediert worden, aber was war mit den anderen?

Cooper legte die Hautlappen auf Bretter und markierte Schrammen und Abschürfungen, die sich zu einem späteren Zeitpunkt als wichtig erweisen konnten. Sie etikettierte alles mit Zetteln und fotografierte sowohl die Ober- als auch die Unterseite. Dann lud sie alle Fotos auf ihr Tablet.

Die Autolyse war im Gange. Die Selbstverdauung hatte begonnen.

17

Alec hatte seine Nachbarn in Ilmarsch so gut wie nie zu Gesicht bekommen. Es wunderte ihn, wie zurückgezogen sie lebten, wie selten jemand grüßte.

Was hinter den Vorhängen und Jalousien dieser Reihenhäuser vor sich ging, ließ sich nur erahnen. Ihre Backsteinfassaden bildeten einen Bogen. Die Lichter hinter den Fenstern waren rötlich, bläulich oder weißlich, je nach Vorhangfarbe.

Im Näherkommen nestelte er am Reißverschluss seines

Mantels. Morgen sollte es warm werden. Bis zu zwanzig Grad. Das erfüllte ihn mit Entsetzen, weil George ständig ankündigte, noch einmal zu grillen, wenn das Wetter dies zuließe, im dunklen November ein letztes Feuer zu entfachen.

Alec wollte die Haustür öffnen.

Sie war schon offen.

Jemand war im Haus.

Er glaubte, es wäre Simon – nahm an, die matschigen Spuren auf der Treppe wären die seines Sohnes, der vergessen hatte, die Tür zu schließen, oder auch gerade eingetroffen war.

Auf den Gedanken, dass es ein Fremder gewesen war, sollte Alec erst in einer Minute und vierunddreißig Sekunden kommen.

Er schloss die Haustür hinter sich ab und ging in die Küche, um einen Kaffee zu kochen.

Alec rief in den Flur, ob Simon auch etwas wolle.

Keine Reaktion.

Als das Sprudeln des Wasserkochers erstarb und der feuchte Dampf die blauen Keramikkacheln benetzte, hörte Alec, wie jemand die Haustür aufschloss.

Er trat in den Flur und erblickte Simon, der den Rucksack abstellte. Seine braunen Haare waren feucht vom Regen. Angeblich sahen sie sich ähnlich, doch in Wahrheit war er seiner Mutter wie aus dem Gesicht geschnitten. Er hatte ihre strahlenden Augen, ihre Nase.

»Du hast die Treppe eingesaut«, sagte Alec mit gerunzelter Stirn.

»Was?«

»Als du vorhin raufgegangen bist. Und die Tür hast du auch aufgelassen.«

»Ich bin gerade zur Tür herein«, erwiderte Simon.

»Unsinn, du warst schon hier«, sagte Alec.

»Hä?« Sein Sohn wirkte verwirrt.

»Der Matsch.« Alec war plötzlich stinksauer, versuchte aber, sich nichts anmerken zu lassen.

Als Simons Blick auf die Treppe fiel, war er noch verwirrter. »Das war ich nicht. Wie gesagt: Ich bin gerade erst gekommen.«

Die Spuren waren noch feucht. Sie führten nach oben. Nicht wieder hinunter.

Der Vater wies seinen Sohn an, im Flur zu bleiben.

Beunruhigt durchsuchte er jedes Zimmer, entdeckte aber nichts. Die Spuren endeten oben vor dem Lichtschalter, wo sich die Person offenbar umgedreht hatte – war ihr aufgefallen, dass sie Dreck hinterlassen hatte? Abgesehen von dem Matsch schien alles unverändert zu sein, kein Licht brannte, nichts fehlte, kein Fenster stand offen.

Als Alec wieder nach unten ging, saß Simon vor dem Fernseher.

»Und du warst wirklich noch nicht da? Du bist nicht die Treppe raufgegangen?«

Sein Sohn schüttelte den Kopf, ohne sich umzudrehen.

»Wenn du lügst, würdest du das sagen, oder?«

»Du hast mich doch reinkommen sehen«, sagte der Junge. »Ich habe keine Ahnung, was du meinst.«

Während das Wasser erneut aufkochte, war Alec besorgt, ja bedrückt: Er bewahrte in seinem Arbeitszimmer Notizen sowie Fotos der Fundstelle der Köpfe und diverser Tatorte auf. Auch seinen Laptop. Möglicherweise hatte sich jemand Zugriff verschafft und die Dateien geöffnet.

Auf dem Weg durch das Haus entdeckte er immer mehr. Alles Mögliche lag offen herum.

Halbfertige Berichte aus dem Revier.

Auf dem Tisch ein Zettel mit der Handynummer von Grace Cole, die ihren Mann, den Farmer, und ihre Tochter verlassen hatte. Er musste sie noch anrufen.

Was würde Simon denken? Würde er glauben, sein Vater hätte eine neue Flamme? Und was würde in dem Jungen vorgehen, wenn es tatsächlich so wäre?

In der Küche stand das Foto neben dem Kalender.

Sein Sohn mit sechs, vor zwölf Jahren. Seine Frau.

Liebe war entsetzlich. Man raubte dem anderen etwas und wurde beraubt. Man vereinnahmte den anderen und umgekehrt.

Dieser Gedanke war ihm schon einmal gekommen. Vor nicht allzu langer Zeit. Er hatte vergessen, wann genau.

Er hatte das Gefühl, den Verstand zu verlieren.

Während er auf den Schlüsseldienst wartete, saß er im Halbdunkel vor dem Computer. Er versuchte zu verdrängen, was ihn bedrückte, fragte sich aber, ob irgendein Unbefugter Einsicht in die Dokumente und Unterlagen und seine Computerdateien genommen haben könnte und welche Folgen das hätte.

Schließlich hängte er den beschädigten Spiegel im Flur ab. Das war eindeutig seine Schuld gewesen. Er hätte sich längst darum kümmern müssen.

Alec wickelte jede Scherbe in Zeitungspapier, weil er befürchtete, andere könnten sich daran schneiden. Dann tat er alles hinten in die Mülltonne, war aber unachtsam und schnitt sich an einem Knöchel.

Er ging wieder ins Haus.

An der Wand war der Schatten des abgehängten Spiegels zu erkennen.

Dann recherchierte er eine Zahl im Internet.

Er wollte die Bedeutung erfahren, auch wenn das vielleicht idiotisch und am Ende nutzlos war.

Er wollte wissen, was die Sechzehn bedeutete.

18

Ein paar Meilen von der Bucht entfernt, in der Ilmarsh lag, dort, wo das Meer die Küste langsam wieder vereinnahmte, befand sich eine verlassene Siedlung.

Wellen umspülten die Bungalows. Ihre Fußböden standen unter Wasser.

Nur der nahe Wald war Zeuge dieser Vorgänge.

Ein Auto näherte sich auf der Straße.

In dem Auto lagen Konserven mit Tierfutter. Ein paar Tüten Chips, eine günstige Eigenmarke des Supermarkts. Normales Klebeband und Gewerbeklebeband. Außerdem ein Handy mit zerkratztem Display. Und Schlüssel.

Das Auto hielt mitten auf der Straße. Nach einer Weile wurde der Motor ausgeschaltet. Eine Welle brandete gegen einen Bungalow, der in einem Pastellton gestrichen war.

Die Autotür wurde geöffnet.

Der Fahrer ging in den Wald, durch den die Straße führte, und erreichte schließlich eine Lichtung.

Dort waren zwölf Holzkisten. Sie hatten ursprünglich

auf der Seite gelegen, standen nun aber aufrecht wie kleine Türen. Zwei Kisten, abseits der anderen, waren versiegelt, verschraubt und jeweils mit zwei dicken Steinen beschwert.

Der Autofahrer öffnete die Dosen und kippte Tierfutter in alle offenen Kisten.

Danach setzte er sich und behielt die Kisten im Blick.

Nach einer Stunde holte er ein Buch heraus und begann zu lesen.

Nach drei Stunden wurde der Himmel rötlich. Das liege am Staub, hatte es in den Nachrichten geheißen. Aus der Sahara kommend, veränderte er das nordeuropäische Licht. Ein verstörender Anblick. Das rötliche Licht solle eine gute Woche währen, hieß es.

Irgendetwas regte sich.

Auf der anderen Seite der Lichtung war ein Hund aus dem Wald aufgetaucht. Er wirkte verängstigt, unterernährt, räudig und hatte kahle Stellen im graubraunen Fell.

»Na, komm, alter Junge«, sagte der Fahrer.

Der Hund zögerte.

Der Fahrer holte ein Leckerli aus der Tüte und hielt es ihm hin, obwohl dieser weit weg stand und scheu, vielleicht bissig war.

Nach einigen Minuten humpelte der Hund zu einer Kiste und beäugte wieder den Fahrer. Der saß unverändert da, erwiderte den Blick des Hundes, hielt ihm das Leckerli hin. Der Hund wandte sich ab und fraß, was in einer Kiste lag.

»Braver Junge«, sagte der Fahrer.

Der Hund fraß weiter. Als er sich schließlich trollte, drehte er sich nicht um.

≠

Am späten Nachmittag des nächsten Tages, als der rötliche Himmel allmählich dunkel wurde, kehrte das Auto zurück. Der Fahrer traf die gleichen Vorbereitungen wie am Vortag, und dann tauchte der Hund wieder auf.

Dieses Mal trottete er zu den Kisten in der Nähe des Fahrers. Sie enthielten unterschiedliche Dinge. In manchen lagen Leckerlis. In einer lag ein Ball, der quietschte, als der Hund danach schnappte und ihn dann fallen ließ, als wüsste er mit Spielzeugen nichts mehr anzufangen. Trotzdem wedelte er mit der Rute.

Währenddessen redete der Fahrer ununterbrochen – sanft und melodisch.

Der Hund beruhigte sich und beschnüffelte eine Kiste nach der anderen. Dann hielt er inne, ehe er mutig zu dem Fremden humpelte und am Leckerli schnupperte, das in der ausgestreckten Hand lag.

Der Hund schnappte es sich so blitzschnell, dass der Fahrer lächeln musste. Ihm entwich ein: »He!« Der Hund wedelte immer stürmischer mit der Rute. Der Fahrer streichelte und tätschelte seinen Kopf. »So ein braver Junge, so ein braver Junge.« Der Hund erbebte vor Glück.

≠

Am dritten Tag wurde der Fahrer von dem Hund erwartet. Es war wärmer als am Vortag. Nun tapste der Hund sofort zum Leckerli. Die Kisten waren längst leer gefressen. Der Ball war tief im Wald verschollen.

Dann schlummerte der Hund zu Füßen des Fahrers ein. Dieser betrachtete ihn eine Weile, nahm ihn schließlich auf den Arm wie ein schlafendes Baby und bettete ihn in eine Kiste.

Er griff nach einem elektrischen Schraubenzieher und Schrauben und befestigte den Deckel auf der Kiste. Auf einer Seite war ein Loch, so groß, dass der Hund Luft bekam, so klein, dass er nicht hindurchschauen konnte.

Der Hund schlief noch.

Der Fahrer schleppte die Kiste zum anderen Ende der Lichtung, beschwerte sie oben mit einem dicken Stein.

Er wartete, bis der Hund erwachte. Wartete, bis dieser zu kläffen begann.

Dann kehrte er zum Auto zurück und fuhr an den versinkenden Bungalows vorbei in Richtung Ilmarsh.

Eines Tages würde dieser Fahrer Alec ins Gesicht sehen.

Eines Tages würde er an die Wochen zurückdenken, als er fern der Stadt Tiere in Holzkisten gesperrt hatte.

Eines Tages würde er lächeln, dann weinen und dann wieder lächeln.

Alles ging dem Tod entgegen.

Eines Tages würde auch der Fahrer sterben wollen.

Aber noch war es nicht so weit.

TAG DREI

19

Alecs Handy klingelte. Er mochte keine Anrufe, schon gar nicht um sechs Uhr früh. Und er mochte sie noch weniger, wenn er fast nicht geschlafen hatte.

Er saß im Auto. In aller Herrgottsfrühe hatte er das Haus verlassen und war zur Bucht gefahren. Dort hatte er vor dem Diner geparkt und wartete darauf, dass geöffnet wurde.

Er hatte eine Weile traumlos gedämmert.

»Du bist wach.« Das war George.

»Ich bin wach.«

»Wirken die Tabletten nicht?«

»Doch, doch, sie wirken«, antwortete Alec, der beobachtete, wie die Lichter am dunklen Ufer flackernd angingen. »Nur habe ich keine genommen.«

George wollte etwas sagen, musste aber husten.

»Geht's dir gut?«

George überhörte die Frage. »Harry hat angerufen. Wir sollen zum Reithof fahren.«

»Du hast die Aussage doch schon aufgenommen.«

»Ja, aber es gibt etwas Neues«, krächzte George. »Die Eigentümer des Reithofs haben sich bei der Versicherung gemeldet.«

»Und?«

»Das haben sie einige Stunden vor unserem Kommen gemacht. Wir hatten ihnen noch nicht mitgeteilt, wo die Pferde entdeckt worden waren, aber sie wussten es trotzdem … Sie haben gegenüber der Versicherung die Well Farm erwähnt. Steht alles in der Abschrift.«

»Wir standen auf dem Feld wie auf dem Präsentierteller«, meinte Alec. »Und Neuigkeiten machen schnell die Runde.«

»Trotzdem. Sie wussten einiges über den Fall. Und die Frau war viel zu gefasst.«

»Dann treffen wir uns dort?«

»Ich bin krank. Ich kann nicht.«

»Du bist krank?« Alec zog eine Augenbraue hoch.

»Scheiße, Mann. Ja, ich bin krank.«

»Gut. Okay. Du bist also krank.« Während sie sprachen, erwachten die Spielhallen zum Leben. Lichter begannen zu blinken, die Musik war bis zum Meer zu hören.

»Du kommst doch zum Grillen?«

»Bist du denn nicht krank?«

»Genau deshalb muss ich mich schonen.« George gähnte. »Stell dich nicht so dumm an.«

»Du willst bei einem Grillabend im kühlen November Steaks und Würstchen wenden, obwohl du eine Grippe hast?«

»Ich muss mich wohl nicht rechtfertigen.«

Seufzend dehnte Alec sich auf dem Autositz. Sein Körper schmerzte, weil er so gut wie nicht geschlafen hatte. »Soll ich was mitbringen?«

»Eine markante Persönlichkeit.«

20

Eine Stunde verstrich. Dann erwachte das kleine, öde Ilmarsh schlagartig zum Leben.

Alec nippte am Schoko-Milchshake, während er auf den Kaffee wartete. Er betrachtete die Inseln und sah zu, wie die Sonne über dem Meer aufging.

Vom Frühstück abgesehen hatte Alec keinen Anlass, diesen Ort aufzusuchen. Die Polizei wurde selten gerufen. Manchmal vögelte ein Pärchen im Dunkeln. Drogensüchtige hinterließen Spritzen im Sand. Unerheblich für die unterbesetzte Polizei.

Er fragte sich, ob Orte Erinnerungen hatten.

Ein Boot tuckerte durch die Bucht.

Für Cooper hatte er schon bestellt. Sie hatte ihm mitgeteilt, dass sie sich verspäten würde. Das war ihm ein Rätsel, denn ihr Hotel war keine zehn Minuten entfernt. Vielleicht hatte sie verpennt.

»Wie möchten Sie die Eier?«, rief die Kellnerin.

»Spiegelei.« Er trommelte mit den Fingern auf den Tisch und neigte den Kopf zur Seite. »Nein, warten Sie … lieber Rührei.«

Die Kellnerin instruierte den Koch, der seine kleine Butze im rückwärtigen Bereich offenbar nie verließ. Dann deckte die Kellnerin weiter die Tische, holte Speisekarten hinter dem langen, blauen Tresen hervor, auf dem Besteckhalter und Ketchupflaschen zwischen einem Porzellanhund, einer großen, rot-weiß-blauen Kasse und einem Spielzeug-Sportwagen standen. Der Diner sollte amerikanisch wirken.

»Ermitteln Sie wegen der Pferde?«, fragte die Kellnerin drei Tische weiter.

Alec nickte. Er war der einzige Gast. Sonst erkundigte sie sich nie nach der Arbeit. »Warum?«

»Ach, die Leute reden.« Sie stellte eine Ketchupflasche auf seinen Tisch und ging weiter.

»Wie das?«

»Mit dem Mund.«

Alec verdrehte die Augen. »Irgendwas Besonderes?«

»Ich habe gehört …«

»Ja?«

»Einer der Köpfe soll … na, Sie wissen schon … der eines Menschen sein.«

Alec schaute verärgert drein. »Blödsinn.«

≠

In letzter Zeit war er früh aufgewacht und hatte alle Arbeiten erledigt, die morgens anstanden. Er schlief schlecht ein, und wenn er schlief, dann nie besonders lange.

Er musste nicht mehr warten, bis Simon erwachte, zuschauen, wie sein Sohn die Cornflakes aß, und ihn danach zur Schule schicken. Simon würde bald ausziehen, vielleicht studieren. Alec wäre bald allein und hätte das Haus für sich. Dann wäre das Leben wieder lebenswert. War es ungehörig, so zu denken? Vielleicht.

Vielleicht empfanden andere Eltern genauso.

Vielleicht empfanden alle so oder ähnlich, wenn es um geliebte Menschen ging.

Vielleicht war er abgrundtief einsam.

Wenn er hier frühstückte, las er manchmal Zeitung. Beim Essen vermengte er alles, spießte Rührei auf ein Stück Würstchen, nahm etwas gebratenen Speck, krümelte Blutwurst darauf.

Genau das tat er, als die Türglocke bimmelte. Cooper eilte herein und wäre um ein Haar mit der Kellnerin kollidiert.

»Verzeihung!«, sagte Cooper, und ihr Blick streifte die beiden, als sie sich setzte. Ihr Frühstück kam sofort.

»Wie haben Sie geschlafen?«

Cooper schälte sich aus dem purpurroten Mantel und wickelte den grauen Schal ab. »Unruhig. Ich habe mir den Hals verdreht – muss komisch gelegen haben.« Sie griff nach dem Kaffeebecher, bevor Alec etwas sagen konnte, trank einen Schluck und verzog das Gesicht. »Bäh. Der ist ja lauwarm.«

»Das ist meiner«, sagte Alec ruhig. »Ich wollte ihn abkühlen lassen.«

»Oh.« Sie schnitt eine Grimasse. »Ähm …«

»Halb so wild.« Er drehte sich zur Kellnerin um und bat um mehr.

$$\neq$$

Sie gingen Coopers Ergebnisse durch. Man hatte die Tiere mit Messer und Draht enthauptet, wahrscheinlich mit einem Fetotomie-Draht. Die Hypothese, dass es mehrere Tatbeteiligte gegeben hatte, wurde durch das unterschiedliche Geschick erhärtet, mit dem die Enthauptungen vorgenommen worden waren.

»Warum zwei Werkzeuge?«

»Das Messer konnte keine Knochen durchtrennen, aber die Kehle. Und dann kam der Draht zum Einsatz. Den übrigens nur Tierärzte verwenden.«

Alec schwieg und sagte dann: »Die Täter könnten also Bauern gewesen sein oder mit Tieren gearbeitet haben.«

Cooper zögerte. »Wäre möglich.«

»Sie müssen gewusst haben, dass die Pferde sediert waren«, fuhr er fort. »Sie kennen sich mit Pferden aus und wussten, wo die Tiere standen.« Er nippte am Kaffee. »Es müssen Einheimische sein, die ins lokale Leben eingebunden sind. Ist es schwierig, einen solchen Draht zu handhaben?«

»Sie haben schätzungsweise zehn Minuten pro Kopf gebraucht, vorausgesetzt, sie waren kräftig genug und konnten die Pferde festhalten, was an sich schon ein Kraftakt wäre …« Cooper aß ihre letzten Bohnen. Sie aß die Bestandteile ihres Frühstücks nacheinander, fein säuberlich getrennt. »Es könnte auch länger als zehn Minuten gedauert haben.«

Die Kellnerin, die ihren Tisch abdeckte, schien lauschen zu wollen, denn sie nahm sich Zeit. Sie saßen stumm da, bis sie sich entfernt hatte.

»Wir suchen also keinen Psychopathen mit Schaum vor dem Maul, der eine Axt schwingt, sondern Personen, die überlegt vorgehen.« Alec leerte seinen Kaffee. »Welchen Eindruck hatten Sie von den Tierärzten?«

»Einen guten«, antwortete sie. »Der Leiter, Frank, war ein wenig … na ja, er war etwas schroff, aber das ist für jemanden in seiner Position nicht ungewöhnlich. Die einzige andere Tierärztin, mit der ich geredet habe, ist Kate. Sie wirkt schüchtern, hat aber einige der Pferde behandelt. Mir ist nichts Besonderes an den beiden aufgefallen.«

»Hm.« Alec sah die Kellnerin in die Küche gehen. »Vielleicht sollten wir noch mal mit ihnen reden. Um uns zu erkundigen, ob Medikamente fehlen und welche Farmen oder Betriebe diese Dinger erhalten haben, diese Foto … Foteto … Wie heißt das?«

»Fetotomie-Draht.«

»Haben andere Leute Zugriff darauf? Gibt es Personen, die sie regelmäßig verwenden?«

»Zum Beispiel?«

»Na, zum Beispiel Reithofbesitzer.«

Cooper schüttelte den Kopf. »Pferdezüchter kennen sich aus, würden bei einer Stute aber nie eine Fetotomie vornehmen. Da ruft man den Tierarzt.«

Er nickte. »Und sonst?«

»Eines noch …« Sie öffnete ihre Tasche und holte einen Ordner heraus. Er enthielt Ausdrucke von Internet-Foren, Aushangzettel mit Fotos vermisster Tiere und dergleichen.

»Was ist das?«

»Das sind Hunde und Katzen«, sagte sie.

»Schon klar, ich habe ja Augen im Kopf. Aber inwiefern ist das relevant?«

»Ich wollte wissen, ob es während der letzten Monate eine höhere Quote von Misshandlungsfällen gegeben hat, Indizien für Gewalt gegen Tiere, gleich welcher Art«, erklärte sie. Sie leerte ihren Kaffee. »Die Ausbeute war mager – Tierärzte erfahren das selten, die Polizei sowieso nicht. Tiere haben keine Stimme.« Sie wischte sich Schlaf aus einem Auge. »Also habe ich beschlossen, Berichte über vermisste Tiere zu suchen – sowohl online als auch in lokalen Datenbanken. Das meiste klang normal: Katzen, die nie heimgekehrt, Hunde, die in Parks entlaufen sind, und so weiter und so fort. Aber wenn man die aktuelle Zahl dieser Vorkommnisse mit der Zahl anderer Monate vergleicht …« Sie schob Alec den Zettel hin. »Es gab einen Zuwachs, wie Sie sehen. Und man hat weniger Tiere als üblich wiedergefunden, ob in Tierheimen oder anderswo.«

»Gut, sagen wir mal, es gäbe eine Verbindung. Was würde uns das sagen? Dass sich der Täter immer größere Tiere vorknöpft?«

Sie wusste es auch nicht.

Alec drängte weiter auf Erklärungen, die sie nicht geben konnte. Sie wusste nicht, wem dergleichen zuzutrauen war. Andererseits lag es auf der Hand.

Jeder sprach täglich mit gefühllosen Menschen.

Menschen, die man lieber rasch loswurde.

Menschen, vor denen man am liebsten weggerannt wäre oder denen man gern eine geknallt hätte.

21

Auf den Feldern standen zwanzig bis dreißig Rehe.

Sie erweckten den Eindruck, jeden Moment panisch die Flucht ergreifen zu wollen.

Sie beäugten das Auto, als sie losfuhren. Alec sah sie noch einmal im Rückspiegel.

Während der Fahrt versuchte er, sich einen Reim auf seine vorübergehende Partnerin zu machen.

Cooper hatte einen eindringlichen, fast bohrenden Blick, egal, wie sie drauf war. Jedes Lächeln, jedes Stirnrunzeln war von einer leisen, vermutlich unbeabsichtigten Intensität. Menschen wie ihr war er selten begegnet. Manchmal fand er die Gespräche anstrengend, aber genau genommen erging es ihm mit allen Leuten so. Und manchmal kam sie ihm vor wie eine alte Freundin, wie jemand, den er seit Ewigkeiten kannte.

Sie hatte eingewilligt, Alec zu begleiten, weil sie sich den Reithof anschauen und gemeinsam mit ihm herausfinden wollte, ob die Besitzer sie anlogen oder ihnen etwas vorenthielten.

Sie unterhielten sich eine Weile über den Fall, über die Gegend, über den Ort. Cooper erkundigte sich nach dem Brand auf der Insel – die Tierärzte hätten ihn erwähnt, sagte sie.

Alec erwiderte, er sei für den Fall nicht zuständig gewesen und könne deshalb wenig dazu sagen.

Es sei nicht so dramatisch gewesen, wie man vielleicht erzählt habe. Der Brand sei ein Unfall gewesen.

Rasch lenkte er vom Thema ab und wollte wissen, warum sie sich für ihren Job entschieden habe, und sie unterhielten sich eine Weile über ihre Berufe und die Frage, warum sie diese ausübten. Sie hatte nur kurz als Tierärztin praktiziert, bevor sie sich der Kriminaltechnik und der Forensik zugewandt hatte. Cooper erwähnte weder, wie es zu diesem Sinneswandel gekommen war, noch, ob sie ihren alten Job vermisste, sondern fragte Alec, warum er die Laufbahn als Polizist eingeschlagen habe.

Dafür gab es keinen dramatischen Auslöser. Er hatte sich von der Welt nicht ungerecht behandelt gefühlt, also auch nicht auf Rache gesonnen, musste sich also für nichts entschuldigen. Es war schlicht einer jener Jobs, von denen Kinder träumten – Feuerwehrmann, Arzt, Polizist. Sie alle, so glaubte man, würden Menschen retten, und deshalb waren Geschichten, in denen sie vorkamen, so beliebt. Alec war gut in seinem Job. Er ging darin auf. Er flüchtete sich in seine Arbeit.

Er fragte Cooper, ob sie erwogen habe, Ärztin zu werden. Sie lachte bloß, ohne sich weiter zu erklären.

»Wollten Sie je zur Polizei?«

Amüsiert schüttelte sie den Kopf und steckte ihr Handy ein.

»Ist das so abwegig?«, meinte er. »Sie wären vermutlich ein Gewinn.«

»Ich bin gern unterwegs. Ich möchte selbst bestimmen, was ich tue.« Sie öffnete ihr Fenster einen Spalt. »Und ich arbeite gern allein.«

Alec zog die Augenbrauen hoch. »Dazu hätten Sie bei der Polizei oft Gelegenheit.«

»Sie können sich aussuchen, wo Sie arbeiten? Was Sie tun?«

»Man kann sich versetzen lassen, ja.«

»Und Sie haben sich hierher versetzen lassen? Diese Gegend war Ihre erste Wahl?«

»Ein Neuanfang.« Er setzte ein breites Grinsen auf, das ihn selbst nicht ganz überzeugte. »Ich wollte schon immer am Meer leben.«

»Und wieso?« Sie wandte sich um, weil sie die Kopfstütze justieren wollte.

»Träumt nicht jeder davon?«

Noch gut acht Minuten bis zum Reithof. Es war kurz nach dreizehn Uhr. Die Luft war feucht. Es schienen über zwanzig Grad zu sein, wärmer als vorhergesagt.

»Was war die schwerste Sünde, die Sie je begangen haben?«, fragte er unvermittelt.

»Bitte?« Cooper drehte sich zu ihm um.

Er sah wieder geradeaus. »War bloß … war nur Smalltalk.« Er verstummte verlegen. »Ist nicht meine Stärke.«

Cooper schaute auf die Straße. »Ich habe mal ein Auto zerkratzt.«

»Ehrlich?«

»Ich war dreizehn und trug Zeitungen aus. Ich beobachtete, wie ein Mann seinen Hund trat, und wollte ihm eine Lektion erteilen. Also nahm ich meinen Haustürschlüssel – ganz neu, denn mein Dad, der mich von der Schule abgeholt hatte, war ausgezogen, und weil ich allein nach Hause musste, gab meine Mutter mir einen –, ich nahm also den Schlüssel und zerkratzte das Auto des Typen.«

»Was war das für ein Gefühl?«

»Das war toll.«

»Haben Sie Ärger bekommen?«

»Ach, was.« Cooper legte die Stirn in Falten. »Aber …«

»Aber was?«

»Wie sich herausstellte, war es das falsche Auto.«

Darüber mussten beide lachen und ertappten einander bei einem Lächeln.

»Und das ist wirklich Ihre schwerste Sünde?«

»Nein«, antwortete sie.

Das grüne, rechteckige Schild mit der gewölbten Oberkante war verblasst. Wahrscheinlich hatte man es mehrmals schlampig übergestrichen. Cooper entdeckte Tropfen von Malerfarbe.

Reithof 🐴 Elton
Seit 2001

Die Dächer vom Stall und vom Schuppen ragten am Ende der Zufahrt hinter hohen Koniferen und Hecken auf. Alles war von Efeu überwuchert. Dieser schmale Weg wäre die einzige Zufahrt für einen Transporter gewesen. Möglicherweise hatte man die Pferde zuvor woanders hingebracht. Ein öffentlicher Pfad, mit einem Schild gekennzeichnet, führte über das Anwesen.

In dieser flachen Gegend kam die Erhebung jenseits der Felder, auf der das Wohnhaus der Eltons stand, einem Hügel am nächsten. Stufen führten den Hang hinauf. Cooper fand das Haus auf der Kuppe irgendwie befremdlich, weil sich hier kaum etwas so klar vor dem Himmel abzeichnete.

22

»Wir sind aufgestanden und haben gefrühstückt. Es war ein ganz normaler Morgen.« Louise Elton, die Reithofbesitzerin lächelte, doch ihre Augen blieben glanzlos. »Danach wollten wir die Tiere füttern.«

Auf dem Kaminsims stand ein einsames Porträt – vielleicht das eines Neffen –, daneben ein silberner Glockenwecker, der vor sich hin tickte. Im Licht, das durch das Fenster fiel, tanzte Staub.

Überall Pferde: kleine Statuen, Bilder, Fotos, Platzdeckchen. Alec fragte sich, warum sie solchen Nippes hatten. Man hatte ihn doch sicher rasch über. Aber vielleicht war dies in erster Linie ein Empfangszimmer für Gäste, etwa für die Eltern von Reitschülern, das eine Art Zeichen setzen sollte. Die Takeaway-Schachtel eines indischen Restaurants im Flur war das einzige Indiz für einen chaotischen Alltag.

Sie saßen sich an einem Couchtisch gegenüber, Louise Elton auf dem einen Sofa, Cooper und Alec auf dem anderen, das etwas zu klein für die beiden war. Auf dem Tisch standen drei Tassen mit dampfendem Tee.

»Sie waren leer.« Die Frau, die einen Hausmantel und Slipper trug, sprach leise und brüchig. »Die Boxen, meine ich.«

»Und danach?«, fragte Alec, einen Stift in der Hand, den er von seinem Sohn zum Geburtstag bekommen hatte.

»Danach haben wir unsere Aussage zu Protokoll gegeben«, antwortete sie und ergriff ihre Teetasse. Ihre Hand zitterte, und die weiße Porzellantasse klirrte auf der Untertasse.

»Erinnern Sie sich, was Sie in der Bonfire Night gemacht haben?«

»Wir waren in der Stadt.« Sie nippte am Tee. »Wir lassen uns das nie entgehen. Waren Sie auch dort?«

»Ja, beruflich. Ich stand zuerst am rechten Eingang, danach war ich auf Streife.«

»Gab es viel Ärger?«, fragte sie.

»Nein, nein.« Er lächelte. »Die Leute haben sich unter

dem Strich erstaunlich gut benommen. Einige Jugendliche haben in Ufernähe Rambazamba gemacht – nichts von Bedeutung.«

»Solche Feste finden hier selten statt.« Sie nickte. »Wir treffen jedes Mal unsere Freunde. Früher sind die Leute öfter ins Pub oder zum sonntäglichen Bauernmarkt gegangen, aber das hat stark abgenommen.«

»Gibt es den Bauernmarkt nicht mehr?« Alec runzelte die Stirn, als sie bestätigend nickte. »Ich war immer gern dort.«

»Schon seit einem Jahr nicht mehr.« Sie lächelte. »So oft waren Sie wohl doch nicht dort.«

»Also …« Er sah kurz zum Fenster, weil er glaubte, eine Bewegung wahrgenommen zu haben, offenbar eine Täuschung. Er wandte sich wieder an die Frau. »Sie waren beim Feuerwerk. Gibt es Zeugen, die das bestätigen können?«

Sie bejahte.

»Und tagsüber? Haben Sie da etwas Ungewöhnliches bemerkt?«

»Nein. Da war Reitunterricht.«

»Wen haben Sie unterrichtet?«

»Kinder«, sagte sie. »Erwachsene haben selten Interesse daran.«

»Sie haben ein wunderschönes Zuhause«, sagte Cooper, was Louise Elton ein Lächeln entlockte, denn das Kompliment überraschte sie, und sie war froh über die Ablenkung. Sie schenkte Tee nach. »Wie sind Sie zu dem Reithof gekommen?«

»Der frühere Eigentümer zog weg«, sagte Louise. »Wir fanden die Vorstellung unerträglich, dass man alles dichtmachte. Das Anwesen war seit langem nicht mehr auf diese Weise genutzt worden ...«

»Auf welche Weise?« Alec beugte sich vor und nahm seine Tasse.

»Als Reithof.« Im Flur ertönte ein leiser Knall, als die Haustür zufiel. Wahrscheinlich war ihr Mann gekommen. »Wir wollten den hiesigen Kindern die Möglichkeiten bieten, die auch wir hatten«, fuhr sie fort.

»Sind Sie früher geritten?«, fragte Cooper, und Louise nickte glücklich.

»Charlie. Ich selbst hatte ... tja ... ich hatte Angst.«

»Vor Pferden?« Alec zog eine Augenbraue hoch.

Louise zögerte. »Es sind herrliche Tiere, aber ich reite nicht gern – ich finde sie zu groß, zu kräftig. Die Vorstellung, mich auf einem solchen Geschöpf zu bewegen, fand ich immer ...« Sie zuckte lächelnd die Schultern. »Ich helfe gern Kindern, aber Reiten, das ist nichts für mich. Charlie dagegen ... Sie hätten ihn mit siebzehn sehen sollen, wenn er über die Felder auf mich zutrabte. Zuvor waren wir nur befreundet gewesen. Wir sind zusammen aufgewachsen und mochten uns, mehr nicht, aber als er damals angeritten kam, merkte ich, dass ich ihn *liebte*. Und dieses Anwesen ...« Sie schien nach den passenden Worten zu suchen, »... bedeutet uns viel.«

»Wie ging es den Pferden in letzter Zeit?«, fragte Alec.

»Sie sahen prächtig aus.« Louise lebte auf.

»Ich meinte ihre Verfassung. Waren sie gesund?«

Sie wirkte nun etwas betrübter. »Wir haben uns so gut wie möglich um sie gekümmert.«

»Gab es Klagen?«

»Hin und wieder«, antwortete sie seufzend. »Aber daran muss man sich gewöhnen. Wie Sie vielleicht wissen, war ich zuvor als Lehrerin tätig. Bis zum vergangenen Jahr, um genau zu sein. Da bin ich in Ruhestand gegangen.« Sie versuchte zu lächeln. »Ich nehme an, mit Ihnen sind auch nicht alle zufrieden. Wenn man mit Menschen arbeitet, gibt es immer jemanden, der etwas zu meckern hat.«

»Die Pferde lagen Ihnen am Herzen«, sagte Cooper. »Deshalb haben Sie sie sedieren lassen.«

»Wie meinen Sie das?«

»Sie haben dafür gesorgt, dass die Pferde sediert wurden, richtig?«

Louise nickte nach kurzem Zögern. »Ja, das habe ich.«

»Was bedeutet das genau, Mrs. Elton?«, fragte Alec. »Waren die Tiere bewusstlos?«

»Sie wurden nur ruhiggestellt«, antwortete sie. »Während eines Feuerwerks haben sie Angst. So war es besser für sie. Sie waren ruhiger.«

»Haben Sie das selbst getan?«

»Nein, das war die Tierärztin«, sagte sie. »Ich kann mit Spritzen nicht umgehen.«

»Wer?«, fragte Alec.

»Kate. Ihren Nachnamen kenne ich nicht … leider.«

Alec spürte ihren Blick, als er sich Notizen machte. »Sie haben angegeben, ihr Fehlen erst morgens bemerkt zu haben.«

»Ja.«

»Sie haben also nach der Heimkehr nicht sofort nach den Pferden geschaut?«

»Das machen wir eigentlich nie.«

»Die Ställe befinden sich gleich vorn auf dem Grundstück. Wäre also kein Umstand gewesen, nicht wahr?«

»Wir hatten nie Probleme.« Sie zögerte und bohrte die schmutzigen, hellblau lackierten Fingernägel in den weichen, weißen Stoff ihres Ärmels. »Warum fragen Sie das?«

Cooper stellte ihre Tasse ab. »Er fragt, weil er sich wundert, dass jemand, der seine Pferde vorsichtshalber ruhigstellen lässt, sich nicht die Zeit nimmt, kurz nach den Tieren zu schauen.«

»Sie haben Ihre Ansprüche bei der Versicherung geltend gemacht, obwohl Sie noch kein Wort mit der Polizei gewechselt hatten«, sagte Alec gelassen. »Wieso?«

23

Louise Elton beteuerte, sie habe keine Ansprüche geltend gemacht, auch wenn die Versicherung das behaupte und die Abschrift das nahelege. Sie habe sich nur erkundigt, was abgedeckt sei, eine reine Vorsichtsmaßnahme – sie hätten lediglich wissen wollen, ob man für den Verlust aufkomme. Sie war von anderen Haltern benachrichtigt worden. Was sei so schlimm daran, dass sie die Versicherung kontaktiert habe? Ihre Pferde seien tot. Sie aber brauche ein Dach über dem Kopf.

»In meiner Familie«, erklärte sie, »versucht man stets, sein Bestes zu geben. Das haben wir verinnerlicht.«

»Welche Familie?«, fragte Cooper, und Alec drehte sich zu ihr um.

Er verstand die Frage genauso wenig wie die Reitstallbesitzerin.

»Die Familie, in die Sie eingeheiratet haben, oder ihre eigene?«, fuhr Cooper fort.

»Die Familie, die ich gegründet habe.«

Draußen hüpfte ein Vogel über die morsche Fensterbank, der Himmel war blauer als Louise Eltons Fingernägel. Beide Farben waren unwirklich.

Die letzten paar Jahre seien schwierig gewesen, erklärte Louise weiter.

Die meisten Lügen sind banal. Viele Menschen merken gar nicht, dass sie lügen, und wenn sie ertappt werden, versuchen sie, sich zu rechtfertigen. Cooper war das bewusst. Es gefiel ihr nicht.

Kleinere Gesetzesverstöße beging sie genauso bedenkenlos wie andere Leute – während ihres Studiums hatte sie vieles illegal runtergeladen, manchmal auch Gras geraucht; sie wäre fast von der Uni geflogen, hatte auch einen halbherzigen Selbstmordversuch unternommen, aber welcher junge Mensch um die zwanzig tat das nicht? Ein Leben voller Schmerz war das eine, ein Leben voller Lügen etwas anderes.

Und ihr Ermittlungspartner –, dieser Alec war jemand mit einem Leben voller Lügen.

Nicht, was seinen Job, das Berufliche betraf, oder was die Leute für vermeintlich wichtig hielten. Er war schließlich kein Krimineller.

Aber seine Stimme, sein unsteter Blick, seine aufbrausende Art – all das verriet ihr, dass er etwas verdrängte.

Er führte kein authentisches Leben. Er war nicht ehrlich mit sich selbst, täuschte sich darüber hinweg, wer er tatsächlich war, wer er sein wollte.

Je länger sie Alec beobachtete, desto tiefer bedauerte sie ihn. Wenn er redete, schien er stets etwas einzufordern, wich ständig vom Protokoll ab. Er wollte gemocht werden, signalisierte seinem Gegenüber aber, dass er es unsympathisch fand.

»Ich muss kurz verschwinden«, sagte Cooper.

»Wohin denn?« Alec wirkte überrascht.

»Wo ist die Toilette?« Sie wandte sich an die Gastgeberin.

»Gleich hinter der Küche«, antwortete Louise Elton.

»Kann das nicht warten?«, fragte Alec.

Sie schüttelte den Kopf. Dieser Mann war ein tragischer Fall.

Als Cooper die Zimmertür schloss, hörte sie die gedämpfte Unterhaltung, Alecs tiefes Brummen, und Louise Eltons heisere Stimme.

In der Küche stand überall dreckiges Geschirr. Cooper nahm sich Zeit. Der Kalender hatte bis auf einen durchgestrichenen Kreis mit den Worten *Danny besuchen* und den Angaben zu einer Filmvorstellung wenig zu bieten. Man hatte nicht mal die Oktober-Seite umgeblättert. Im November gab es keine Einträge.

Neben dem Wasserkocher lagen zwei Stapel mit Briefen. Cooper nahm einen.

LETZTE MAHNUNG
ÜBERZOGENES KONTO.
Die Überziehungszinsen werden ab d. 28. Dezember von Ihrem Konto abgebucht.
Ihr Antrag wurde abschlägig beschieden.
Unbeglichene Rechnungen können Ihre Kreditwürdigkeit für einen Zeitraum von sechs Jahren beeinträchtigen.
Urteile des Landgerichts können sich negativ auf eine Kreditvergabe auswirken.

KREDITKARTE WURDE GESPERRT.
LETZTE MAHNUNG.
Girokonto: – £ 15.468,00
Kreditkarte: – £ 89.421,00

Bitte kontaktieren Sie uns zwecks Erörterung einer freiwilligen Vereinbarung zur Schuldentilgung.
Das Lastschriftverfahren steht Ihnen nicht mehr zur Verfügung.

Unter den Schreiben glänzte etwas. Cooper sah sich um. Sie war allein. Alles war still.

Cooper legte die Schreiben zur Seite.

Darunter lag das Polaroid-Foto eines braunen Labradors.

Die Augen des Hundes waren geschlossen.

Seine Pfoten waren abgetrennt worden und lagen neben dem jeweiligen Bein.

Cooper kehrte in das Zimmer zurück.

Alec drehte sich nach ihr um, als sie sich setzte, sah jedoch wie üblich gleich wieder weg.

Louise Elton ging die Namen durch.

Keine Fremden, die Interesse an den Pferden gezeigt hätten, und im Wald lauerten keine Psychopathen.

Louise zählte alle Kunden auf, die einen Groll hegen könnten. Vielleicht war der Täter darunter. Sie wiederholte alles, was die Leute zu ihr gesagt hatten. Gab an, wer nicht bezahlt, sich über die Pferde, die Kinder, die Kündigungsgebühren beklagt hatte. Erzählte, wer nicht höflich gewesen war.

»Ich habe keine Kinder«, sagte Louise zu guter Letzt. »Aber die Pferde habe ich geliebt. Aufrichtig. Ich habe … ich liebe auch Charlie. Aber dies …«

Sie schwieg eine Weile.

»Der Täter könnte aus unserem Bekanntenkreis stammen«, sagte sie leise.

Cooper öffnete ihre Tasche und holte einen der Aushangzettel hervor, die sie Alec im Diner gezeigt hatte.

Louise erstarrte.

Cooper ließ den Zettel eine Weile auf ihrem Schoß liegen, bevor sie es wieder in ihr Notizbuch schob.

Louise zog die Schublade des Couchtisches auf, entnahm ihr eine kleine Tablettenflasche und schüttelte sie, doch sie war leer. Sie kniff die Augen zusammen. »Bitte verzeihen Sie.«

Sie stand auf und verließ das Zimmer.

WIR VERMISSEN UNSERE HÜNDIN.

Schokoladenbrauner Labrador.
Am 2. August im Denton Park entlaufen.
Sehr lieb, hört auf den Namen Lizzie.
Bitte helfen Sie uns, sie wiederzufinden.
£ 50 Belohnung.

24

Cooper hatte Alec von ihrem Fund in der Küche berichtet. Eine Minute später sah er selbst nach. Dann rief er, am Fuß der Treppe stehend: »Mrs. Elton? Alles okay?« Keine Reaktion.

Minuten später, sie hatten sich im Zimmer umgeschaut, ohne etwas zu entdecken, gingen sie nach oben.

Oben fiel ein Licht in den Flur.

Eine Tür war angelehnt.

In die blaue Tür aus Eichenholz war ein Baum geschnitzt, die Farbe blätterte stellenweise ab. In den Flurecken saßen Schimmelflecken.

Die Dielenbretter knarrten.

Eine Fliege surrte an ihnen vorbei.

Louise Elton saß mit dem Rücken zu ihnen an einem Tisch und weinte. Ihre Schultern bebten.

Neben ihr lagen Dutzende von Fotos, schwärzlich, grünlich, bläulich, sie reflektierten das rötliche Sonnenlicht.

»Mrs. Elton?«

Mit offenem Mund fuhr sie herum und versuchte, die Fotos zu verdecken, mit zitternden Händen einzusammeln, schien sich schlagartig daran zu erinnern, wo sie war, dass sie Besuch hatte.

Alec stieß die Tür ganz auf. Mrs. Elton drehte sich wieder zum Tisch um.

»Die finden wir in regelmäßigen Abständen«, krächzte sie. Sie ließ die Fotos fallen, als wäre ihre Seele entwichen. In der anderen Hand hielt sie einen Umschlag.

Die Fotos zeigten Tiere, Holzkisten, einen Uferstreifen, eine ferne Insel.

»Sie wissen es«, flüsterte sie kopfschüttelnd.

»Nun geh schon ran.«

»Sprich doch mit mir.«

»Hör mich an.«

»Bitte.«

»Ich habe nichts Unrechtes getan.«

25

Nach dem Unwetter der vorletzten Nacht waren die Wassereimer fast randvoll. Der Schlamm war von Heu übersät. Vor einer Stalltür lagen in Plastik gehüllte Rundballen. Einer war aufgerissen, aber anscheinend hatte man seit Wochen kein Heu mehr entnommen.

Cooper fand es sonderbar, allein an diesem Ort zu sein. Zum Glück käme gleich Verstärkung. Und die Stille war inzwischen nicht mehr so bedrückend.

Die Ställe boten Platz für mindestens zwanzig Tiere. Im Umkreis mehrerer Meilen waren dies die einzigen Mietställe, und trotzdem hatten hier nur sechs Pferde gestanden. Der Täter hatte alle mitgenommen. Die Boxen waren verdreckt. Das letzte Ausmisten musste Wochen zurückliegen. Man hatte sich nicht die Mühe gemacht, Beweise verschwinden zu lassen oder zu verheimlichen, wie die Tiere gelebt hatten. Das jedenfalls war Coopers erster Eindruck.

»Hi!«

Sie drehte sich um. Kate, die graue Maus aus der Tierklinik, war eingetroffen, ihr rostiges, grünes Auto stand direkt hinter dem von Alec.

Dieser hielt sich noch mit zwei Beamten im Wohnhaus auf, um alles zu durchsuchen, während Cooper das Anwesen inspizierte. Sie hatten kaum noch etwas aus Mrs. Elton herausbekommen; sie wollte bis zur Rückkehr ihres Mannes nichts mehr sagen. Er schien sich verdrückt zu haben. Der Traktor, den er auf dem Feld zurückgelassen hatte, zeichnete sich rot vor dem Hügel ab. Sein Auto stand nicht mehr in der Zufahrt. Man hatte ihn telefonisch nicht erreichen können.

»Wie schön, dass Sie sich gemeldet haben«, sagte Kate. »Ich hätte gestern gern geholfen, aber …«

»Ich brauche ein paar Informationen«, sagte Cooper und lehnte sich an eine Stalltür. »Haben Sie die Pferde sediert?«

»Ja.« Kate nickte verlegen. »Und einige andere. Vor allem diejenigen, die in der Nähe der Stadt stehen und während des Feuerwerks vielleicht durchgedreht wären.«

»Was halten Sie von den Eltons?«

»Wie meinen Sie das?«

»Waren sie gute Halter? Gute Menschen?«

»Durchschnittlich, würde ich meinen«, sagte Kate. »Manches haben sie schleifen lassen, aber in welchem Betrieb passiert das nicht?«

»Was haben sie schleifen lassen?«

Cooper wusste, dass sie ihre Kollegin vor den Kopf stieß. Sie hatte lange geglaubt, ihre direkte Art entspräche nicht den sozialen Gepflogenheiten. Sie hatte geglaubt, andere Menschen – etwa ihre Familie oder Freunde und Freundinnen an der Schule – würden sie schlicht nicht verstehen. Doch je älter sie wurde, desto deutlicher merkte sie, dass es genau andersherum war. Vielleicht gab es einen geheimen Schlüssel für korrektes Benehmen, den sie nie in die Hand bekommen hatte. Sie ahnte, dass sie die anderen einfach nachahmen musste, vermochte ihre Eigenarten aber nicht abzulegen.

»Sie wollten nicht wahrhaben«, antwortete Kate, »dass manche Pferde etwas lahmten, und bei den älteren Tieren war eine Gewichtszunahme zu beobachten. Ich habe sie gedrängt, etwas zu tun, aber daraufhin herrschte Funkstille. Vermutlich konnten die Eltons sich keine Behandlung oder Operation leisten.«

»Sedative aber schon?«

Kate zuckte die Schultern.

Cooper ging in eine Box.

»Gibt es Verdächtige?« Kates Stimme klang schrill. Als Cooper nicht reagierte, fuhr sie fort: »Ich hoffe, Sie amüsieren sich nach Feierabend ein bisschen in der Stadt. Melden Sie sich, falls Sie Tipps brauchen.«

Diese verklausulierte Bitte um etwas mehr Freundlichkeit sorgte bei Cooper für ein schlechtes Gewissen. Sie versuchte, sich auf ihre Arbeit zu konzentrieren.

»Könnten Sie bitte mit anpacken?«

Sie schleppten eine Holzkiste aus einer ungenutzten Box.

»Was suchen Sie denn?«, fragte die Tierärztin.

»Fotos«, sagte Cooper.

Die Eltons hatten das erste Foto angeblich im Sommer erhalten, also vor wenigen Monaten. Louise erklärte, sie habe es in einer leeren Box entdeckt.

Das Foto hatte eine im Wald stehende Holzkiste gezeigt.

Das Ehepaar hatte sich zunächst nichts dabei gedacht.

Mit der Zeit fanden sie immer mehr Fotos. Und schließlich konnten sie an nichts anderes mehr denken.

Aus der Entfernung aufgenommene Fotos, die ihre Schüler bei Ausritten durch die Felder zeigten.

Bilder verstümmelter Haustiere, die seit langem vermisst waren.

Man habe sie erpresst, behauptete Louise Elton. Sie seien für all das nicht verantwortlich.

Alec hatte sich Handschuhe übergestreift und betrachtete den Beweis, einen Zettel mit einer Botschaft, deren Wörter aus Zeitungen ausgeschnitten worden waren.

Die Drohung war schlicht und entsprach dem, was Louise gesagt hatte.

Wir wissen es.

Die Forderung war genauso unklar wie der Absender.

Alecs Forderung hingegen war klar.

Sollte sich Mr. Elton nicht bis morgen Vormittag zur Vernehmung im Polizeirevier einfinden, dann würde man ihn zur Fahndung ausschreiben und festnehmen.

Louise sah nicht einmal auf, als er das sagte.

Die Polizei nahm alle Fotos und Briefe mit.

Danach ließen sie Mrs. Elton mit ihrem Pferde-Nippes und dem Porträt neben dem Glockenwecker allein.

Wahrscheinlich würde sie alles mit ihrem Mann besprechen.

Falls er zurückkäme.

Der Glockenwecker tickte auf dem Kaminsims aus rotem Backstein. Eine Fliege surrte durch die Küche. Die Polizeibeamten waren gegangen.

$$\neq$$

Während sie die Ställe und das Anwesen durchstreiften, plauderten Kate und Cooper über ihre Berufslaufbahnen. Cooper bemühte sich, öfter zu lächeln, zwang sich, etwas lockerer zu sein.

»Ich hatte mir viel vorgenommen«, sagte Kate. »Ich wollte alles ändern. Alles, was ich während meines Studiums erlebt habe – man muss nicht so viele Tiere einschläfern, und die Halter könnten viel Geld sparen, wenn sie sich besser kümmern würden und abschätzen könnten, wann sie uns rufen müssen und wann nicht … Darauf habe ich mich beim Bewerbungsgespräch konzentriert. Ich wollte die Leute in Tier-Management unterrichten. Ich wollte, dass alle Hand in Hand arbeiten.«

Obwohl das Leben mühsamer war als gedacht, hatte sie auf ihre Art etwas bewirken wollen.

Die Leute waren im Allgemeinen nicht schlecht. Niemand war schlecht, jedenfalls nicht durch und durch.

Man musste sie nur weiterbilden, sie aufklären.

Doch es fehlten Zeit und Mittel. Ihre Chefs sagten beharrlich »nein«.

»Ich muss zur Klinik«, sagte Kate und zog ihr Handy aus der Gesäßtasche ihrer Jeans. »Um 14:00 Uhr beginnt meine Sprechstunde.«

»Könnten Sie anschließend Ihre Lagerbestände überprüfen?«, bat Cooper. »Vor allem auf fehlende Fetotomie-
Drähte? Oder Ihren Chef fragen?«

Kate nickte lächelnd, sie wirkte nervös.

26

Cooper öffnete das Autofenster, weil sie frische Luft
brauchte. Alec schloss es sofort, entschuldigte sich aber
dafür – er fahre nicht gern mit offenem Fenster.

Die Abgase seien schädlich. »Es wird so viel in die Luft
gepustet, wissen Sie. Die Leute fahren mit offenem Fenster, und dann …«

Sie begegneten unterwegs keinem anderen Fahrzeug.

Sie fuhren zum Meer.

Auf einigen Aufnahmen, die auf dem Anwesen der
Eltons entdeckt worden waren, war hinter den Bäumen
eine Reihe baufälliger Bungalows zu sehen, die direkt am
Meer zu stehen schienen. Während ihrer Mittagspause
fuhren Alec und Cooper die Küste ab, um die Stelle ausfindig zu machen.

»Die Fotos zeigen zwölf unterschiedliche Tiere«, sagte
Cooper leise. Während sie die Fotos auf ihrem Bildschirm
durchging, merkte sie, dass ihr von der Autofahrt leicht
übel wurde. »Sechs Katzen, vier Hunde. Alle wurden misshandelt. Die anderen beiden Tiere kann ich nicht einordnen, denn die Verwesung ist zu weit fortgeschritten.«

Alec nickte.

Auf einigen Fotos waren Jugendliche zu sehen. Man hatte Beamte damit beauftragt, die Kinder zu identifizieren und zu befragen, denn vielleicht war ihnen während der letzten Wochen etwas aufgefallen.

»Wir sollten auch fragen, ob sie Rebecca Cole kennen«, schlug Alec vor. »Sie sind ungefähr in ihrem Alter. Und sie hat die Köpfe entdeckt. Jugendliche quatschen gern.«

Sie verstummten.

Vormittags waren sie unbeschwert gewesen, aber nach dem Anblick der Fotos auf Louises Schreibtisch war die Stimmung gedrückt. Cooper war nicht einmal mehr stolz, weil sie das erste Foto entdeckt hatte. Schließlich hatten sie noch nicht viel erreicht.

Jeder Fall und jede Ermittlung bargen potenzielle Schrecken. Es gab Fragen, deren Antworten zu entsetzlich waren. Selbst wenn sie in Worte gefasst wurden, wenn der Täter gestand, wenn er alles enthüllte, was er getan und bezweckt hatte, waren manche Taten nicht nachvollziehbar, jedenfalls nicht im vollen Umfang. Man hätte sie wohl nur dann verstanden, wenn man imstande gewesen wäre, sie selbst zu begehen.

Cooper rutschte jedes Mal zur Seite, wenn Alec etwas zu draufgängerisch in die Kurve ging. Er fuhr nicht gerade vorsichtig, zumal, wenn er es eilig hatte oder glaubte, eine heiße Spur zu verfolgen. Ihre Übelkeit verstärkte sich.

Nachdem sie der Küste eine halbe Stunde gefolgt waren und am Horizont Inseln auftauchten, fanden sie die Stelle, die auf den Fotos zu sehen war.

»Die Person, die die Fotos hinterlassen hat, muss gewusst haben, dass wir diesen Ort finden. Sie wollte, dass wir ihn aufsuchen.« Alec stellte das Auto ab.

Gerade war Ebbe, die Hausruinen blieben also von den Wellen verschont. Das Meer hatte sie aber längst erreicht, und sie verfielen zunehmend.

Die Hauptstraße war weit entfernt, kaum jemand verirrte sich hierher. Nach einer Weile stieg das Gelände an, und der Weg führte auf niedrige, überwucherte Klippen.

»Da ist ein Pfad zwischen den Bäumen. Dort müssen die Aufnahmen entstanden sein.«

Alec fragte sich, ob sie Verstärkung bräuchten, aber Cooper ging entschlossen voran. Sie betrachtete alles, alles auf dieser Welt. Sie fragte sich, wie es sich anfühlen würde, Tieren so etwas anzutun.

Sie folgten unsichtbaren Fußspuren.

Dann erblickten sie Holzkisten, zwölf an der Zahl, manche offen, manche geschlossen.

Sie standen da wie Türen, einige waren umgekippt.

Überall lagen Bällen und Rasseln, die Alec zunächst für Kinderspielzeuge hielt.

Auf dem Boden – feucht und übersät von Holzsplittern – wuselten undefinierbare Insekten.

Rauch lag in der Luft. Das Feuer schien weit weg zu brennen, denn sie konnten nichts sehen.

Sie öffneten eine Kiste.

»Mein Gott.«

Cooper schwieg.

»Was ist das?«

Dann drang der Gestank an Alecs Nase, und es verschlug ihm den Atem.

Sie standen im Freien, im Wald, weit entfernt von jeder Siedlung, und er bekam keine Luft mehr. Alec hielt sich Mund und Nase zu und ergriff stolpernd die Flucht.

Er sah zu den kahlen Bäumen auf, die ihre dürren Äste in den Himmel reckten.

Man hatte die Pferde verstümmelt und ihre Köpfe mit einem Auge nach oben in den Boden gebettet. Das hatte durchaus etwas Schönes, etwas Ehrfurchterregendes gehabt, obwohl Alec ahnte, wie sehr die Tiere gelitten hatten, obwohl er sich davor fürchtete, die Gründe für diese Tat zu erfahren.

Aber diese Kisten … was sich darin verbarg … was den Tieren angetan worden war … Vermutlich hatte man sie sediert und dann eingesperrt, bis sie elend krepiert waren.

Nein, das hatte nichts Schönes.

Nichts Rituelles oder Symbolisches. Nichts, was Alec veranlasst hätte, hektisch nach Zahlen oder einem esoterischen Zusammenhang zu suchen. Nichts, was ihn nachts wachgehalten hätte, weil er über die Motive nachgrübelte.

Nichts in diesen Kisten, nichts in diesem Wald sorgte für Erstaunen.

Es stand nur für Leid und unsäglichen Schmerz.

Dies war schlichter Mord, ganz gleich, was Gesetze und Definitionen besagten.

Nachdem er wieder umgekehrt war, entdeckte er, dass jemand Buchstaben auf die leeren Kisten gemalt hatte. Er drehte sie so hin, dass sie nebeneinanderstanden. Cooper schrie, er solle das lassen, nichts anfassen, aber er wollte es wissen.

Er las die roten Buchstaben auf dem Holz.

S

I

E

H

E

verkündeten sie.

Siehe.

27

Bald bräche der Abend an. Besser, sie fuhren zurück.

»Ich frage mich, ob es tatsächlich um die Versicherungssumme ging«, sagte Alec.

Die Sonne stand tief. Wasser umspülte die Hausruinen.

»Ob man uns beobachtet hat?« Alec lehnte an der Motorhaube. Cooper neben ihm, die Thermoskanne mit Kaffee in der Hand. »Ich musste an die Katzen-Morde in Croydon denken. Man hat die Tiere verstümmelt und zerhackt aufgefunden, richtig?«

»Ja. Und?«

»Sie sagten, es drehe sich alles um den Moment der Entdeckung. Darum, dass der Täter die Gesichter der Halter sehen kann und miterlebt, wie sie reagieren.«

»Einige haben es so gedeutet.« Cooper leerte ihren Kaffee. »Aber wir wissen es nicht genau. Vielleicht waren es ja doch Füchse, wie die Polizei behauptete.«

»Klar, und Füchse haben diese Tiere in die Kisten gesteckt«, sagte Alec kopfschüttelnd. »Sie haben bestimmt auch die Fotos gemacht.«

»Füchse sind ziemlich clever.«

»Sie begatten sich jede zweite Nacht hinter meinem Haus.« Er schniefte. »Ihr Geschrei ist gespenstisch.«

Er rümpfte die Nase, fing sich wieder und unterdrückte ein Niesen.

»Gesundheit«, sagte Cooper.

»Ist Ihnen so etwas häufiger untergekommen?«

»Meinen Sie vögelnde oder fotografierende Füchse?«

»Serienmäßige Tierquälerei.« Er klang ernst, und Cooper zuckte leicht zusammen.

»Hm … es gab Macdonalds Dreierfolge«, meinte sie. »Sie wissen davon?«

Alecs Miene war ausdruckslos. Er schüttelte den Kopf.

In den folgenden Wochen sollte er oft daran denken – dass ihm der Name unbekannt gewesen war. Und dass sie *ihn* danach gefragt hatte, einen Polizeibeamten, einen Detective. Wenn sie eine solche Frage stellte, welche Meinung hatte sie dann von ihm?

Er fühlte sich unzulänglich und löcherte sie mit Fragen, weil er das Gefühl abschütteln wollte.

Später sollte er erfahren, dass Cooper den Master in Forensik erst Jahre nach ihrem Abschluss in Tiermedizin gemacht hatte. Sie hatte sich Zeit gelassen. Und sie war mit ihren Weichenstellungen gut gefahren.

Cooper zählte die Voraussetzungen auf, die einen Menschen zu einem blutrünstigen Mörder machten, und der am Auto lehnende Alec hörte zu.

»Diese Theorien basieren allerdings auf dem, was Mörder selbst zu Protokoll geben. Verurteilte legen oft Berufung ein, wollen die Hinrichtung hinauszögern oder buhlen um Mitgefühl. Sie schieben ihre Kindheit vor, so wie Zeitungen gern Videospielen die Schuld geben.« Cooper zuckte die Schultern. »Vielleicht wissen Psychopathen gar nicht, warum sie etwas tun.«

Alec nickte und stieß sich vom Auto ab. Er schaute gequält drein und schien etwas sagen zu wollen, unterließ es aber.

Ein Boot schipperte auf dem Meer, das im Abendlicht rötlich schimmerte.

Zu guter Letzt kamen sie wieder auf die Tiere zurück.

»Manche meinen, es sei nur eine Fingerübung latent gefährlicher Menschen, die entweder zu viel Angst haben oder sozialen Normen trotz allem so stark verhaftet sind, dass sie es nicht wagen, einen Menschen zu töten. Wenn das zuträfe, ginge es gar nicht um das jeweilige Tier.«

»Wie sehen Sie das?«

»Ich denke, grausame Menschen brauchen keinen Vorwand, um grausam zu sein. Andererseits … tja, ich weiß auch nicht. Wenn man sich an Tieren austobt, ist das weniger riskant. Die Höchststrafe liegt bei einigen Monaten, und Gerichte scheuen sogar bei schwerer Tierquälerei davor zurück, den Tätern das Halten von Haustieren zu verbieten. Tiere sind rechtlos, außer sie laufen auf zwei Beinen und können sprechen. Und die Täter lösen nicht so viel Entsetzen aus, wie sie vielleicht beabsichtigt haben.«

»Sie glauben also nicht, dass es …« Alec zögerte.

»Was glaube ich nicht?«

»Dass es unausweichlich ist. Dass eines zum anderen führt.«

Cooper zog eine Augenbraue hoch. »Ich verstehe nicht ganz.«

»Dass jemand, der Tiere tötet, am Ende auch Menschen tötet.«

»Nichts ist unausweichlich«, entgegnete Cooper.

Sie organisierten den Transport der Kadaver zur Tierklinik, wo sie genauer untersucht werden sollten.

Bevor sich ihre Wege trennten, wollte Alec noch wissen, wie es sein könne, dass zwei psychisch labile Menschen Gewalt gegen Tiere ausübten, bei einem solchen Verbrechen gar gemeinsame Sache machten. Er vermutete, einer von beiden könnte vom anderen dazu verleitet worden sein. Immerhin hatte der Einsiedler berichtet, jemand habe geweint. Vielleicht seien sogar mehr als zwei Täter beteiligt, vielleicht …

»Sie wirken müde«, sagte Cooper lächelnd, und irgendetwas an ihrem Lächeln ließ Alec erröten. Hastig sah er auf seine Uhr.

»Scheiße.«

»Was denn?«

»Ich muss meinen Sohn abholen. Kann ich Sie irgendwo absetzen?«

»Und ich dachte, in dieser Einöde hätte jeder ein Auto.«

»Er hat die Führerscheinprüfung noch nicht bestanden.« Alec sah verärgert aus.

»Ich habe vier Anläufe gebraucht.« Cooper zuckte die Schultern und öffnete die Autotür. »Er schafft das schon.«

≠

Während die Tierkadaver zur Tierklinik gebracht wurden, ging Cooper ins Hotel, um eine Runde zu schlafen. Sie war zwar nicht so müde wie Alec, trotzdem war der Tag überraschend anstrengend gewesen. Ihre Hände zitterten leicht.

Als sie zu ihrem Zimmer ging, überdachte sie alles.

Die Fotos, die man in den Ställen entdeckt hatte. Die Holzkisten. Die Opfer darin.

Louise Elton, die in Schulden und Schweigen ersoff.

Albert Cole, ein Farmer, der sich ein neues Leben gewünscht und in diese entlegene Einöde zurückgezogen und alle nahestehenden Menschen bis auf seine Tochter

Rebecca verloren hatte, und wie lange würde sie noch bleiben? Ein oder zwei Jahre? Wer konnte das wissen?

Und Alec ... Alec, der beim Öffnen der Kiste knapp einer Panikattacke entgangen war. Alec, der Antworten von ihr erwartete.

Vier Tage, hatte es geheißen.

Vier Tage für die Aufklärung dieses Falles, und nun waren schon fast zwei verstrichen.

Man würde ihr weder Unterstützung noch eine zweite Chance gewähren.

Alec war weitergefahren, um seinen Sohn abzuholen, nachdem er sie abgesetzt hatte.

Ständig hatte er wiederholt, es tue ihm leid, er habe nicht schwächeln wollen.

Sie hatte erwidert, sie werde versuchen, morgen pünktlich zum Frühstück zu erscheinen.

Alec hatte erschöpft gewirkt, sein Nacken hatte vor Schweiß geglänzt. Wahrscheinlich sah sie auch nicht besser aus. Cooper knipste kein Licht an, nachdem sie die Tür ihres Hotelzimmers geschlossen hatte, sondern zog sich aus und fiel ins Bett.

Sie stellte den Wecker auf eine Stunde später.

Sie schlief traumlos.

28

Im hinteren Bereich der Tierklinik von Ilmarsh gab es Praxisräume mit alten Computern und Waagen. Noch weiter hinten befanden sich Büro und Küche. Reste der Halloween-Deko hingen noch, Lichterketten mit Hexen, die auf einem Besen ritten, ein Kürbis ragte aus einem Mülleimer. Die Tische waren von Formularen und Akten übersät, da und dort stand ein Drucker.

Im Büro saß eine einsame Tierärztin, vor sich einen Becher mit dampfendem Kaffee.

Verrückt nach Tier hatte Kate mit einem schwarzen Marker auf den weißen Becher geschrieben.

Vor einer Woche hatte sie einem der getöteten Pferde, einem Hengst namens Bruce, noch einen Apfel gegeben. Er hatte beim Gehen ein Bein nicht belastet, ein Indiz für Schmerzen – Tierärzte nannten das Favorisieren. Daran musste Kate denken, während sie den Kaffee trank und versuchte, zur Ruhe zu kommen. Vor ihrem inneren Auge sah sie, wie der Hengst zutraulich zu ihr gehumpelt war.

Sie dachte daran, wie er geschrien hatte.

$\neq$

Nachmittags erschien ein Junge mit einer Plastiktüte, in der eine blutende Katze lag. Sie war sein Haustier. Er war krank, also nicht in der Schule gewesen, und hatte draußen quietschende Reifen gehört. Er war mit seiner elf-jährigen, schwarzen Katze, die sich nicht wehrte und nur noch schwach atmete, den ganzen Weg zu Fuß gekommen.

Sie stabilisierte die Katze, aber kostenlos war nur die erste Hilfe.

Eine weitere Behandlung wäre kostenpflichtig. Zusätzliche Maßnahmen mussten bezahlt werden.

Kate könnte das Tier retten, vorausgesetzt, die Halter willigten ein. Vorausgesetzt, die Halter taten, was geboten war.

Genau darin bestand das Problem, das war der Knackpunkt ihres Berufs. Wie rettete man ein Tier vor seinem Halter?

$$\neq$$

Vier Patienten, dann die Fahrt zum Reithof und zwei Operationen.

So hatte Kates Tag ausgesehen. Er ging mit der langsamen Fahrt zu dem Hochhaus zu Ende, in dem sich ihre Wohnung befand. Sie war müde, ihr fielen fast die Augen zu.

In der Lobby stand ein alter, ausgemusterter Kühlschrank, der nicht nur innen, sondern auch außen vergammelte. Der Fahrstuhl hatte eine Tür, die man aufziehen musste, war also ein altes Modell, dem man sein Leben besser nicht anvertraute. Ein Warnschild erklärte ihn für defekt, innen war er mit Graffiti beschmiert, auf dem Boden der Kabine standen Kisten mit Baumaterialien. Die Lobby stank nach Urin, obwohl sie vor einer Woche gereinigt worden war, wie Kate wusste, denn sie hatte den Mann mit dem Mopp gesehen.

Sie ging die Treppe des einstigen Hotels hinauf. Auch hier Graffiti, manchmal bunt und schön, manchmal nur Initialen, mit denen sich jemand verewigt hatte. In der sechsten Etage saß ein knutschendes Pärchen vor der Tür, das Gesicht des Jungen war tränenüberströmt. Kate versuchte, nicht hinzuschauen, und die beiden ignorierten sie, aber sie hätte am liebsten auch geheult.

Sie ging zu ihrer blauen Tür, schob den Schlüssel ins Schloss und musste kurz ruckeln, bevor er sich umdrehen ließ. Sie stieß die Tür auf.

Beim Eintreten knipste sie Licht an. Sie ging am Katzenfutter vorbei, das noch in Plastik eingeschweißt war, am Kratzbaum, den sie noch nicht entsorgt hatte. Sie holte einen Rest Suppe aus dem Kühlschrank und wärmte ihn in der Mikrowelle auf, schenkte sich ein Glas Wasser ein. Zum Essen setzte sie sich an den kleinen Tisch am Fenster, das einen Blick auf die dämmerigen Felder und den Laden des Reifenhändlers bot.

Nach dem Essen trank sie noch etwas Wasser, ging dann in ihr Schlafzimmer – der einzige weitere Raum –, zog sich aus und schlüpfte in den Pyjama. Es war heiß und feucht. Auf jeder Ablagefläche türmten sich Schmutzwäsche und Toilettenartikel. Ein Buch, das sie vor Monaten gekauft hatte, lag neben ihrem Nachttisch, das Lesezeichen – ein optimistischer Kauf – steckte immer noch zwischen den Seiten sechs und sieben.

Kate dachte an Cooper, an ihren forschenden Blick. Sie zog die Schublade des Nachttisches auf und holte ein Narkotikum heraus, das sie vor Monaten in der Tierklinik eingesteckt hatte, dies mit der Behauptung, das Fläschchen sei kaputt gegangen. Sie spritzte sich das Ketamin.

Auch dies war ein Ritual.

Sie schaltete den kleinen Fernseher ein, der am Fußende des Bettes stand.

Sie legte sich hin und zählte im Stillen, weil sie wissen wollte, wie lange es dauerte, bis sie im Nichts versank.

Eins. Zwei. Drei. Vier. Fünf.

»Einmal fing ich einen lebenden Fisch«, murmelte sie, um sich zu entspannen.

Sechs, sieben, acht, neun, zehn.

»Dann tat ich ihn …«

ZWEI JAHRE ZUVOR

29

Das erste kranke oder verlassene Lamm, das erste Geschöpf, das von der Mutter abgelehnt wurde, hatte es am schwersten. Der alte Stall auf dem Hof von Farmer Cole war irgendwann nur noch für kranke Schafe genutzt worden. Man hatte sie dort isoliert. Mit der Hand aufgezogen. Die meiste Zeit waren sie allein, in der Dunkelheit und der Kälte, und hörten nur das ferne Blöken der Herde.

Das Lamm nuckelte oft an den Kanten des alten Kühlschranks, der zwischen Werkzeugen und ausgemusterten Futtertrögen stand.

Das erste Lamm überlebte selten. Die anderen dagegen hatten eine Chance.

Rebecca kümmerte sich schon als Kind um die Lämmer. Sie rührte das Milchpulver in warmem Wasser an und trug den Eimer in den Stall, saß morgens und abends stundenlang bei den Neugeborenen. Sie zog die Tiere auf, die nach ihr blökten, und gab ihnen Namen, obwohl die meisten bald starben. Die Überlebenden kehrten in die

Herde zurück, aber manche vergaßen sie nicht. Sie kamen angerannt, wenn sie das Scheppern des Eimers hörten, liefen lebhaft vorneweg und senkten den Kopf, um gestreichelt zu werden und an einer Möhre zu knabbern. Manche wurden nicht geschlachtet, wenn es nicht unbedingt sein musste.

Die Well Farm bestand aus einem Wohnhaus, drei großen Scheunen und verwinkelten Ställen, getrennt durch schmale Gänge. Dort türmten sich Plastikkisten. Manche davon enthielten Erinnerungsstücke, nur waren sie weder vor dem Wind geschützt, der im Winter durch die Lücken zwischen den alten Backsteinen pfiff, noch vor den Fliegen, die über tote und lebende Geschöpfe herfielen. Die Kisten enthielten alte Zeitschriften und Tagebücher, manche aus den Jugendjahren des Farmers, als Albert Cole noch davon geträumt hatte, Feuerwehrmann oder Arzt oder dergleichen zu werden. Manches gehörte seiner Tochter, etwa eine Sammlung von Glückwunschkarten, die sie zum Geburtstag, zum Valentinstag oder zu Weihnachten bekommen hatte. Andere hatte sie als kleines Kind selbst gemalt. Manchmal ließ sich nicht mehr klären, woher die Sachen stammten.

Die Erinnerungen, die mit all diesen Dingen verbunden waren, luden den Grundbesitz mit Bedeutung auf. Sie sorgten dafür, dass es Orte gab, die Rebecca ihr Zuhause nennen konnte.

Etwa der Graben, in dem sie als Kind mit ihren Spielzeugen und Hunden gespielt hatte.

Im Garten stand eine kaputte Schaukel, die in einem

besonders schönen Sommer neben dem Büro ihrer Mutter aufgestellt worden war.

Und es gab den Garten vor dem Haus, wo sie versucht hatte, selbst etwas anzupflanzen, nur existierte dieser Garten später nicht mehr.

Und die Scheune, in der die Schafe überwinterten. Sie hatte sie oft gefüttert, so auch an jenem bestimmten Tag, damals war sie vierzehn gewesen.

Es war ein eiskalter März gewesen. Es hatte unaufhörlich geschneit, und als das Lammen begann, hatte ein halber Meter Schnee auf den Feldern gelegen. Sie hatten den größten Teil der Herde in den drei Scheunen untergebracht. Für die übrigen Tiere hatten sie draußen einen provisorischen Auslauf mit Stahlzaun und Gatter errichtet. Über Nacht hielten sich alle Tiere in den Scheunen auf. An sich war der Schnee für die Tiere kein großes Problem, denn er schmolz durch ihre Körperwärme, und sie konnten Schutz zwischen den hohen Scheunen suchen, aber manche Schafe starben an der Kälte, und die Fehlgeburten häuften sich. Die Herde schrumpfte.

Als Rebecca an jenem Morgen zur Scheune gegangen war, hatte sie gedacht, das Tor wäre offen. Sie hatte die Aufgabe, das Eis zu zerschlagen, das sich in den Wassereimern gebildet hatte, und Futter in die Tröge zu füllen. Sie wollte eine Weile draußen bleiben. Sie mochte nicht im Wohnhaus sein.

Das Scheunentor war wider Erwarten zu. Es war noch nicht ganz hell. In der Scheune, einem Bau mit rostigen Metallwänden, verbarg sich eine kleine Welt aus verschachtelten Pferchen und maroden Räumen.

Ihr Vater stand in der Scheune und betrachtete in aller Ruhe die Schafe. Als sich Rebecca näherte, drehte er sich zu ihr um und legte den Finger an die Lippen. Er wirkte entzückt.

Sie trat neben ihn und lehnte sich an das Metallgatter. Es dauerte eine Weile, bis sie begriff.

Die Schafe versuchten, dem Geschöpf auszuweichen, als würden sie sich in seiner Gegenwart unwohl fühlen. Das Geschöpf wiederum stand da wie erstarrt, den Blick auf Vater und Tochter geheftet, die am anderen Ende der Scheune standen.

Es war ein Rehkitz, genauer ein kleiner Bock, denn man konnte die Ansätze des Gehörns erkennen.

»Er ist maximal ein halbes Jahr alt«, flüsterte ihr Vater.

»Was …« Sie verstummte kurz und sagte dann leise: »Was machen wir mit dem Kitz?«

»Die Mutter muss irgendwo in der Nähe sein. Vorausgesetzt, sie lebt noch.«

Draußen rutschte Schnee vom Dach und prallte mit einem dumpfen Geräusch auf den Boden. Rebecca erschrak.

»Und was machen wir …«

»Hast du schon gefragt. Wiederhol dich nicht, Becca.«

»Du …«

»Bitte?« Er sah sie mit hochgezogenen Augenbrauen an. »Was ist mit mir?«

»Du hast meine Frage nicht beantwortet«, murmelte sie. »Darum habe ich sie noch mal gestellt.«

Er wandte sich wieder dem Kitz zu, verzog das Gesicht. »Hast du eine Ahnung, wie es hereingekommen ist?«

Rebecca betrachtete das Rehkitz, sah dann zum Scheunentor.

»Haben wir es eingeschlossen? Ist es vielleicht mit den Schafen hereingehuscht?«

Ihr Vater schüttelte den Kopf, ohne sie anzuschauen.

»Oder war es schon vorher da? Vielleicht hatte es sich versteckt.«

»Nein«, entgegnete ihr Vater.

Danach trat ein langes Schweigen ein. Rebecca sah sich verwundert in der Scheune um. Dann ging sie zum Tor und verharrte dort. Am Vorabend hatte sie es abschließen sollen, und das hatte sie auch getan, ganz bestimmt.

Sie drehte sich zu ihrem Vater um.

Der starrte sie an.

»Glaubst du, es könnte reingekommen sein wie wir?« Sie ging zurück zu ihrem Vater. »Durch das Tor?«

Er nickte.

»Aber … wie denn? Außerdem hätte es über das Gatter mitten zwischen die Herde springen müssen. Warum hätte es das tun sollen? Und warum hatte es keine Angst?«

Sie richtete ihren Blick auf das Rehkitz. Es hatte sich beruhigt, ließ sie aber noch immer nicht aus den Augen.

»Es hat sich einsam gefühlt und gefroren«, meinte ihr Vater. »Das treibt wohl jeden zu Verzweiflungstaten.«

»Was willst du mit dem Kitz machen?«

»Hier kann es jedenfalls nicht bleiben.«

»Und wieso nicht?«

»Vielleicht ist es krank, wer weiß? Wildtiere können alle möglichen Parasiten haben.« Er sah seufzend auf sie hinab. »Na, komm, wir gehen rein und trinken erst mal einen Tee.«

»Wir haben die Schafe noch nicht gefüttert.«

»Sie verhungern schon nicht.«

≠

Zwei Tage zuvor hatte die Mutter Rebecca befohlen, sich auszuziehen. Rebecca hatte am Vorabend vergessen, den Hund hereinzuholen. Sie war oft schusselig.

Er war ganz durchgefroren, Becca.

Zieh dein Hemd aus, Becca.

Zieh dein Hemd aus.

»Mum, bitte …«

Zieh die Hose aus.

»Mum, bitte nicht …«

Eiskalt, nicht wahr? Der Hund hat auch gefroren.

»Bitte entschuldige …«

Da gibt es keine Entschuldigung.

Es geht um Mitgefühl.

Du bleibst hier stehen.

Und dann war ihre Mutter in den Stall gegangen.

Augenblicke später schoss Wasser aus der Düse des Schlauchs, der halb aufgerollt auf dem Boden lag.

Rebecca, die ohne Oberteil und Hose dastand, spürte den eisigen Wind.

Sie begann zu schlottern, und ihre Mutter kehrte nicht zurück.

Das Wasser floss über den Boden und näherte sich ihren nackten Zehen.

»Nein, nein, nein, nein, nein …«, murmelte sie. »Nein, nein …«

Sie schlotterte, schrie leise.

Ihre Mutter kam nicht.

Auf der Straße fuhr hin und wieder ein Auto vorbei, aber niemand hielt an. Die Felder breiteten sich aus, so weit das Auge reichte, und Wolken schoben sich vor die Sonne, um sie dann wieder freizugeben.

Das Wasser umspülte ihre Füße, und sie nässte sich ein, weil ihr so kalt war, weil sie unkontrolliert zitterte.

Und noch immer kam niemand und stellte das Wasser ab, aber es richtete auch niemand den Schlauch auf sie. Dieser lag auf dem Steinboden und entrollte sich langsam durch den Wasserdruck. Rebecca schlotterte, schlang weinend die Arme um ihren Oberkörper, stand da wie angewurzelt, und während der folgenden Wochen fragte sie sich immer wieder, warum sie nicht einfach weggerannt, wieso sie so fügsam gewesen war.

$$\neq$$

All das war nie thematisiert worden. Rebecca wusste nicht einmal, ob ihr Vater davon wusste, vielleicht sogar einverstanden gewesen war oder mitgemacht hatte.

Ihre Mutter wäre danach vorübergehend nett zu ihr.

So war es jedes Mal.

An dem Morgen, als sie das Rehkitz in der Scheune entdeckten, kochte Rebeccas Mutter einen Tee in der Küche, und dann sahen sie irgendeine typisch langweilige sonntägliche Doku. Rebeccas Vater sagte, sie könne drinnen bleiben, er werde die Schafe versorgen. Sie solle sich ausruhen, denn sie scheine erkältet zu sein. Ihre Mutter entgegnete, nein, Rebecca sei kerngesund, doch es blieb dabei. Rebecca blieb widerwillig im Haus.

Ihre Mutter nahm ihre Medikamente, Herztabletten.

Sie verlangte von Rebecca, sich besser zu ernähren und mehr zu bewegen, damit sie keine Herzprobleme bekäme. Später erfuhr das Mädchen, dass die Erkrankung ihrer Mutter mit Ernährung nichts zu tun hatte. Blutgerinnsel bildeten sich nicht, weil man sich falsch ernährte.

Nachmittags wurde Rebecca in den Stall geschickt, um Erbsen aus der Kühltruhe zu holen.

Die Schafe waren teils im Stall und teils im Auslauf, und es begann schon zu dämmern. Das Rehkitz war nirgendwo zu sehen. In den Trögen stand Wasser. Kein Wunder, dass kein Futter mehr darin war, denn Schafe fraßen alles, was sie fanden, und das rasant.

Sie ging zur Kühltruhe und holte die Erbsen heraus.

Auf halbem Weg zum Haus vernahm sie ein Schaben.

Sie drehte sich um.

Niemand zu sehen. Sie musste sich das Geräusch eingebildet haben.

Rebecca ging ein paar Schritte, und dann hörte sie es wieder, dieses Mal lauter. Nun wusste sie, was es war. Ein Werkzeug. Ihr Vater war in der Werkstatt.

Sie kehrte um und ging zur offenen Tür.

Ihr Vater kehrte ihr den Rücken zu. Er hatte sich eine Schürze umgebunden und stand an einem Tisch, auf dem eine Abdeckplane lag. Entweder hatte er sie nicht kommen hören oder es war ihm egal.

Er legte das Werkzeug hin. Vor ihm auf dem Tisch lag ein lebloser Körper. Zwei behufte Beinpaare hingen rosig und feuchtglänzend über die Tischkante.

Rebecca trat näher.

»Was machst du da, Dad?«

Er erstarrte.

»Was tust du?« Sie war immer noch ahnungslos.

»Du solltest doch im Haus bleiben.« Er drehte sich nicht um.

»Mum hat mir aufgetragen, Erbsen zu holen.« Wie zum Beweis reckte Rebecca die Schachtel, obwohl er nicht hinsah. Sie errötete leicht und ließ die Erbsen wieder sinken.

Ihr unsicherer Blick streifte das Geschöpf, das auf dem Tisch lag. Er hatte es abgehäutet.

»Dad?«

Er wandte sich um, und da begriff sie.

Der Hals des Geschöpfes war nur noch ein Stumpf.

Ihr Vater hatte den Kopf abgetrennt.

So macht man das, wenn man ein Reh schlachtet.

30

Der Abend war angebrochen. Als Rebecca heimkehrte, stand die Tür des Vorraums offen. Die Polizei hatte die Farm verlassen. Die Pferdeköpfe waren endlich weg.

Im Vorraum hingen Wachsjacken, standen matschige Stiefel, halb leere Beutel mit Katzenstreu und Hamsterfutter sowie Kisten, in denen kaputte oder in Vergessenheit geratene Sachen lagen. Eine Broschüre der Gemeinde, ein paar ungeöffnete Schreiben.

»Du hast die Tür aufgelassen!«, rief sie, doch ihr Vater reagierte nicht.

Sie zog die Gummistiefel aus, wobei sie auf einem Bein auf der Korbmatte hüpfte. Durch das dreckige Fenster sah sie einen Lkw vorbeibrausen. Er verschwand rasch im Dunkeln, denn hier gab es keine Straßenbeleuchtung.

Beim Ausziehen der Fleecejacke verspürte sie einen Schmerz. Sie hatte einen hässlichen Ausschlag auf dem rechten Arm, der sich bis zum Handrücken erstreckte. Die raue Haut war mit schwarzem Schorf bedeckt. Sie hatte den Arm eingecremt. Derlei Entzündungen waren keine Seltenheit, sie wurden durch das Lammen oder das Milchpulver ausgelöst. Einmal hatte sie eine große, fette Zecke auf einem Augenlid gehabt. Damit verglichen war ein solcher Ausschlag ein Witz.

Schnurstracks ging sie ins Bad und schloss die Tür ab. Dann schälte sie sich aus ihren verdreckten Klamotten und duschte in der Plastikwanne. Ihr ganzer Körper schmerzte, und ihr schwirrte der Kopf, aber das Wasser tat gut.

Sie sah in den Spiegel. Sie schwitzte trotz der Kälte. Ihre Rippen zeichneten sich unter der Haut ab. Das war ihr vor einigen Tagen zum ersten Mal aufgefallen, und es war ein befremdlicher Anblick. Sie hatte lange das Gefühl gehabt, zu dick zu sein – alle hatten natürlich beteuert, das sei Unsinn, aber wenn man es so empfand, wenn man sich selbst so sah, blieben derlei Beteuerungen wirkungslos. Und nun war ein Wunder geschehen – die Haut hatte sich gestrafft. Rebecca hielt seit Wochen eine Diät ein, nur an ihrem Geburtstag machte sie eine Ausnahme.

Sie hatte ihre sauberen Sachen vergessen. Mist. Sie lugte in den Flur, und als sie feststellte, dass bis auf den dummen Kater Toby niemand da war, flitzte sie in ihr Schlafzimmer und schloss wieder ab. Rebecca trocknete ihre brünetten Haare. Vielleicht würde sie sie genauso färben wie die neue Tierärztin – in einem fast schwarzen Kastanienbraun. Oder so ähnlich, sie wusste es nicht genau. Wenn sie ihre Haare färben würde, sähe sie bestimmt komisch aus. Andererseits sah sie sowieso komisch aus.

Während sie sich anzog, musste sie an die Schlange denken, die sie gesehen hatte.

Sie dachte an den Krach, für den die Autos den ganzen Tag gesorgt hatten. An die Reifen, die im Matsch durchgedreht waren.

Um zur Ruhe zu kommen, setzte sie sich an den Computer – sogar nach den Maßstäben ihrer Familie ein vorsintflutliches, träges Gerät – und spielte eine Weile.

In dem Spiel verliebte sich ihre Protagonistin. Rebecca hatte mit Hilfe der Tipps auf einer anderen Website alles richtig entschieden. Peter meinte, er habe das auch mal gespielt, aber er schaute meist Aufzeichnungen von Spielen, kaufte und spielte sie nicht selbst. So machten das viele. Rebecca hatte ihre Freunde einen ganzen Monat nicht gesehen, jedenfalls nicht leibhaftig. Vorausgesetzt, sie konnten überhaupt als Freunde gelten, vorausgesetzt, sie hatte ihnen jemals etwas bedeutet, was sie nicht genau wusste.

Man musste nicht authentisch sein. Man musste sich nicht an allem festbeißen, was man erlitten hatte und erlitt, an allem, was man anderen angetan hatte oder was einem angetan worden war. All das konnte man auch ausblenden oder vergessen. Man konnte denken, was man wollte; es waren ja nur Gedanken, und Gedanken waren ausgedacht, richtig? Das Bewusstsein war im Grunde eine Fiktion. Man konnte das eigene Leben in eine Geschichte verwandeln. Diese Gabe hatte sie von ihrer Mutter geerbt.

Ihr jetziges Leben, mit diesen Spielen ohne Menschen, den Nachrichten ohne Gesichter – Rebeccas Gedanken verloren sich in Maschinen. Und ihr Körper verlor sich in Gedanken.

Sie hatte so lange geglaubt, zu dick zu sein. Als gäbe es zu viel von ihr. Das hatten andere bestätigt. Einmal hatte sie Peter gefragt, wie er darüber denke, sie hatte eine andere Meinung hören, beschwichtigt werden wollen. Peter hatte aber bloß herumgedruckst und gemeint, das könne er schlecht sagen.

Da wurde an die Tür geklopft. Zeit zum Abendessen.

≠

Der Flur war verwaist, nur der weiße Kater lag da und leckte seinen Bauch. Er sprang auf und flitzte davon, als Rebecca zum Wohnzimmer ging. Sie öffnete die Tür.

Sie aßen Steak vom Wild, die Stücke waren nur leicht angebraten und troffen von Blut. Ihr Vater behauptete manchmal, Vegetarier zu sein; das erzählte er Freunden wie Fremden und aß doch Fleisch. Rebecca hatte nie kapiert, was so lustig daran war.

Sie aß kaum etwas.

Ihr Vater leckte die blutige Sauce von seinem Schnurrbart. Das dampfende Gemüse lag unbeachtet am Rand des Tellers. Schweigend sahen sie sich die Nachrichten an. Die Messer kratzten auf dem Porzellan. Ein Politiker wurde interviewt.

»*Handelt es sich vielleicht um einen Fall von ›Gehorchen und Maul halten‹?*«

»*Nun, zunächst muss ich sagen, dass ich es gefährlich finde, Phrasen wie ›Gehorchen und Maul halten‹ zu verwenden, wenn es um demokratische Werte geht – wenn man über etwas abgestimmt hat, ist die Debatte ja nicht zu Ende. Gesetze ändern sich, Regierungen lügen, und manchmal weiß die Bevölkerung nicht, was sie will, oder noch schlimmer – bestimmte Gruppen pervertieren unsere*

Institutionen und unterdrücken andere Meinungen aus eigennützigen Gründen. In der Geschichte der Demokratie hat es immer wieder Tyrannen und Demagogen gegeben, die auf legalem Weg an die Macht gekommen sind, das sollten wir nicht vergessen ...«

Ihr Vater wechselte abrupt den Sender. Das tat er stets, ohne sie zu fragen, so war es schon gewesen, als ihre Mutter noch da gewesen war.

Ihr war heiß. Lag das am Duschen oder hatte sie sich eine Grippe eingefangen?

Sie versuchte, nicht mehr daran zu denken, und nippte am Wasser.

Auf dem Bildschirm war ein Mann im schwarzen Anzug zu sehen, der einem menschlichen Wrack an einem Tisch gegenübersaß. Der Raum war dunkel. Vielleicht eine Art Krimi, aber irgendetwas war anders.

»Ich muss nach Hause.«

Der Mann im schwarzen Anzug starrte seinen Gefangenen an.

»Wird das hier lange dauern?«

Darauf holte der Mann im schwarzen Anzug Zigaretten hervor und legte sie mit Bedacht auf den Tisch. *»Haben Sie was dagegen, wenn ich rauche? Rauchen Sie?«*

Der Gefangene nickte. Der Mann fischte eine Zigarette aus der Schachtel, zündete sie an, nahm einen Zug.

»Warum bin ich hier?«

»Warum erzählen Sie mir nicht von Ihrem Tag?«

»Nein.«

»Bitte?«

»*Ich will wissen, warum ich hier bin.*«

Der Mann starrte ihn an. »*Spielen Sie Schach?*« Er tippte Asche in den Aschenbecher.

»*Ich habe selten gespielt. Also nein. Und Sie?*«

»*Nein.*«

Sie saßen eine Weile stumm da.

»*Warum wollen Sie unbedingt nach Hause?*«, *fragte der Mann.*

»*Will das nicht jeder?*«

Rebecca schwirrte wieder der Kopf, und sie trank aus. Sie betastete ihre Stirn. Sie war kalt und klamm.

Im Flur ertönte ein Miauen.

»Hast du ihn gefüttert?«

Ihr Vater nickte, ohne den Blick vom Bildschirm zu lösen. Er hatte, von Floskeln und Brummlauten abgesehen, den ganzen Tag kein Wort mit ihr gesprochen.

Der Kater schien es auf die Essensreste abgesehen zu haben. Er agierte lautlos, verstohlen und listig, typisch für Katzen, aber Rebecca durchschaute ihn. Sie stand auf und deckte die Teller ab.

Der Bildschirm flackerte.

Rebecca verharrte in der Tür und betrachtete leise lächelnd den Kater, der sie erbost ansah, weil sie ihm die Reste weggeschnappt hatte. Sie dachte über ihr Leben nach.

Sie dachte an die Augen der eingegrabenen Pferdeköpfe.

Sie ging in die Küche, und ihr Herzschlag stockte.

31

George konnte den Zigarettenrauch sogar in seinem Zimmer im zweiten Stock riechen. Sein Anzug lag seit dem letzten Abend zerknüllt in einer Ecke, seine Nase hörte nicht auf zu laufen.

Er war ausgelaugt, trug noch seinen Pyjama. Er war hungrig und konnte nur an Fleisch denken.

Schweineleber, Burger, Würstchen, und dazu ein Getränk. Eine Flasche Bier. Ein Glas Wein.

Es war unerwartet warm, so dass man draußen sitzen konnte. Und das im November. Was für Zeiten!

Unten waren seine Frau, seine Freunde mit Anhang und all jene Leute, die man einladen musste, damit es kein böses Blut gab, sie tranken und rauchten, plauderten und aßen. Umgekehrt wurden sie selten eingeladen, und wenn doch, dann setzte man ihnen Fleisch vor, von dem man garantiert Salmonellen bekam.

»Fühlst du dich denn fit genug?«, hatte Shelly ein, zwei Stunden nach dem Aufwachen gefragt. Sie hatte sich große Sorgen wegen seiner Erkältung gemacht, Medikamente besorgt und ihm Tee gekocht. Er habe sich krankschreiben lassen, und da wolle er am Grill stehen? George überlegte, ihr zu erklären, dass er Kollegen gegenüber manchmal übertrieb, aber sie hätte ihm nicht geglaubt. Also musste er verzichten, obwohl er die Würstchen hatte braten wollen. Er war *immer* dafür zuständig.

Seine Frau und sein Schwager hatten das Fleisch in der Pfanne gebraten, weil sie auf Nummer sicher gehen wollten. Ungeachtet der Wärme war November, und im November grillte man nicht mehr. Zuletzt briet man das Fleisch kurz über dem Kaminfeuer an, damit es knuspriger war.

George beteuerte, seine Erkältung sei nicht so schlimm, aber seine Frau blieb hart.

»Und deine Hände?«, hatte sie gefragt.

»Was soll damit sein?« George, im Schummerlicht am Küchentisch sitzend, hatte eine Grimasse geschnitten.

»Sie sind ganz rot.«

»Das liegt an der Arbeit, Shelly.«

»Mit deinen Händen stimmt was nicht. Mach mir nichts vor!«

»Sie sind ganz normal.« Tatsächlich waren sie wund und rau. Zwar hatte er auf Alecs Drängen hin Handschuhe getragen, aber die Untersuchung auf der Farm war beschwerlich gewesen. »Gut, dann feiert ohne mich. Ich lege mich oben hin.«

»Tust du das wirklich?«

»Sicher.«

Sie legte die Stirn in Falten.

»Was ist?« Er zog eine Augenbraue hoch.

»Nichts«, sagte sie leise. »Ich möchte nicht, dass du sauer auf mich bist.«

»Warum sollte ich sauer sein?« Er klang gepresst und verlieh seiner Stimme einen latent aggressiven Klang.

»Na, gut.« Sie lächelte. »Wenn du es wirklich willst.«

Und nun lag er in seinem Zimmer, in dem sich Schmutzwäsche türmte. Die Wäscheberge erinnerten ihn an die niedrigen Steinhügel auf der Heide, im Moor, in den Feldern, Denkmale für Verstorbene, in die man hineinkriechen konnte.

Seine Hände brannten. Er hatte das Gefühl, dass ihm der Schädel platzte.

George hatte Durst. Er hätte im Bad aus dem Wasserhahn trinken können, aber weder sein Körper noch sein Geist spielten mit.

Er zog die Vorhänge zu und legte sich in der Hoffnung hin, sich bald besser zu fühlen. Dann stellte er die Weckfunktion auf seinem Handy ein, falls er einschliefe, was er aber für unwahrscheinlich hielt.

Das Hintergrundbild war sein Hochzeitsfoto. Die Hochzeit lag fünfzehn Jahre zurück, und trotzdem hatte er das Foto stets auf das nächste Handy übertragen.

Zu zweit waren sie am glücklichsten gewesen.

Keine neuen E-Mails. Inzwischen hatten sie die Aufnahmen der Überwachungskameras erhalten, die das Meeresufer am Abend des Feuerwerks und der Pferdemorde zeigten.

Wenn es ihm morgen besser ginge, würde er sich alles anschauen.

George rollte sich auf die Seite und schloss die brennenden Augen.

Er hatte sich mehrfach geschnitten – er wusste nicht genau, wie und woran, aber der Tag auf der verwahrlosten

Farm war lang gewesen. Die Schnitte hatte er mit Salbe behandelt und vor seiner Frau unter dem langärmeligen Pyjamaoberteil verborgen.

Er brauchte schlicht eine Mütze voll Schlaf. Sie würde sicher bald aufhören, ihn mit ihren Sorgen zu nerven.

Er versuchte, die Sonne hinter den Vorhängen zu ignorieren, und schlief schließlich ein.

Im Garten neigte sich der Grillabend dem Ende zu und mit ihm der letzte warme Tag des Jahres. Ein gutes Dutzend Gäste waren noch da, plauderten und hielten aufgespießte Marshmallows über die Flammen des Lagerfeuers. Mücken umtanzten ihre Köpfe und Arme und saugten ihr Blut. Niemand merkte etwas davon. Die Insekten, vollgesogen mit der Blutgruppe 0 oder AB oder mit der insulinreichen Gruppe B, surrten zwischen den lachenden und lächelnden Menschen umher. Irgendjemand riss eine gekühlte Bierdose auf.

Eine Frau zeigte Fotos ihres neuen Zuhauses. Fiona zog in die Nähe von London. Sie wolle näher bei ihrer Familie sein, erklärte sie. Das behauptete jeder, der wegzog, als wäre es ein schmähliches Versagen, diese Gegend zu verlassen.

»Ich bewohne ein leeres Nest«, sagte sie. »Alle sind ausgeflogen, und mein Haus wird nur noch von Geistern bewohnt. Richard ist ja auch nicht mehr da.«

Ihr Mann war im letzten Jahr an einem Schlaganfall

gestorben, nachdem er lange mit einem Emphysem gekämpft hatte. Er war älter gewesen als sie, und sie hatten einander nur bedingt geliebt. Nun war sie alleinstehend, gesund, ihr standen alle Möglichkeiten offen.

»Manchmal habe ich den Eindruck, als wären meine Kinder auch nicht mehr«, sagte sie. »Obwohl ich weiß, wo sie wohnen. Nur eine halbe Stunde entfernt, und trotzdem … Es ist, als hätte ich sie alle verloren.« Sie griff lächelnd nach ihrem Glas. »Ihr müsst entschuldigen – zu viel Wein.«

»Wäre schön, wenn wir in Kontakt blieben«, meinte Shelly.

Fiona lächelte, freundlich und etwas abfällig. Sie erwiderte nichts.

»Wir haben auch überlegt, ob wir uns verkleinern sollen, aber … na, ja. Uns gefällt es hier.«

Fiona nickte. Sie starrte ins Feuer und sagte dann: »Ich wollte immer in die Nähe meiner Kinder ziehen, falls Richard vor mir sterben sollte. Wisst ihr, was er getan hätte, wenn ich zuerst gestorben wäre?«

»Was denn?«

»Er wollte die Welt bereisen.« Sie seufzte und versuchte zu lächeln. »Er hatte auch einen irischen Pass.«

Auf der Straße raste ein Auto mit überhöhter Geschwindigkeit in Richtung Innenstadt.

»Und wohin wäre er gereist? Hatte er ein bestimmtes Ziel?«

»Sicher. Irland.« Fionas Lippen bebten.

»Und wieso?«

»Er war nie dort«, sagte Fiona.

In diesem Moment ging die Hintertür auf.

Shelly fuhr herum, als sie die Gesichter der Gäste sah. Besorgt. Erschrocken.

Es war George.

»Warum bist du nicht im Bett?«, rief sie und eilte zu ihm.

Er war schweißbedeckt.

»George?«

Benommen tat er einen Schritt und stolperte, knallte mit dem Kopf gegen die Mauer des Anbaus.

»George!«

Sein Kopf blutete. Er gab keinen Ton von sich. Er hatte die Augen geschlossen.

32

»Ich liebe dich«, flüsterte der Farmer. Die Augen, die zu ihm aufblickten, erinnerten ihn an die der Pferdeköpfe auf dem Feld, an so vieles, was er hatte erleben müssen.

Rebecca blutete am Kopf, denn sie war bei ihrem Sturz gegen den Küchentresen geknallt.

Er fuhr sie zum Krankenhaus.

Unterwegs war sie kurz erwacht und hatte versucht, etwas zu sagen, doch ihre Worte waren wirr gewesen.

Erinnerungen gingen ihr durch den Kopf.

Sie erzählte von einer schwarzen Kutsche.

Ihr Vater wusste nicht, was sie meinte.

≠

Die Stute atmete schwer, sie blähte die Nüstern auf, ihr Hals war schweißnass.

Sie tauchte das Maul in einen Wassereimer, der neben dem Schild stand. Der Eimer wirkte zu klein für sie. Rebecca fragte sich, wie die Stute die Welt mit Augen wahrnahm, die auf jeweils einer Seite des Kopfes saßen. Es waren dreißig Grad. Die Stute, vor eine schwarze Kutsche gespannt, hatte den ganzen Tag Leute am Strand hin und her kutschiert.

Michael striegelte ihren Hals und ihre schwarze Mähne.

»Geht gleich los«, sagte er.

Rebecca nickte.

»Leute, die allein fahren wollen, sind die Ausnahme.«

Rebecca schwieg.

Und dann saß sie in der Kutsche, auf einer der harten, gestreiften Bänke, und betrachtete das Wogen der Wellen.

Der Kutscher wandte sich nicht um, als er losfuhr. Sie beobachtete das Pferd, hörte, dass er es Annie nannte.

»Es ist mein Geburtstagsgeschenk«, murmelte sie.

»Ah, verstehe.« Michael schaute geradeaus. »Na, dann, herzlichen Glückwunsch.«

Rebecca nickte wieder.

≠

Was wünschst du dir am sehnlichsten?

»Dich.«

Du hast mich ja schon.

»Trotzdem.«

Erzähl mir, was du dir wirklich wünschst. Was möchtest du?

≠

Sie fuhren lange. Die Fahrt führte sie an den Spielhallen vorbei, an den Cafés, an den aufgegebenen Hotels. Alte weiße Häuser säumten die Straße, früher viel wert, nun Bruchbuden, die keiner mehr aufsuchte, um die sich niemand mehr kümmerte.

Das alte Lichtspielhaus, landesweit eines der ersten.

Vier korinthische Säulen reihten sich wie verblichene Baumstämme vor der Fassade auf. Bei einem antiken Tempel wären sie von einem dreieckigen Marmorfries bekrönt gewesen, mit Schlachtszenen, Göttern und Bildern menschlichen Leidens, aber in dem verwitterten Stein stand nur: EM … R, einige Lettern fehlten.

Die Türen und Fenster waren verrammelt.

Vor dem Kino stand jemand, der sie mit einem Camcorder filmte. Obwohl es heiß und sonnig war, konnte sie ihn schlecht erkennen, denn über dem Bürgersteig hing der Dunst verdampfender Nässe. Rebecca fragte sich kurz, wie es für die Stute sein mochte, auf dem heißen Asphalt zu laufen. Sie hatte gehört, dass Hunde sich die Pfoten verbrennen konnten. Aber das Pferd trug natürlich Hufeisen.

Sie winkte dem Mann mit dem Camcorder.

Er winkte nicht zurück.

Der Kutscher sah auch kurz zu dem Fremden.

»Wer ist das?«

»Er hat die Kutschfahrt bezahlt«, sagte Rebecca. »Es ist ein Geschenk.«

»Warum fährt er nicht mit?«

»Er hat Angst«, antwortete Rebecca und versuchte zu lächeln.

»Vor Pferden?«, sagte Michael spöttisch.

»Ja, vielleicht.«

Sie fuhren und fuhren.

Ihr Vater würde sie später in der Stadt einsammeln. Sie hatte ihm erzählt, sie sei mit Freunden unterwegs. Eigentlich hätte ihre Mutter sie abholen sollen, nur lag sie wieder im Bett. Sie weigerte sich dickköpfig, einen Arzt aufzusuchen. So war es immer gewesen.

»Herzlichen Glückwunsch«, sagte ihr Vater, als sie später ins Auto stieg. »Hattest du einen schönen Tag?«

Zu Hause gab es Kuchen. Er hatte ihn selbst gebacken. Der Kuchen sollte eine Überraschung sein, aber sie hatte ihn in der Kühltruhe im Stall entdeckt. Er war mit winzigen, essbaren Schafen verziert.

Rebecca dachte an das Pferd, das unermüdlich getrabt war.

»Darf ich reiten?«, fragte sie.

»Wie meinst du das?«

»Ich würde gern Reitunterricht nehmen.«

Ihr Vater seufzte. »Warum denn das?«

»Na, ja, ich …«
»Frag deine Mutter«, sagte er, und damit hatte es sich.
Rebecca würde sie nicht fragen. Das wäre sinnlos.
Der Abend dämmerte.
Die Welt zog vorüber.

Die Erinnerungen verebbten.

Rebecca sah nichts mehr, auch nicht vor ihrem geistigen Auge.

Sobald sie das Krankenhaus betreten hatte, begann sie zu husten.

Ihr Vater fuhr heim, ohne jemandem zu erzählen, dass er sein Mädchen allein zurückließ. Er dachte an die Farm, an die Anfangsjahre. Er dachte daran, wie er durch die Felder gegangen war, an den Polizisten, an die Marsch.

Hier konnte man herrliche Tage erleben, Sonnenuntergänge, die ihm Freudentränen in die Augen trieben. Es gab Momente, da schien sich die Welt zu einem Ganzen zu runden, dann blitzten da und dort Lichtreflektionen auf, der Wind trug ein fernes Blöken heran, und die Wildblumen blühten in Farben, für die er keine Namen hatte. Dann beobachtete er die am Himmel tanzenden Vögel, lauschte ihren Rufen im Schilf. Dann konnte es sein, dass er ein Geweih fand und zu Hause aufhängte.

Seine Frau war seit Jahren krank, auch psychisch. Niemand verstand sie, niemand verstand *ihn*, keiner ahnte, wie er sich für die Familie eingesetzt hatte.

Wahrscheinlich hielten ihn alle für einen Narren, aber er kannte das Geheimnis des Lebens. Er wusste, dass man letztendlich keine Schuld an seinen Gedanken trug. Sie stellten sich einfach ein.

Sie glichen dem Wetter, sie glichen der Sonne, dem Frost.

Nun weinte er. Er drückte das Gaspedal durch.

Er würde über seine Felder wandern.

Von nun an wäre er auch allein.

Ob er seine Frau irgendwann wiedersähe, irgendwie, eines Tages?

Sie hieß Grace, und ob sie gelächelt oder geweint hatte, sie war so anmutig gewesen wie ihr Name.

Ob sie einander vergeben konnten?

Nachdem er zu Hause angekommen war, wanderte er durch das hohe Schilf, hinein in die bedrohliche Dunkelheit.

33

Über Ilmarsh war die Sonne untergegangen, der Himmel leuchtete in einem fahlen Rot. In dieser flachen Landschaft konnte sich das Licht ungehindert am Horizont ausbreiten, denn es gab nur niedrige Gebäude oder Hecken, hier und da einen Trecker und manchmal Leute. Das Licht veränderte die Welt.

Im Auto lief das Radio. Inzwischen war es stockdunkel.

»Kannst du es bitte ausstellen?«, bat Simon.

Alec begann mitzusingen, wobei er jede Silbe überzogen betonte.

»Dad ...«

»Schon gut, schon gut.« Alec schaltete das Radio aus. Sie schwiegen eine Weile. Das einzige Geräusch war das Surren der Reifen auf der Straße. Simons Rucksack lag neben ihm auf der Rückbank. Er hatte nach der Schule einen Freund besucht, der weit außerhalb der Stadt in einem kleinen Dorf wohnte.

»Bist du hungrig?«, fragte Alec.

»Ein wenig.«

»Wir besorgen uns etwas, okay?«

Sein Sohn sagte nichts dazu.

»Beschäftigt dich irgendwas?«

Der Junge war achtzehn und so schwer einzuschätzen wie jeder junge Mensch seines Alters. Er war fast erwachsen, aber eben nur fast. Simon war sowohl ein Junge als auch ein Mann, alt genug und groß genug, um ein Leben zu führen, von dem sein Vater nichts ahnte.

Alec wusste nicht recht, wie er mit ihm reden sollte. Der Junge hatte immer wieder Fragen gestellt, auf die Alec keine Antwort gehabt hatte. Oft hatte ihm auch eine eigene Meinung gefehlt.

»Letzte Nacht hatte ich einen Traum«, sagte Simon nach einer Weile.

»Du träumst jede Nacht. Das tut jeder. So tickt das Gehirn.« Alec grinste seinen Sohn im Rückspiegel an, aber der Junge blieb ernst.

»Ich nicht«, sagte er.

»Doch, bestimmt. Du erinnerst dich nur nicht.«

»Darf ich dir meinen Traum erzählen?«, fragte Simon mit einem ungewohnten Unterton.

»Klar.« Alec sah wieder in den Spiegel. »Ich meinte nur, dass du öfter träumst, als du ahnst. Schon interessant, dass wir gar nicht richtig wissen, was …«

»Dad.«

»Entschuldige. Schieß los.«

»Nein.«

»Bist du eingeschnappt?«

Simon sah zur Seite.

»Na, komm, erzähl deinen Traum. Ich habe doch nur Spaß gemacht.«

»Nein. Außerdem war er blöd.«

Ilmarsh 25 Meilen, stand auf dem Schild. Hier war alles weit voneinander entfernt und entlegen. Man war daran gewöhnt, dass sich eine Fahrt von dreißig Minuten wie eine kurze Spritztour anfühlte. In London war das anders.

Nach einer Weile passierten sie die Well Farm. Die weißen Zelte flatterten im Wind und leuchteten im Scheinwerferlicht. In einigen Tagen, sobald man mit Sicherheit wusste, dass sich nichts mehr im Boden verbarg, würde man sie abbauen.

»Wie war die Schule?«, fragte Alec.

»Kannst du das Radio doch wieder einschalten?«

Alec erfüllte die Bitte.

Verkehrsmeldungen, eine ferne Stadt betreffend. Draußen lag die Dunkelheit über der eintönigen Landschaft.

»Simon?«

»Ja?«

Geht es dir wirklich gut?

Bitte entschuldige, wenn ich irgendwie abwesend war.

»Was möchtest du zu Abend essen?«

Sein Sohn schaute gedankenverloren aus dem Fenster. Als Alec nach einer Weile die Frage wiederholte, sagte er: »Was?«

»Vielleicht Fish and Chips oder einen Döner?«

»Fisch wäre prima.«

Die Straße wurde schlechter, es gab viele Schlaglöcher, die noch nicht ausgebessert worden waren.

»Ich ahne, was dich bedrückt«, sagte Alec und versuchte, fröhlich zu klingen. »Es ist ein Mädchen, richtig?«

»Dad …«

»Wusste ich's doch. Wie heißt sie?«

»Es gibt kein Mädchen.«

»Nein, natürlich nicht.« Er schaute in den Rückspiegel. Sein Sohn war errötet. »War sie … war sie mit bei deinem Freund?« Sein Sohn reagierte nicht. »Ich hoffe, ich lerne sie bald kennen.«

Wenn du reden möchtest, sag es, okay? Ich bin für dich da. Ich werde immer für dich da sein.

»Mein Traum … er handelte von Mum. Mum kam darin vor.«

Alec träumte auch manchmal von ihr. Und er dachte viel über diese Träume nach. Er hatte seine Interpretationen.

So war das, wenn man jemanden verloren hatte – die

Träume wussten nichts von Verlusten. Der betreffende Mensch tauchte auf, als wäre er noch da, unverändert. Trotzdem hatte man im Hinterkopf, was geschehen war, und wenn man die Person dann im Traum erblickte … Das Gehirn ahnte nicht, was es einem antat. Es zeigte einem den Teil der Person, den man immer noch in sich trug.

So verbanden sich Menschen miteinander, dachte Alec. Alle Erlebnisse, ob gute oder schlechte, alles, was man je getan hat oder was einem angetan wurde – all das hinterlässt einen Eindruck. Und dieser vergeht viel langsamer als ein Körper.

Er starrte auf die Straße.

»Ich träume auch von ihr.« Mehr sagte er nicht dazu.

»Ich weiß.«

Danach schwiegen sie. Noch zehn Meilen bis Ilmarsh.

»Als Kind hatte ich mehrfach einen unheimlichen Traum«, erzählte Alec.

»Einen Albtraum?«

»So ähnlich. Ich kann es schwer einordnen.«

»Und was geschah in dem Traum?«

»Er gehört zu den wenigen Träumen, die sich wiederholt haben, und trotzdem kann ich mich schlecht daran erinnern. Komisch, oder? Dass wir uns an so viele Träume nicht erinnern können.«

Er bog links ab.

»Damals konnte ich ihn zuerst nicht deuten.«

Er tastete nach der Wasserflasche und trank einen Schluck.

»In meinem Traum … da gab es diesen Ort, ein unheimliches Gebäude auf einem Hügel. Es war schmutzig. Ich glaube, das war meine Besessenheit … Ich bin bis heute besessen von Dreck, wenn auch nicht mehr so stark. Ich wasche mir viel zu oft die Hände. Ist dir das je aufgefallen?«

Simon schwieg.

»Früher war es schlimmer. Als Kind habe ich meine Hände zwei Minuten gewaschen – sogar drei –, habe sie geschrubbt, damit sie auch ja ganz sauber waren, und manchmal habe ich sogar meine Fingernägel gesäubert. Das hat sich gelegt, aber Unordnung mag ich bis heute nicht.«

Der Mond tauchte auf und verschwand wieder hinter Wolken.

»In meinem Traum fuhr ich mit deiner Oma durch die Stadt – auf der Rückfahrt von einem Freund, manchmal auch vom Strand …« Er hielt inne. »Es war dunkel und kalt – unwirklich kalt. Der Wind warf die Ständer vor den Zeitungsläden um, wirbelte Speisekarten durch die Straßen, riss sogar Leute um, die mit ihrem Hund Gassi gingen, es war fast absurd. Ich wollte dann immer das Meer betrachten, konnte es aber nirgends entdecken. Da war bloß dieser Krach. Es war eine Stadt wie Ilmarsh, nur größer und gepflegter.«

Er verstummte, weil es in seiner Nase kribbelte, und musste herzhaft niesen.

»Gesundheit«, sagte Simon.

Alec lächelte. Simon lächelte auch.

»Wirklich albern, ›Gesundheit‹ zu wünschen«, meinte Alec.

»Warum sagen wir das überhaupt?«

»Wir checken das mal, wenn wir zu Hause sind.«

Er gähnte.

»Und wie ging der Traum weiter? Bist du einfach mit Oma durch die Gegend gefahren?«

»Tja, dieser Traum … wie gesagt einer der wenigen, die sich wiederholt haben. Wir saßen im Auto, und wir sahen das finstere Gebäude … eine Ruine … die auf dem Hügel thronte. Ich konnte nur ein paar Buchstaben erkennen – große, schmutzig-weiße Buchstaben mit Lücken dazwischen. Das Gebäude war hoch. Und ich war nicht ich selbst.«

Er kratzte sich am Kopf.

»Wenn ich dieses Gebäude sah, dann …«

Als Simon wieder zu sich kam, spürte er etwas Feuchtes auf einer Wange. Er betastete sie. Er konnte kaum etwas sehen, denn ihm schwirrte es vor den Augen. Dann stellte er fest, dass er Blut auf der Hand hatte.

Mühsam richtete er sich auf. Ein Finger tat höllisch weh.

»Was …«, krächzte er und betrachtete die Bäume, die von den Scheinwerfern des stehenden Autos angestrahlt wurden.

Er drehte sich um. Die Fahrertür war offen. Sein Dad

war weg. Die vorderen Airbags bauschten sich bis auf die Sitze. Die Windschutzscheibe war intakt. Blut konnte er nicht entdecken.

Simon richtete sich auf der Rückbank auf. Sein Blick zuckte durch die Dunkelheit. Sie waren von der Straße abgekommen. Er löste den Sicherheitsgurt und versuchte, die Tür zu öffnen. Jeder Knochen tat ihm weh. Der Gurt hatte ihn geschützt, doch er war nach vorn gerissen worden.

Es musste einen Zusammenstoß gegeben haben.

Er stieß die Tür auf und stolperte ins Freie.

In der Ferne war etwas zu hören. Schwach.

»Dad?«

Sie waren auf einem Feld gelandet. Die Reifenspuren auf dem Boden zeigten, dass sie sich um die eigene Achse gedreht hatten. Er konnte die Straße nur erahnen, sah nur den Schlamm vor sich, den die Autoreifen aufgewühlt hatten, nur die Erde und die Bäume, alles andere lag im Dunkeln.

Auf unsicheren Beinen tat er ein paar Schritte. Sein Schädel brummte. Trotz seiner Benommenheit spürte er den Nachhall des Adrenalins. Ihm war schwindelig.

Vor dem Auto ertönte ein gepresstes Schnaufen.

»Dad, wo …«

Das ferne Geräusch war nun deutlicher zu hören. Sirenen.

Er ging zur Vorderseite des Autos. Dort lag etwas.

Es kehrte ihm den Rücken zu. Ein großes, braunes Tier, dessen Geweih abgebrochen war. Es röchelte.

Sie hatten einen Hirsch angefahren.

Es war bloß ein Hirsch.

Die Sirenen wurden lauter. Vermutlich Rettungswagen. Sie wären gleich da.

Sein Dad musste sie gerufen haben. Warum antwortete er nicht?

Und wenn er nie mehr antwortete?

Simon drehte sich zu den Lichtern um. Die Rettungswagen kamen auf ihn zu.

Er senkte den Blick wieder auf den Hirsch. Dieser konnte sich kaum bewegen, schon gar nicht aufstehen. Simon hockte sich neben das Tier.

Die Rettungswagen fuhren auf der Straße an ihm vorbei.

Dann trat wieder Stille ein. Zu hören war nur das Röcheln des Hirsches.

Simon blinzelte Blut und Tränen weg. Seit Ewigkeiten hatte er nicht mehr geweint.

Er hockte im Dunkeln. Im Auto knisterte das Radio.

34

Als Cooper erwachte, war es dunkel. Es war still. Hinter dem Fenster seufzte die See. Sie sah zur Wanduhr, konnte sie aber nicht erkennen. Eigentlich hatte sie länger schlafen wollen. Sie fühlte sich zerschlagen.

Ihr Arm schmerzte, als sie nach dem Handy griff. Es

klingelte, stumm und ohne zu vibrieren. Eine unbekannte Nummer.

Sie hatte sechs Stunden geschlafen. Es war kurz nach Mitternacht.

Mist. *Mist, Mist, Mist.* Sie sollte in der Tierklinik sein.

Sie nahm den Anruf entgegen. Hals und Rücken waren steif.

»Haben Sie ...«, sagte jemand. Dann war die Verbindung gestört.

Cooper erkannte die Stimme nicht sofort.

»Hallo?« Sie räusperte sich.

Wieder ein Knistern.

Draußen schäumte die dunkle See, die Reflektionen uralter Sterne tanzten auf den aufgewühlten Wassern.

»Ich schon.« Kate war schwer zu verstehen, sie schien zwischen Lachen, Weinen und Verstummen zu schwanken. »Sie haben vor Angst geschrien, als er das Messer angesetzt hat.«

Dunkle Autos, unterwegs auf dunklen Straßen.

In der Marsch, die zu dieser Stunde nur aus Schatten bestand. Die flache Weite verschlang die Fahrzeuge.

Sie tanzten durch das Dunkel, durch die Leere.

Rote und blaue Lichter, sie begannen zu tanzen.

Sie fuhren in Richtung Meer.

35

Kate sprach immer langsamer, sie lallte.

Offenbar hatte sie Medikamente genommen, vielleicht hatte man ihr auch etwas verabreicht. Sie ging nicht auf Coopers Fragen ein.

»Was ist denn los? Wurden Sie etwa …«, entgegnete Cooper mit fester, tiefer Stimme, obwohl sie spürte, dass ihr Herz zu rasen begann und ihre Hände zitterten.

»Ich saß am Steuer. Ich dachte … ich dachte, wir bringen sie bloß irgendwo hin, und dann wieherten sie panisch … sie haben regelrecht geschrien. Sie konnten sich nicht wehren, denn ich hatte sie ja … ich … ich …«

Die Anruferin fing an zu husten. Hektisch sah Cooper sich um, wo waren ihre Klamotten, ihre Schlüssel?

»Wo sind Sie, Kate?«

»*Verrückt nach Tier*. Sie mochten meinen Becher, stimmt's?«

»Kate, was haben Sie …«

»Er hat gedroht, allen zu erzählen, was ich getan habe«, flüsterte sie. Die Verbindung knisterte und rauschte. »Und dann wäre ich gefeuert worden, dann hätte ich nie wieder arbeiten können, und ich … musste ihm helfen … ich konnte doch nicht ahnen, was er vorhatte.«

Cooper knallte mit dem Kopf gegen einen Balken, als sie nach ihren Stiefeln greifen wollte.

»Sie haben es sich auch eingefangen. Was ich mir eingefangen habe, haben Sie sich auch eingefangen. Ich wollte das nicht. Ich habe es nicht vorsätzlich getan, glauben Sie mir.«

»Was habe ich mir eingefangen?«, fragte Cooper. Ihr Schädel pochte.

Licht fiel durch die Vorhänge.

»Ich habe eine Botschaft gefunden … als ich aufgewacht bin«, flüsterte sie. »Er liebt Sie.«

Das Licht war blau und rot.

Männer standen vor dem Hotel.

»*Verrückt nach Tier …*«

Das waren die letzten Worte, die Kate jemals sprechen sollte.

≠

Die weißen Schutzanzüge der Männer leuchteten im Dunkeln.

Die Flure des Hotels waren wie üblich verwaist.

Draußen erwartete sie ein Rettungswagen. Überall standen Fahrzeuge, eine etwas weiter weg errichtete Straßensperre sollte Schaulustige fernhalten.

Sie rotteten sich zusammen, so war es immer.

Die Realität begann zu zerbröckeln.

Boote legten ab und fuhren in die Nacht hinaus.

»*Wir haben Grund zu der Annahme …*«

Cooper konnte nichts mehr hören. Sie konnte nicht mehr denken.

»*Infiziert …*«

Sie dachte an die Pferdeköpfe, die vom Boden aufsehenden Augen.

Sie dachte an die Zahl – sechzehn. Diese sonderbare Zahl.

Darüber hatte sie noch nie nachgedacht, sie hatte es noch nie thematisiert.

Man verabreichte ihr ein Beruhigungsmittel.

Die Welt wurde schwarz.

36

Charles Elton wachte auf und stellte fest, dass seine Frau verschwunden war.

Er machte das Bett. Es war drei Uhr früh, doch er hatte immerhin fünf Stunden geschlafen. Viel mehr war selten drin.

Er duschte und rasierte sich. Sein Gesicht war merkwürdig rot, gut möglich, dass es schon eine ganze Weile so rot war, er wusste es nicht. Er hatte das dumpfe Gefühl, dass etwas Neues begann. Als wäre das Wetter umgeschlagen. Als wäre die Luft wieder klar.

Er musste heute zur Polizei. Wenn er es unterließe, würde man ihn festnehmen. So lautete die Drohung.

Er zog sich an und ging nach unten, bat laut um einen Kaffee.

Keine Reaktion.

Er ging auf der Suche nach seiner Frau durch das Haus, konnte sie aber nicht finden.

Schließlich ging er nach draußen. Ihr Auto fehlte. Unten am Hang standen die leeren Ställe, ihre Dächer glitzerten feucht. Er hatte nicht mitbekommen, dass es geregnet hatte. Vielleicht spielte die Nacht seinen Augen einen Streich. Es war stockfinster. Der rote Traktor, den er seit Wochen nicht mehr gefahren hatte, stand auf den verwaisten Feldern.

Manchmal drehte Louise eine Runde.

Ja, vermutlich war sie weggefahren und machte einen Spaziergang. Das war verständlich, denn es war ein furchtbarer Tag gewesen.

Er holte sein Handy und ging in die Küche. Er schrieb eine Einkaufsliste und schickte sie ihr per SMS. Vielleicht war sie noch unterwegs, wenn die Läden öffneten.

Er machte sich einen Kaffee und ein Sandwich mit Schinken und Käse. Nach einer Weile beschloss er, das Haus aufzuräumen.

Schließlich, es war schon fast hell, und Louise hatte noch immer nicht geantwortet, sah er auf sein Handy. Sie hatte seine Nachricht gelesen.

Diese Bestätigung sollte das letzte Lebenszeichen sein, das er von ihr erhielt. Das Handy in der Hand, überlegte er mehrere Minuten, was er schreiben sollte. Er setzte mehrmals an, doch am Ende schrieb er nichts – noch nicht.

Dann machte er die Entdeckung.

Die Fotos, die im Büro seiner Frau auf dem Schreibtisch gelegen hatten, waren weg, aber da lag ein Umschlag.

Er enthielt eine Aufforderung, die aus Zeitungsschnipseln zusammengestückelt worden war.

Bring dich um.

Louise hatte den Brief geöffnet und die Botschaft gelesen.

Auf dem Umschlag stand sein Name.

Darunter das Passwort seiner gesicherten Festplatte.

Kommst du zurück?, schrieb er schließlich.

Keine Antwort. Er ging ins Schlafzimmer, schaute in die Schränke und Kommoden seiner Frau. Ihr Schmuck fehlte. Auch die meiste Kleidung, und sie hatte ihren Koffer vom Dachboden geholt.

Er ging mit dem Brief nach unten in sein Arbeitszimmer und setzte sich an den Tisch, umgeben von Gemälden und Tellern mit Pferdemotiven.

Er schrieb eine allerletzte Nachricht.

Ich liebe dich, Louise. Ich liebe dich.

Den Brief verbrannte er im Kamin.

Dann ging er nach oben.

Er holte die Waffe aus dem Tresor, schob sich den Lauf in den Mund und drückte ab.

Gruinard Island, 1942

Drei.

Zwei.

Eins.

Fünf Männer mit Gasmasken. Sie gleichen einer Familie, die sich für ein Foto versammelt hat. Einer hält eine
Kamera in der Hand und richtet sie auf ein blökendes
Schaf.
Die Luft ist kalt. Das Meer ruhig.
Man hat die zusammengetriebenen Schafe in der Nähe
der Orte angebunden, wo die Sprengsätze gezündet werden sollen. Die Männer haben einen sicheren Abstand
eingenommen.
Nach der Explosion manifestiert sich Vollum 14578 als
Staubwolke. In der Nähe der Schafe trübt sich die Luft
bräunlich ein. Die Sprengsätze waren auf Stangen mon-
tiert, die bei der Detonation umkippten, und die Erreger

wurden von allen Lebewesen inhaliert, die sich in einem bestimmten Radius aufhielten.

Dieser Erregerstamm war in Oxford bei einer Kuh entdeckt worden.

Der Entdecker gab ihm seinen Namen, und dieser, Vollum, ist das Einzige, was von ihm geblieben ist, eine letzte Erinnerung an sein Dasein.

Die Schafe verenden und werden bald darauf verbrannt.

Niemand wird sich dort jemals wieder niederlassen.

Teil zwei:

DAS LOCH IN DER WELT

TAG VIER

37

Cooper hatte ein letztes Bild im Kopf.

Das Fell eines Pferdeschädels, auf einem Tisch ausgebreitet.

Jede Wunde war mit einem nummerierten Schildchen markiert, um untersucht und festgehalten werden zu können.

Das war das letzte Bild, das sie vor Augen hatte, bevor sie wieder zu sich kam.

Das Fell des Schädels, abgezogen und im weißen Schein der Lampen auf dem Chromtisch liegend.

Fell, gezeichnet von Liebe und Traumata.

Sie erwachte.

$$\neq$$

Experten des Gesundheitsministeriums und Polizeibeamte aus benachbarten Kommunen waren gekommen.

Was ich mir eingefangen habe, haben Sie sich auch eingefangen.

Aber so war es nicht.

Ständig hörte sie Kates Stimme und hoffte, dass sie wohlauf war, dass alle wohlauf waren.

In den frühen Morgenstunden war Cooper für gesund erklärt worden.

Die Nacht war ihr vorgekommen wie ein Traum.

Die Behörden hatten sie hier einquartiert, zwanzig Meilen von Ilmarsh entfernt, ohne ihr einen Grund zu nennen.

Die Zimmerwände waren von Bücherregalen aus Mahagoni gesäumt, und mitten darin stand das Bett mit seinen blütenweißen, nun zerknitterten Bezügen. Sie befand sich in einem ehemaligen Herrenhaus, das für Konferenzen genutzt wurde. Die Behörden hatten hier ihre Operationszentrale eingerichtet, mit einem Bereich für die Presse im Untergeschoss und mit Übernachtungsmöglichkeiten für Mitarbeiter in den Obergeschossen.

In den schummerigen Ecken standen Ledersessel. In den Regalen Bücher, die jeder lesen konnte, nur tat das niemand.

Die Vorhänge waren knallgelb. Insgesamt gesehen eine furchtbare Farbkombination, die Cooper an ihre geschmacklose Schwester erinnerte.

Die Vorhänge erinnerten sie an noch etwas, nur kam sie gerade nicht darauf.

Es klopfte.

≠

Mit zwanzig hatte Cooper versucht, sich umzubringen. Sie war auf die Gleise gelaufen. Der entlegene Bahnhof war verwaist gewesen. Sie hatte sich in der Tierarztpraxis wohlgefühlt, in der sie ihr Praktikum absolviert hatte. Sie durfte zwar nur zuschauen, aber im Gegensatz zu anderen Praxen ließ man sie weder unbeachtet in der Ecke stehen, noch führte man ihr ständig vor Augen, wer das Sagen hatte. Als sie zu ihrer Unterkunft ging, schien noch die Sonne – sie konnte sie betrachten, ohne dass ihre Augen schmerzten. Sie starrte so lange in die Sonne, bis alle Geräusche zu verstummen schienen.

Auf der Eisenbahnüberführung war sie stehen geblieben. Die Felder, die ausgedehnten Weiden, die alten Eichen und die fernen Häuser – all das hatte sie deutlich vor Augen, denn hier war die Luft nicht von Rauch und Smog getrübt.

Sie ging die Treppe hinab und glitt vollkommen ruhig vom Bahnsteig. Sie war so entspannt wie nach einem heißen Bad. Lose Steinchen bohrten sich in ihre Handflächen, als sie sich von der Mauer abstieß.

Sie folgte den Gleisen in Richtung der Sonne und der Hügel und hing währenddessen ihren Gedanken nach.

Leute, die vor ihren alten Häusern mit den roten Türen standen, sahen kurz auf, als sie vorbeiging. Sie merkte, dass ihre Beine zitterten.

Kein einziger Zug, der auf sie zugerast wäre. Man hatte diesen Streckenabschnitt vier Monate zuvor stillgelegt.

Cooper tat das nie wieder. Sie hatte versucht, diese verrückte Laune zu vergessen. Damals war sie nicht einmal unglücklich gewesen. Sie hatte nicht das Recht gehabt, von ihrem Heimweg abzuweichen, von ihrem Lebensplan, von ihrem Leben, dem normalen Leben.

Hatte sie jemals etwas erlebt, das diese idiotische, egoistische Tat gerechtfertigt hätte? Im Nachhinein beschönigte sie die Sache gern vor sich selbst, redete sich ein, sie hätte gewusst, dass die Strecke stillgelegt war, hätte nur bei Sonnenschein einen Spaziergang machen wollen, ihre glänzende neue Karriere vor Augen.

Sie hatte die Gleise vor Einbruch der Dunkelheit verlassen. Am nächsten Morgen hatte sie dann verschlafen.

Als Coopers Schwester an Weihnachten von einem Selbstmord an ihrer weiterführenden Schule berichtete – ein Junge, der ins Meer gegangen und nie zurückgekehrt, wahrscheinlich in das große Nichts hinausgezogen worden war –, verließ Cooper das Zimmer, um noch eine Runde zu schlafen.

Das war ihre Art, mit Problemen umzugehen. Sie hätte brüllen oder sich trennen oder eine Lösung suchen können, irgendeine Lösung, ob gut oder schlecht, ganz gleich, wie sehr sie oder die Menschen, die ihr nahestanden, darunter gelitten hätten, doch unter dem Strich zählte es mehr, sich sicher zu fühlen, als ein guter Mensch zu sein, und deshalb machte sie stets einen Schnitt.

Am Ende blieb ihr immer nur eines: die Sicherheit des Schlafes zu suchen.

≠

Am Vortag hatten Alec und sie die Kisten im Wald entdeckt. An diesem Morgen war es kalt, aber vielleicht war es nur der kühle Raum.

Der Fremde, der geklopft hatte, der mit Cooper sprechen wollte, trug weder Atemschutzmaske noch Schutzkleidung, sondern ein weißes Hemd und eine rote Krawatte. Es dauerte eine Weile, bis er ein Lächeln zustande brachte, das danach nicht mehr verflog. Er hielt einen DIN-A4-Ordner in der Hand.

»Sie sind wach«, sagte er. »Das passt gut.«

38

Cooper fragte nicht, wie die Leute hießen.

Ihre Namen wurden nie genannt.

Auf der Treppe und unten im Flur begegneten ihr und dem Mann mit der roten Krawatte und dem künstlichen Lächeln mehrere Polizeibeamte. Er hatte gefragt, ob sie einen Schluck Wasser wolle. Sie hatte genickt.

Cooper war nervös und müde.

Der Mann öffnete ihr die Tür und verschwand, um Wasser zu holen.

Sie trat ein und erblickte einen alten Herrn und eine Frau mittleren Alters.

Das Zimmer glich jenem, in dem sie erwacht war. Die gleichen gelben Vorhänge. Die gleichen dunklen, polierten Regale. Vielleicht ein ehemaliger Salon.

Der alte Herr saß hinten im Zimmer, vor sich eine Tasse Tee. Sein Gesicht war von Aknenarben übersät, er trug einen grau-schwarzen Nadelstreifenanzug. Er hatte die Hände gefaltet, als wollte er alle zum Beten auffordern. Sein Blick war leer. Er würdigte Cooper kaum eines Blickes und schwieg.

Die Frau dagegen starrte sie unverhohlen an. Ihre Wange zuckte, und als sie sich am Ohr kratzte, zitterte ihre Hand.

Auf den Tischen lagen Dokumente und Akten, manche mit dem Emblem des Gesundheitsministeriums, manche mit den Kürzeln anderer Regierungsbehörden oder Komitees.

Der Mann mit der roten Krawatte brachte das Wasser und stellte es neben einem freien Stuhl auf einen Tisch.

Cooper blieb stehen.

»Sie haben schon mal für uns ermittelt«, sagte die Frau. »Vor Jahren ... Wir hatten damals aber nichts miteinander zu tun.«

Sie schien ihre Worte behutsam zu wählen. Als würde sie etwas belasten, eine heimliche Abscheu, die aber weder Cooper noch den anderen galt. Etwas, das sie nicht losließ.

»In welchem Fall?«, fragte Cooper. Plötzlich ging die Tür auf. Man brachte Croissants, Pasteten und einen zugedeckten Teller mit Bacon.

»Bitte bedienen Sie sich«, sagte der Mann. »Und bitte nehmen Sie Platz.«

Cooper setzte sich.

Die Bedienungen gingen.

Die Frau bestrich ein Croissant mit Butter und sagte dann: »Erzählen Sie von den Pferden.«

»Was genau wollen Sie wissen?«

»Warum sind Sie in Ilmarsh? Was haben die Einheimischen ausgesagt? Erzählen Sie.«

»Ich habe die Polizei unterstützt«, sagte Cooper. »Ich selbst habe keine Aussagen aufgenommen.«

Die Frau betrachtete sie und biss dann in ihr Croissant.

»Der Inspector«, fuhr Cooper fort, »Harry Morgan, hat mich am Nachmittag nach der Entdeckung der Pferde angerufen.«

»Welche Teile wurden gefunden?«, fragte der Mann.

»Die Köpfe. Und Schweife.«

»Mehr nicht?«

Eine der auf dem Tisch liegenden Unterlagen zeigte ein Foto von Alec.

»Dr. Allen?«, sagte der alte Herr. »Sie haben also nur die Köpfe und Schweife entdeckt?«

»Und Reifenspuren«, sagte Cooper, die sich zu ihm umwandte. »Die Pferdekörper wurden nicht gefunden.« Sie hielt inne. »Ein Obdachloser, der von der Polizei vernommen wurde, gab an, die ›Bestattung‹ der Köpfe beobachtet zu haben.« Die anderen schwiegen, schienen zu erwarten, dass sie weitersprach. »Und … tja, neben einem der Zelte lag ein Vogel.« Sie kratzte sich am Arm. »Er war so gut wie tot.«

Der Mann sah zu der Frau.

211

»Was war mit dem Vogel?«, fragte er. »Woran ist er gestorben?«

»Er war von Parasiten befallen und konnte kaum noch atmen. Ich habe ihn erlöst.«

»Und wie?«, wollte die Frau wissen.

»Ich habe ihm den Hals umgedreht.«

39

Die Tierärztin – die am Telefon leise von einem Mann und von panisch wiehernden Pferden erzählt hatte – war tot. An einer Überdosis Ketamin gestorben, das sie vermutlich aus der Klinik entwendet und als Schwund deklariert hatte. Das ganze Ausmaß dessen, was sie geordert und dann entwendet hatte, sollte erst Wochen später ans Licht kommen. Drähte. Beruhigungsmittel. Werkzeug.

Schutzkleidung fehlte, Ganzkörper-Overalls, die viel zu groß für sie waren, Masken und Desinfektionsmittel.

Das war niemandem aufgefallen.

Die Behörden hatten Kates Wohnung durchsucht.

Dort hatte man Hinweise auf eine Erpressung entdeckt und ein Wegwerf-Handy, das während der letzten zwei Monate im Umkreis von Ilmarsh benutzt worden war. Sie hatte unter Zwang gehandelt. Anfangs hatte sie geglaubt, nur bei der Entführung der Tiere helfen zu müssen – sie hatte geglaubt, das wäre alles.

Kate lebte nicht mehr.

Cooper dachte an ihren Becher. *Ich packe den Stier bei den Hörnern.*

Ihr fehlten die Worte.

Kate war seit Stunden nicht mehr am Leben.

Der alte Herr schaute auf seine Notizen, bevor er Cooper die nächste Frage stellte: »In welchem Verhältnis stehen Sie zu DS Alec Nichols?«

»Geht es ihm gut?«

»Beantworten Sie zuerst meine Frage.«

Cooper zögerte und trank einen Schluck Wasser. »Er ist sehr professionell. Aber manchmal etwas …«

»Ja?«

»Er ist manchmal etwas nervös, und leicht gereizt. Und er hat keine guten Nerven beim Umgang mit … Sie wissen schon.«

»Nein. Bitte erklären Sie.«

»Mit den Pferdeleichenteilen kam er nicht gut klar.«

Der Mann richtete sich auf seinem Stuhl auf und sah zu seinem Vorgesetzten. »Hat Nichols oder irgendjemand hier vor Ort jemals von Übelkeit, Krankheit, Infektionen oder irgendeiner Verseuchung berichtet?«

Cooper kratzte sich an der Nase. »Wo ist er?«

»Worüber haben Sie beide gesprochen?«

Inzwischen ging die Sonne auf. Im Herrenhaus begannen sich Leute zu regen, Stimmen waren zu hören.

»Ich habe Ihre Fragen beantwortet.« Cooper wandte sich an die Frau. »Nun beantworten Sie meine. Sie haben mir nicht einmal mitgeteilt, was …«

»Wir haben es mit einem *Bacillus anthracis* zu tun«,

sagte die Frau. »Jedenfalls mit einem verwandten Erregerstamm. Schnell wirkend. George Hillard, der ältere Polizeibeamte, ist daran gestorben. Zwei weitere befinden sich in einem kritischen Zustand, darunter Alec Nichols. Alles deutet darauf hin, dass die Pferdeköpfe gezielt mit Anthrax-Erregern verseucht wurden.«

Alle schwiegen.

»Zeigen Sie ihr den Brief.« Die Frau wandte sich an ihre Kollegen.

Der Mann mit der roten Krawatte zog eine Fotokopie aus einem Stapel von Unterlagen und reichte ihn Cooper.

Es war ein getippter Brief. Das Original schien Flecke einer unbekannten Flüssigkeit aufzuweisen.

Früher war ich voller Zorn. Manchmal träumte ich, besser zu sein. Wir töteten, weil wir helfen wollten, und wenn ich half, spürte ich etwas in mir.

Ich habe Feuer entfacht. Ich bin wachsam, und niemand hat mich gesehen, niemand wird mich jemals sehen. Ich habe getan, was ich getan habe, und niemand wusste davon, bis ich es so wollte. Ich habe sie wie bei der Tanzpest hüpfen lassen. Nun erblühe ich.

Ja, lächeln Sie nur.

Sie hätten ihn retten können.

214

»In jener Nacht wurden mehrere tote Vögel gefunden. In den Schnäbeln hat man Kopien dieses Briefes entdeckt. Teils auch in ihren Schlünden, in Plastik gehüllt und hineingestopft. Man hatte ihnen den Hals umgedreht, wie Sie der Krähe den Hals umgedreht haben.«

»Wo wurden sie gefunden?«, fragte Cooper.

Die Frau beantwortete die Frage nicht.

Stattdessen sprach der alte Herr. »Auf manchen Briefen wurden Fingerabdrücke von DS Alec Nichols entdeckt.«

Er nahm den Zettel wieder an sich.

»Sie wurden vor einigen Jahren geimpft, richtig?« Die Frau hielt kurz inne. »Eine Komplettimpfung. Das entnehme ich Ihrer Akte.« Sie lächelte. »Als hätte Sie das Schicksal hierher bestellt. Wie eine Heldin, die auftaucht, um das Ungeheuer zu erschlagen.« Sie lächelte, aber ohne Wärme, ohne Herzlichkeit. Sie setzte sich aufrecht hin. »Ich bin über Sie informiert.«

Draußen im Garten blühten letzte Pflanzen.

»Sie wurden für vier Tage engagiert, wenn ich es richtig sehe. Wir würden das gern verlängern, Dr. Allen.« Die Frau wandte den Blick endlich ab. »Sie brechen innerhalb der nächsten Stunde auf.«

40

Das Auto hielt nicht bei der Well Farm. Trotzdem sah Cooper, was dort vor sich ging, konnte es sogar riechen, obwohl ihr Autofenster nur einen Spalt offen stand. Das Summen der Fliegen, die Vögel, die lodernden Feuer.

Alles war anders.

Leute durchkämmten das Gras, das Schilf, die Brachen der Familie Cole. In ihren Schutzanzügen, die sich dunkel vor dem rötlichen Horizont abhoben, glichen sie schemenhaften Puppen. Es waren mindestens dreißig Leute. Sie sollten katalogisieren, was noch lebte.

Coopers neue Kollegin, die Frau, von der sie befragt worden war, sah auch aus dem Fenster. Noch immer hatte sie sich nicht offiziell vorgestellt. Sie trug ein Namensschild auf dem Mantel. Über den Worten National Crime Agency prangte der Name Ada Solarin in wuchtigen Buchstaben. Schwer zu sagen, welche Funktion sie hatte, welche Befugnisse sie besaß.

Auf der anderen Straßenseite brannte ein großes Feuer, nach der Bonfire Night das zweite und letzte im November.

Es roch nach gebratenem Fleisch.

Schwarzer Rauch stieg auf.

$$\neq$$

Cooper hatte während ihres Studiums Schlachthöfe besucht. Den ersten Besuch hatte sie noch vor ihrem Bewerbungsgespräch an der Tierärztlichen Hochschule absolviert. Man erhielt Anerkennung, wenn man einen Schlachthof besichtigte, denn das zeugte von der Bereitschaft, sich mit dem gezielten Abschlachten von Tieren auseinanderzusetzen, obwohl man als Veterinär für die medizinische Behandlung und Pflege von Tieren zuständig war.

Im Netz hatte Cooper gelesen, dass man mit solchen Besuchen punkten konnte. Tierärztin war immer ihr Traum gewesen. Damals war sie siebzehn gewesen, und sie hatte die Arbeiter im Schlachthof gemocht – sie waren netter als die Leute, die sie bei ihren diversen Stationen kennenlernen sollte. Sie hatten sie gutmütig geneckt, zu den Teepausen mitgenommen und sich nach ihren Lebensplänen erkundigt.

Ketten klirrten, wenn eine Kuh nach der anderen hereingeführt wurde. Nachmittags kamen die Schweine. Die Kühe ahnten nicht, was ihnen bevorstand. Sie blieben bis zum blutigen Ende gelassen, wenngleich sie zum Schluss eine leise Unruhe zeigten.

Die Schweine waren anders. Sie wussten, wo sie sich befanden. Und sie äußerten dieses Wissen durch lautstarkes Quieken.

An all das musste Cooper denken, als sie an dem Qualm vorbeifuhren, der über der Well Farm aufstieg. Als sie sah, wie Schafskadaver auf den Scheiterhaufen gewuchtet wurden, insgesamt hundertzweiundachtzig Tiere. Ada hatte ihr die Zahl auf Nachfrage genannt. Diese Frau hatte einen Kopf für Statistiken.

Es waren mehrere Holzpalettenstapel, alle von der Firma, die das Holz für das Feuer der Bonfire Night geliefert hatte. Leiber von Lämmern und Mutterschafen, schwarz verkohlt und unter den nächsten brennenden Tieren begraben. Wollfetzen und Rußflocken wurden vom Wind durch die Luft gewirbelt.

Cooper schwieg, doch ihre Miene schien sie zu verraten.

»Viele Tiere waren infiziert«, erklärte Ada. »Es handelt sich um eine notwendige Vorsichtsmaßnahme.«

Ada fixierte Cooper, die weiter schwieg.

»Wir haben einen Mann auf den Feldern entdeckt. Er ist kollabiert und war nicht mehr zu retten.«

»Wer war es?«

»Der Farmer. Seine Finger waren voller Erde, die offenbar von der Stelle stammte, wo die Pferdeköpfe lagen. Er hatte seine Tochter zum Krankenhaus gefahren.«

»Selbstmord?«

Ada zuckte die Schultern. »Wie es scheint, hat er seine letzten Stunden allein verbracht.«

Er hatte nicht mehr miterlebt, wie die Sonne aufging.

Sie fuhren weiter, hielten an einer Straßensperre.

Als Ada ihre Marke zeigte, wurden sie von den Beamten durchgewinkt.

Hier würde auf unabsehbare Zeit niemand mehr leben.

Die Straßen waren leer. Sogar der Marktplatz war verwaist. Rote und gelbe Blumen erbebten im auffrischenden Wind und neigten sich zur Seite.

»Wird Alec gesund?« Cooper wandte sich nicht um, sondern sah weiter aus dem Fenster.

Nach einer Weile erwiderte Ada: »Sein Sohn wird vermisst.«

Das Auto hielt am Hafen. Ein Boot lag bereit.

Cooper zögerte. »Vermisst? Wie meinen Sie das?«

»Wie ich es sage.« Ada löste den Sicherheitsgurt. Der Fahrer stellte den Motor aus. »Simon Nichols war nicht zu Hause. Bei Freunden ist er auch nicht. Indizien deuten darauf hin, dass er mit Alec im Auto saß, als es zu dem Unfall kam. Matsch auf dem Rücksitz. Auch Blut. Das wird gerade untersucht.«

Sie öffnete die Tür.

»Kommen Sie. Das ist unser Boot.«

Cooper stieg aus. Man hatte sie eingekleidet, unter anderem mit einer dicken Jacke. Sie würde sich bald ein weiteres Mal umziehen müssen.

Einige Leute trugen ABC-Schutzkleidung.

Auf dem Weg zum Boot dachte sie an den Brief.

Sie dachte an die Kisten im Wald, die Köpfe auf dem Acker.

Sie dachte an den Schlachthof, an Kühe, an Schweine, an die sympathischen Leute, die all diese Tiere geschlachtet hatten.

Ja, lächeln Sie nur.

Sie hätten ihn retten können.

41

Das Boot durchschnitt den dichten Nebel, der die Leere über dem Meer ausfüllte, die ganze Welt zu verhüllen schien. Das beschauliche, verwaiste Ilmarsh lag hinter ihnen.

Die seekranke Cooper würgte in der winzigen Toilette. Sie bereute es, dass sie die Croissants gegessen hatte.

Sie kehrte an Deck zurück.

Das Boot war stellenweise rostig. Weiße Stangen und Metallketten versperrten den Zugang zu manchen Bereichen. Ada stand an der Reling – am Bug? Am Heck? Cooper kam da immer durcheinander. Ada schien allem den Rücken zuzukehren.

Sie rauchte, und der graue Rauch vermischte sich mit dem weißlichen Nebel.

»Die Dinger werden Sie umbringen«, meinte Cooper.

Ada drehte sich zu ihr um.

»Das merkt man erst, wenn es so weit ist«, sagte sie, nun etwas freundlicher. »Die Insel, zu der wir unterwegs sind … dort hat lange eine Familie gelebt. Hat Schafe und Schweine gezüchtet. Ihre Erzeugnisse haben sie dann auf dem Festland verkauft.«

Ada warf ihre Zigarette ins Meer.

Cooper beobachtete, wie sie auf den Wellen landete. Sie konnte auf eine lange und komplizierte Geschichte zurückblicken, was Nikotin und andere Gifte betraf.

Sie beschloss auf der Stelle, endgültig darauf zu verzichten. Sonderbar, dass sie ausgerechnet jetzt darauf kam. Andererseits blieb man sogar in Ausnahmezeiten man selbst. Man riss sich bestenfalls etwas mehr zusammen.

Die Zigarette versank in den grauen Fluten.

»Vor fünfundvierzig Jahren ließ der Sohn seine Eltern sitzen«, fuhr Ada fort. »Er studierte, nahm sein Leben in die eigene Hand. Tat, was sich gehörte. Heiratete. Bekam Kinder. Diente seinem Land. Ich kannte ihn.«

Der Bootsmotor dröhnte.

»Irgendwann besuchte er die Insel, um seine Familie mit seinen Eltern bekannt zu machen. Und er kehrte nie wieder in die Welt zurück.«

Sie starrte in den Nebel.

»Vor fünfzehn Monaten bemerkten Fischer, dass es auf der Insel brannte. Als Hilfe eintraf, waren die meisten Familienangehörigen tot oder lagen im Sterben, genauso die Tiere. Nur die jüngste Tochter hat überlebt.«

Sie mussten bald am Ziel sein.

»Und was hat das Mädchen ausgesagt?«, fragte Cooper.

Ada wartete lange mit einer Antwort. Dann straffte sie sich, als hätte sie im Nebel etwas gesehen, und entspannte sich wieder. »Auf der Insel wurde ein neuer Anthrax-Erregerstamm entdeckt, außerdem eine Fülle von Amöben, die zur Vermehrung beitragen. Krankheitsüberträger wie etwa Tiere waren überflüssig. Indizien legten nahe, dass man den Erreger kultiviert hatte. Auf schlampige Art.«

Ada verstummte und fügte dann hinzu: »Die Tochter hat nichts ausgesagt.«

»Warum nicht?«

»Sie war plötzlich stumm.« Sie näherten sich jetzt dem Ufer. Cooper konnte weitere Boote erkennen. Leute liefen hin und her, schemenhaft im dichten Nebel. »Wir haben so viel Boden wie möglich abgetragen. Wir haben schon vor Monaten mit der Aktion begonnen, als wir endlich ein Budget und einen Plan hatten. Man hat Schilder aufgestellt, um Segler vor dem Anlegen zu warnen. Andererseits wurde die Insel sowieso nie angesteuert. Das Risiko einer Ausbreitung des Erregers bestand nicht, ebenso wenig das einer Übertragung von Mensch zu Mensch. Vergleichbare Stätten waren wesentlich länger kontaminiert, ohne dass es zu dramatischen Vorfällen gekommen wäre. Es sind nur Sporen.«

Das Boot kam zum Halten.

»Ich kannte den Mann. Er war früher für die Regierung tätig. Er hat mit mir zusammengearbeitet, wenn auch nicht in der National Crime Agency.« Ada sah stur geradeaus. »Nach dem Brand wurde den Beamten, die damit zu tun gehabt hatten, nur das Allernötigste mitgeteilt. Und jene, die Bescheid wussten, haben eine Verschwiegenheitsverpflichtung unterschrieben. Was niemand weiß, macht niemanden heiß.«

Sie setzten Masken auf, deren hartes und klares Plastik fast die Qualität von Glas hatte, und traten auf den Anleger.

»Weil ich den Mann kannte, wurde ich hinzugezogen.«

Reglos stand Ada da und starrte geradeaus.

»Ich war mit ihm befreundet.«

Ein schmaler, teils überwucherter Weg führte einen Hang hinauf ins Inselinnere. Bis auf hohe, dunkelgrüne Koniferen war im Nebel kaum etwas zu erkennen.

42

Man hatte Flutlichter vor dem Haus errichtet. Die Leute, die ihnen entgegenkamen, trugen alle identische ABC-Schutzkleidung und Masken. Manche schleppten Kisten zum Lager. Cooper sah sich um, Ada dagegen blickte entschlossen geradeaus.

Hier hatte einst der Wahnsinn getobt. Und so schien es bis heute zu sein. Rostige Wellbleche türmten sich vor dem Haus; die Türöffnungen waren von rußigen Schatten umgeben. Die Scheunen waren pechschwarz verkohlt. Rote, leere Benzinkanister lagen im wuchernden Gras. Unterschiedlichste Pflanzen gediehen an dem verseuchten Tatort eines Mordes, der zugleich ein Selbstmord gewesen war. Die Bäume vor dem Haus ragten dunkel und schemenhaft im Nebel auf. Die ganze Szenerie hatte etwas vom Nachhall einer Nuklearexplosion.

Man hatte das verwilderte Grundstück mit Bändern und Markierungen in mehrere Abschnitte unterteilt. Beamte in ABC-Schutzanzügen durchkämmten alles. Cooper hatte den Eindruck, als würden sich Welten überlagern, ihre Gestalt wandeln, miteinander verschmelzen und darum ringen, sich in ihrem Bewusstsein zu verankern. Der geistige Zusammenbruch eines Mannes hallte durch die Jahre nach.

Und führte sie zu einem Zelt.

Vor ihnen schrie eine Frau auf.

Leute rannten an ihnen vorbei, doch Ada ging weiter, wich nur ein Stückchen aus. Im alles verschluckenden Nebel wiesen ihnen die Flutlichter den Weg.

Dann erblickten sie die Frau, die geschrien hatte, sie saß auf dem Boden, während Blut dicht über dem Knie aus einem Riss in ihrer Schutzkleidung sickerte. Später sollte man herausfinden, dass vor der mittleren Scheune Werkzeug vergraben worden war. Die Frau war an einem Haken hängen geblieben, der aus dem Boden ragte. Sie würde wochenlang mit Impfstoffen behandelt werden; man hatte nicht die Zeit gehabt, alle zu immunisieren. Sie wurde unverzüglich in ein Krankenhaus gebracht.

Ada ging an Cooper vorbei und verschwand im Zelt.

Im Inneren hatte man Tische aufgestellt, auf denen tote Krähen lagen. Mitten im Zelt gähnte eine Grube, neben der ein dicker, steifer Sack stand.

»Wir haben so viel Ausrüstung wie möglich hergeschafft«, sagte Ada. »Schauen Sie, was Sie herausfinden können. Wie sie gestorben sind. Wer sie getötet hat. Wir sind an allen DNA-Spuren interessiert, die Sie finden können, vor allem an menschlichen. Wir haben den Tatort gleich nach der Entdeckung fotografisch dokumentiert; vierzehn Vögeln wurde eine Kopie des Briefes in den

Schlund gestopft. Den fünfzehnten Brief haben wir noch nicht entnommen.«

»Den fünfzehnten?«

Draußen ging die Arbeit lautlos weiter. Es wurde kaum geredet. Niemand plauderte.

Ada lächelte schwach. »Schlussendlich verzehrt sich alles selbst.« Sie wandte sich zum Gehen. »Wir haben Alec Nichols' Fingerabdrücke auf den Plastikhüllen der Briefe gefunden. Wir müssen wissen, was es sonst noch gibt.«

43

Ada Solarin ging durch das verwüstete Wohnhaus.

Vor Monaten hatte sie sich schon einmal die Ruine des Lebens ihres Kollegen angeschaut. Sie hatte mit eigenen Augen sehen wollen, was aus ihrem Freund geworden war.

Der Ort hatte sich nicht verändert, obwohl seit ihrem ersten Besuch mehrere Jahre verstrichen waren.

Sie musste sich bücken, denn die Decke war niedrig.

Schließlich gelangte sie ins Zimmer der Mädchen.

Dort war mit großer Gewalt ein Loch in die Wand geschlagen worden. Auf dem Boden lagen noch Gipsklumpen und Holzstücke.

Durch das Loch fiel ihr Blick direkt auf die Reihe der Bäume.

Früher war ich voller Zorn. Manchmal träumte ich,

besser zu sein. Wir töteten, weil wir helfen wollten, und während ich half, spürte ich etwas in mir.

Ich habe Feuer entfacht. Ich bin wachsam, und niemand hat mich gesehen, niemand wird mich jemals sehen.

So viele Tote, und das innerhalb weniger Tage.

Viele von ihnen durch Tiere, Gewalt und Erpressung miteinander verbunden.

Vor einigen Stunden hatte man das Rätsel um die Eltons gelöst. Beamte waren zum Reithof geschickt worden, nachdem sie die Vorgeschichte recherchiert hatten; Charles Elton hatte sich in den Kopf geschossen. Seine Aussage war mit ihm gestorben. Was für eine Verschwendung.

Seine Abschiedsnotiz, in der er der Polizei vorwarf, sie hätten ihn zu Unrecht verdächtigt und ihn – einen Unschuldigen – in den Selbstmord getrieben, war einfach nur peinlich.

Ada wusste, dass niemand frei von Schuld war.

Er hatte noch versucht, einen Brief im Kamin zu verbrennen. *Bring dich um.* Hinten auf dem Umschlag entdeckte man ein Passwort, wahrscheinlich vom Erpresser notiert, als Beweis, dass er Bescheid wusste.

Elton hatte nicht mehr im Kamin nachgeschaut, bevor er sich von dieser Welt verabschiedet hatte.

Auf einer Festplatte der von der Polizei beschlagnahmten Computer fand man 1.592 Fotos und 314 Videos, auf denen Kinder sexuell missbraucht wurden. Die forensische Bearbeitung würde Wochen in Anspruch nehmen – und jene Beamten, die sich alles anschauen mussten, seelisch belasten. Die Bilder und Videos schienen nicht von Charles produziert worden zu sein, jedenfalls laut einer ersten Untersuchung.

Er war böse gewesen.

Und wie die meisten bösen Menschen im Grunde stumpfsinnig. Nicht besonders klug. Weder eigen noch bewundernswert.

Er war bloß ein Idiot, der nicht mal imstande war, ein Stück Papier zu verbrennen.

Der lieber starb, als mit der Wahrheit dessen konfrontiert zu werden, was er getan hatte, eine Wahrheit, manipuliert von demjenigen, der ihn und Kate in der Hand gehabt hatte. Vielleicht war es eine Einzelperson, vielleicht eine Gruppe. Auch im profanen Ilmarsh war das Böse zu Hause.

Einer ihrer Mitarbeiter trat ein. Er sagte nichts. Ada wusste, dass er warten würde, bis sie sich umdrehte.

»Ja?«, fragte sie, ohne sich zu regen.

»Dr. Allen ist fertig, Ma'am. Sie möchte Sie sprechen.«

Ada sah sich ein letztes Mal im Zimmer um und betrachtete das Loch in der Wand.

Sie dachte an alles, was ihr Freund an diesem Ort getan, sich selbst angetan hatte. Sie dachte an seinen verkohlten Leichnam, den man in Gebetshaltung vorgefunden hatte, an das weinende Kind in einer entlegenen Scheune. Alle anderen hatte man im Gras gefunden.

Sein eigenes Kind zu töten – das war eine gottesfürchtige Tat. Wie im Falle von Abraham und Isaak. Es bedeutete Furcht und Bangen, bedurfte des Willens, alle Gesetze zu brechen – sogar göttliche –, nur weil eine in einem Busch ertönende Stimme befohlen hatte, das eigene Kind zu opfern.

War ihrem Freund von einer solchen Stimme befohlen worden, dies zu tun? Wie war er zu solch einem Menschen geworden? Was machte Menschen zu dem, was sie waren?

Wenn sich die Welt in unserem Kopf befindet, bedeutet das Ende eines Lebens zugleich das Ende der Welt.

Die Auslöschung auch nur eines einzigen Lebens bedeutete eine Apokalypse.

Man tötete einen Menschen, um Gott näher zu sein.

Sie ging wieder hinaus in die verseuchte Luft.

Vierzig Prozent aller Morde an Menschen blieben unaufgeklärt, anderslautenden Behauptungen zum Trotz. Sie wusste immerhin, wer die Familie ihres Freundes ermordet hatte. Ja, das wusste sie, aber die Gründe kannte sie nicht.

Ada ging zum Zelt, wobei sie versuchte, die Fremden, die sich über den Boden beugten, nicht zu beachten, nicht der Stille zu lauschen.

In einer Stunde wäre sie wieder auf dem Meer und würde diesen Ort nie wiedersehen. Sie würde nie hierher zurückkehren, nicht einmal dann, wenn man es von ihr verlangte. Sie würde alles geben, um von hier wegzukommen. Alles.

44

»Rattengift«, sagte Cooper. »Genauer Warfarin. Wenn man
die Zahl der toten Vögel bedenkt, muss der Täter einen
ganzen Schwarm über mehrere Tage damit gefüttert haben. Sie hatten sich an ihn gewöhnt. Die Hälse wurden
post mortem umgedreht. Wahrscheinlich nach dem Auf-
tauen.«

»Der Täter hatte sie eingefroren?«

Cooper nickte.

Sie fuhren auf dem Boot zurück. Der Nebel über dem
Meer hatte sich fast vollständig gelichtet, doch der Him-
mel war dunkel und bewölkt. Beide Frauen standen am
Heck.

»Wir haben keine anderen verseuchten Stellen gefunden«, sagte Ada. »Nach allem, was wir wissen, stammte
die Erde, mit der man die Pferdeköpfe bedeckt hat, von
der Insel – aus der Grube, in der wir die Krähen gefunden
haben.«

»Und was nun?«, fragte Cooper.

Sie entfernten sich immer weiter von der Insel. Ada ließ
sie nicht aus den Augen.

»Alec Nichols hat für die Tatzeiten Alibis, die von der
örtlichen Polizei bestätigt wurden.«

Cooper schwieg.

»Trotzdem interessant«, fuhr Ada fort, »was in Alecs
Personalakte steht. Er litt offenbar an Depressionen. Er

hat eine Therapie abgebrochen, es ging um Trauerarbeit. Und was er auf seiner vorherigen Dienststelle getrieben hat, liegt im Dunkeln. Wir sind dabei, das aufzuklären. Außerdem gibt es Hinweise darauf, dass sein Sohn die Schule geschwänzt hat. DS Nichols hat seinem Therapeuten gestanden, er wünsche sich manchmal, kein Kind zu haben, weil er es allein leichter hätte. Steht alles in seiner Akte.«

»Ich dachte, derlei Informationen wären vertraulich.« Cooper klang etwas scharf.

Ada zuckte die Schultern. »Nicht angesichts dessen, was passiert ist. Der Junge wird vermisst, und man hat sein Blut im Auto entdeckt. Dazu der Satz in dem Schreiben: ›Sie hätten ihn retten können‹. Sein Sohn ist höchstwahrscheinlich tot. Und falls nicht, wenn ihn jemand entführt hat … tja.«

Sie näherten sich Ilmarsh.

»Hier geht es um Alec«, sagte Ada. »Er ist ein Teil dieses Falls, jedenfalls scheint manches ihm zu gelten. Wir möchten, dass Sie es herausfinden.«

»Was herausfinden?«

»Die Wahrheit.«

Über die Reling gebeugt, beobachtete Cooper, wie ihre vorübergehende Bleibe immer näher kam. »Ich bin keine Polizistin.«

»Wenn man Alec beschattet, beschattet man auch Sie.« Ada hielt inne und fuhr dann fort: »In meiner Abteilung verfügt niemand über Ihre Kompetenzen. Ich bin überzeugt, dass Sie …«

»Ich bin nicht die Richtige.«

»Doch«, beharrte Ada. »Sie haben mit ihm zusammengearbeitet. Er vertraut Ihnen.«

Cooper dachte an Alec, der im Krankenhaus lag und nicht ahnte, was diese Leute dachten, nicht wusste, dass sein Sohn vermisst wurde, rein gar nichts wusste.

Sie dachte an den Farmer, der auf einem Feld lag.

Sie dachte an Qualm, an Unbedachtheit, an verbrennende Schafe.

»Wer außer Ihnen wusste noch von dem Vogel, dem Sie den Hals umgedreht haben?«, fragte Ada.

»Alec könnte allen möglichen Leuten davon erzählt haben. Vielleicht ist er unschuldig.«

»Selbst wenn er es nicht getan hat, kann jemand, der einen solchen Hass hervorruft, so viel Aufmerksamkeit auf sich zieht, nicht unschuldig sein. Nicht ganz.«

»Alec ist auch erkrankt. Er übersteht den Besuch auf der Insel, wo er Proben gesammelt hat, und infiziert sich nach seiner Rückkehr dann doch noch?« Cooper schüttelte den Kopf. »Er ist ein Opfer.«

»Jeder ist ein Opfer.« Ada holte die Zigaretten hervor.

Inzwischen konnte man Lichter am Ufer erkennen.

»Das Schreiben … die Krähen … all das galt entweder nur Ihnen oder Ihnen und Alec.« Ada riss ein Streichholz an. »Wir dekontaminieren alles und kümmern uns um die Erkrankten. Wir warten ab, ob es weitere Tote gibt. Sie dagegen könnten mehr tun als abwarten. Sie könnten den Fall lösen, Cooper. Um der Opfer willen. Um Ihrer selbst willen.«

Ada versicherte, sie stehe ihr zur Seite. Der Staat werde ihr zur Seite stehen.

Alle säßen in demselben Boot.

»Ich bin keine Polizistin«, wiederholte Cooper.

Ada blies lächelnd Rauch aus.

»Sie werden schon noch eine.«

45

An ihrem letzten Abend in Ilmarsh saß Ada im Auto. Sie stand am Waldrand, wenige Meter von Alec Nichols' Unfallstelle entfernt. Hier war ihm ein Hirsch vor das Auto gelaufen, hier war ein Junge verschwunden, hier war eventuell ein Mord begangen worden. Sie saß bei offenem Fenster mit einer Zigarette in der Hand im Auto, das Abblendlicht war an.

Die Reaktion von Staatsseite war als inkompetent abgekanzelt worden. Ada musste mit dem Ende ihrer Karriere rechnen. Nachdem die Medien begriffen hatten, dass es sich um eine hausgemachte Katastrophe handelte, schürten sie keine geopolitischen oder religiösen Ängste mehr, sondern verlagerten den Schwerpunkt der Berichterstattung. Trotz offizieller Briefings und Diskussionen schienen viele zu glauben, die Pferde wären an Anthrax-Viren gestorben. Die Tiere wurden zu einer Fußnote. Adas Vorgesetzte schienen alle Fakten vergessen zu haben und die irrige Sichtweise zu vertreten. Staat und Gesellschaft ging es um Wichtigeres. Inzwischen dekontaminierte man alles, und Nebensächlichkeiten wie Pferdediebstähle, Verstümmelungen und Morde an Tieren konnte die örtliche Polizei aufklären.

Die Leute glaubten gern, Fiktionen wären das Problem – dass Filme, Fernsehen, Games und Comics die Menschen gegenüber Schrecken und Gewalt abstumpfen ließen.

Doch das eigentliche Problem war die Realität.

Man konnte täglich sehen und hören, wie schrecklich es zuging auf der Welt und wozu Menschen imstande waren. Darum glaubten so viele Leute an Verschwörungstheorien. Diese halfen, mit dem Chaos umzugehen. Sie schufen eine scheinbare Ordnung.

Cooper arbeitete unbeirrt weiter, vertiefte sich in alle Akten, jeden Bericht, jede Wendung, die der Fall nahm.

Immer noch bezweifelte sie, der Sache gewachsen zu sein. Ada war da anderer Ansicht.

Aber gut – wer wusste das schon?

Ada war klar, dass Cooper sich der Herausforderung gewachsen zeigen musste. Sie hatte noch keine eindeutige Funktion, und die Mittel, die sie benötigte, bekam sie von der örtlichen Polizei, die im Gegenzug eine Kompensation erhielt. Wenn es ihr nicht gelänge, etwas aufzudecken, wäre sie bloß eine Tierärztin, die sich übernommen hatte.

Ada dachte an ihren Freund.

Ada wäre gern heimgekehrt. Sie wäre gern wieder in ihrem Büro. Sie sehnte sich nach Take-aways, nach Menschen, nach Leben, sie sehnte sich sogar nach einer Familie.

Im Wald bewegte sich etwas. Sie fuhr herum, wobei Asche von der Zigarette rieselte, und packte das Lenkrad.

Da war jemand. Sie hatte eine Gestalt gesehen, einen Schemen, der sich schnell und fast tanzend bewegte.

Das Pfefferspray in der Hand, stieg sie aus dem Auto. Sie starrte in den Wald, holte schließlich ihre Taschenlampe hervor und richtete den Lichtstrahl ins Dunkel.

Niemand zu sehen.

Als man das Gebiet Stunden später durchkämmte, fand man nichts außer Tierfährten.

ZWEI WOCHEN SPÄTER

46

»Als Kind hatte ich mehrfach einen schlimmen Traum. Er gehört zu den wenigen Träumen, die sich wiederholt haben, und trotzdem kann ich mich nur bruchstückhaft daran erinnern.

Damals konnte ich ihn zunächst nicht einordnen. So, wie alles aussah, in meinem Traum, denke ich … Da war dieser Ort, ein finsteres Gebäude auf einem Hügel. Es war schmutzig.

In dem Traum fuhr ich mit deiner Oma durch die Stadt – auf der Rückfahrt von einem Freund, manchmal auch vom Strand. Es war dunkel und kalt – unwirklich kalt. Der Wind warf die Ständer vor den Zeitungsläden um, wirbelte Speisekarten durch die Straßen, riss sogar Leute um, die mit ihrem Hund Gassi gingen, es war fast absurd. Ich wollte dann immer das Meer betrachten, konnte es aber nirgends entdecken. Da war bloß dieser Krach. Es war eine Stadt wie Ilmarsh, nur größer und in besserem Zustand, nehme ich an. Wir saßen im Auto und sahen das finstere Gebäude … eine Ruine, die vor uns auf dem Hügel thronte. Ich konn-

te nur ein paar Buchstaben erkennen – große, schmutzig-
weiße Buchstaben mit Lücken dazwischen. Das Gebäude
war hoch. Und ich war nicht ich selbst.«
Er kratzte sich am Kopf.
»Wenn ich dieses Gebäude sah, dann …«

≠

Dann käme es zu einem Autounfall.
Dann würde ich erwachen.
Dann wäre ich wieder ich selbst.
Dann wärst du nie geboren worden.
Dann wäre ich wieder ich selbst.
Und die ganze Welt ein Traum.

47

Nachdem Alec Nichols im Krankenhaus erwacht war,
konnte er zunächst nur ein Augenlid bewegen. Deshalb
erschien niemand.

Sein Herz brauchte länger, um wieder normal zu schlagen. Er hatte nie gut zwinkern können – es hatte immer
gewirkt wie eine nervöse Zuckung.

So war es wohl auch jetzt.

Niemand erschien, und er dämmerte wieder ein.

Er hatte wochenlang von Häusern und Haar geträumt.
Von den letzten Tagen seiner Ehe.

In diesen Träumen kroch er in sein Bett.

Selbst in der Vergangenheit, sogar mit Einschlafmusik – den Geräuschen des Regens oder Windes oder der Vögel, die ihn in den Schlaf zwitschern wollten – kam er nicht zur Ruhe. Seine Frau dagegen schon. Er spielte Löffelchen, mal an ihrem kalten Rücken, mal an ihrem Bauch. Er schlang einen Arm um sie und versuchte dann, den anderen Arm so hinzulegen, dass er nicht einschlief.

Manchmal war er allein, dann rollte er sich herum, weil er über ihr Haar streichen wollte, vergeblich. Die Bettlaken waren zerwühlt. Im Schummerlicht der Lampe, die im Flur brannte, konnte er kaum etwas sehen. Das Licht fiel unter der Tür hindurch, und als er einen Arm reckte, ging es mit einem Klicken aus.

Er ertastete Haare, die sich im Dunkeln grob und starr anfühlten.

Fast wie die eines Pferdeschweifes.

Es waren die Haare seiner Frau und doch nicht ihre Haare. Er wollte sie streicheln, aber in der Kälte ertönte ein Piepen. Die Jahre verstrichen, doch die Erinnerung blieb. Er verlor sich in der Zeit, als Elizabeth noch gelebt hatte.

Sie hatten die Perücke gemeinsam gekauft, am Tag nach ihrer Diagnose.

So machte man das, man machte sich auf das Schlimmste gefasst.

Er fand es unheimlich, dass sie aus echten, gespendeten Haaren bestand. Aber das hatte sie sich gewünscht. Sie wollte, dass es sich echt anfühlte, wenn sie an ihren

Kopf fasste, und für sie war es ein Trost gewesen, dass ihr auch in diesem Punkt jemand geholfen hatte.

Denn ihr stand eine schwere Zeit bevor, nicht wahr? Das hatte sie immer wieder gesagt.

Sie wollte nicht in Vergessenheit geraten. Davor fürchtete sie sich am meisten.

Sie hatte gewusst, dass es unweigerlich jedem so erging.

Sie hatte nicht sterben wollen, das hatte sie ihm gestanden.

Er hatte versprochen, dass sie es gemeinsam durchstehen würden.

Seine Hände wussten noch, wie sich die Haare angefühlt hatten, und er hatte den Duft dieser fremden Haare selbst dann noch in der Nase, nachdem er wieder ganz zum Leben erwacht war, als sein Augenlid zuckte.

Er kam zu sich.

Er war nicht er selbst. War nie er selbst gewesen.

Sein Augenlid zuckte hin und wieder.

Und er würde stets den Duft der Haare in der Nase haben.

Er konnte sie spüren, während er im Dunkeln im Bett lag. Ein wirrer Haufen auf dem Acker einer fernen Farm.

Die Welt war ein Albtraum. In seinem Zimmer summten Apparate. Ärzte traten ein. Sie bewegten die Lippen, und Alec merkte in seiner Verwirrung, dass er kein Wort hervorbrachte. Er hatte Schläuche in der Nase, im Hals. Seine geschwollenen Arme waren von Brandwunden und Narben übersät.

Offenbar hatte sein Herz aufgehört zu schlagen. Fremde hatten ihn wiederbelebt. Und seine Frau war lange tot.

Als man die Schläuche aus seiner Brust zog, musste er weinen, aber nicht vor Entsetzen oder Angst, nichts deutete darauf hin, dass seine Tränen echter Trauer entsprangen.

Es war nur Wasser. Es war nur Haut.

Sein Körper wäre nie wieder der alte. Er bekam keine Luft.

Es waren nur Pferde.

Er dachte an die Zahl. Versuchte, sich ihre Namen in Erinnerung zu rufen.

»Wir würden gern eine Therapie für Sie vereinbaren.«

Der Arzt stand neben seinem Bett. Es war Zeit verstrichen; Alec wusste nicht, welcher Tag war.

»Laut Ihrer Personalakte waren Sie vor einigen Jahren wegen Depressionen bei einem Dr. Tillman in Behandlung. Ich würde dieses Mal eine kognitive Verhaltenstherapie vorschlagen. Ein Nahtod-Trauma, der Verlust eines Angehörigen, all das fordert seinen Tribut, aber …«

Was redete der Mann?

»Sie könnten negative Erfahrungen besser einordnen«, sagte der Arzt. »Das wäre nützlich. Dann könnten wir eventuell auf eine Medikation verzichten.«

Alecs Augenlider zuckten immer noch.

Er versuchte, sich aufzurichten, woraufhin der Arzt seinen Blick abwandte, als wäre es etwas Intimes, etwas Peinliches.

Alec schluckte, seine Kehle fühlte sich rau an. Er rang sich ein paar Worte ab. »Was habe ich denn?«

Der Arzt starrte ihn an. »Ihre Diagnose ist nach wie vor dieselbe.«

»Welche Diagnose? Ich weiß nicht …«

»Sie erinnern sich nicht? Wir haben darüber gesprochen.« Der Arzt runzelte die Stirn. »Das ist kein gutes Zeichen.«

Alec versuchte, sich zu erinnern. Er bemühte sich, aber dieser Mann … dieser …

Draußen begann es zu dämmern. Wie viele Tage hatte er verloren?

»Mein Sohn … Wo ist Simon? Wo ist mein Sohn?«

DIE PFERDE

Nr. 1: Pony. Palomino.
Ort: Reithof Elton
Halterin: Tessa Knowles (17)

Nr. 2: Pferd. Schecke.
Ort: Reithof Elton
Halter: Charles und Louise Elton (71 und 65)

Nr. 3: Pferd. Schwarzbrauner.
Ort: Reithof Elton
Halter: Charles und Louise Elton (71 und 65)

Nr. 4: Pferd. Clydesdale. Falbe.
Ort: Reithof Elton
Halter: Charles und Louise Elton (71 und 65)

Nr. 5: Pferd. Brauner.
Ort: Reithof Elton
Halter: Leanne Hook (29)

Nr. 6: Pferd. Rappe.
Ort: Reithof Elton
Halter: Eric Brown (24)

Nr. 7: Pferd. Dunkelfuchs.
Ort: Reithof Elton
Halter: Jordan Hill (43)

Nr. 8: Pferd. Brauner.
Ort: Joe's Tyres
Halter: Michael Stafford (43)

Nr. 9: Pferd. Mausfalbe.
Ort: Smythe Bay, Weide
Halter: Nicolette Jones (32)

Nr. 10: Pferd. Isländer-Fuchs.
Ort: Homestead Farm
Halter: Henry Schaffer (58)

Nr. 11: Pferd. Vollblut. Schwarzbrauner.
Ort: The Grove
Halter: Joanne Marsh (63)

Nr. 12: Pferd. Vollblut. Mausfalbe.
Ort: The Grove
Halter: Joanne Marsh (63)

Nr. 13: Pferd. Araber. Rappe.

Ort: The Grove

Halter: Joanne Marsh (63)

Nr. 14: Shetlandpony. Rappe.

Ort: The Grove

Halter: Joanne Marsh (63)

Nr. 15: Pferd. Fuchs.

Ort: ?

Halter: ?

Nr. 16: Pferd. Brauner.

Ort: ?

Halter: ?

TAG VIERUNDZWANZIG

48

»Vor drei Wochen, am 8. November, gegen 05:10 Uhr, wurden auf dem Feld einer Farm am Stadtrand von Ilmarsh die teils in den Boden gebetteten Überreste von sechzehn Pferden entdeckt.«

Rings um den Sprecher blitzten Kameras auf. Seine Stirn legte sich in Falten. Er saß vor den versammelten Journalisten und bewegte hektisch den Kopf hin und her. Vor ihm stand eine Phalanx von Mikrophonen. Im Zelt war es zu warm.

»Wie eine erste Untersuchung der Überreste ergab, ist von mehreren Tatbeteiligten auszugehen. Fast jeder, der sich am Fundort aufhielt, ist erkrankt. In der Folge waren drei Todesfälle zu beklagen, darunter der Farmer. Einige Personen sind noch in kritischem Zustand, darunter drei Polizeibeamte und ein Verbindungsmann des Gesundheitsministeriums. Alle anderen Personen, die die Well Farm während der letzten Tage aufgesucht haben, stehen vorsichtshalber unter Beobachtung. Berichte, laut denen Anthrax-Erreger im Erdboden entdeckt wurden, kann ich bestätigen, aber ihr Auftreten ist auf einen Ort begrenzt. Der Vorfall wird als schwerwiegend eingestuft.«

Die im Zelt versammelten Journalisten hörten zu. Sie befanden sich eine halbe Meile von der Straßensperre entfernt.

»Man geht davon aus, dass die Pferde am siebten November getötet wurden, vermutlich während der Feier anlässlich der Bonfire Night oder kurz danach. Wir bitten alle, die an dem Abend etwas Ungewöhnliches bemerkt haben, um Hinweise, vor allem, was die Umgebung von Lynndale betrifft.«

Im Zelt trat kurz Stille ein. Man hörte nur Kameras klacken und Stifte kratzen.

»Die Stadt steht unter Quarantäne. Dieser Beschluss erfolgte im Rahmen der umfassenden Dekontaminierungsmaßnahmen, die unsere Regierung angeordnet hat. Da wir jetzt die Gewissheit haben, dass für die öffentliche Gesundheit keine Gefahr mehr besteht, endet die Quarantäne mit dem morgigen Tag. Wir bitten die Bevölkerung jedoch, wachsam zu bleiben.«

Hinter ihm erschienen Details auf einem Bildschirm.

»Ich danke Ihnen. Ich werde nun zwei, drei Fragen beantworten.«

49

Der Meuchelmord an einem Ort, an den dort lebenden zweitausend Seelen, setzte sich fort.

In der Vorweihnachtszeit bestellte man Schokolade in Pferdegestalt, Feuerwerkskörper und Futterspritzen, die man für Cocktails mit dem Motto *Seuche* benötigte. Der Drogenhandel kam in Schwung, und Jugendliche huschten mit aufgefrischten Betäubungsmittel-Vorräten aus den Spielhallen. Man ging wieder am Ufer spazieren. Angereiste Paare saßen im Mantel auf Bänken, staunten über das Meer und die kürzlichen Vorfälle. In den Straßen häufte sich immer mehr Asche.

Eines Tages stellte man fest, dass die Straßenreinigung aufgrund eines vertraglichen Missverständnisses ausblieb. Außerdem gab es aus rätselhaften Gründen mehr Müll, obwohl sich weniger Menschen draußen aufhielten. Halb geleerte Dosen und Flaschen standen herum wie winzige Grabsteine, als hätten sich ihre Konsumenten in Luft aufgelöst.

Eines Tages sackte jemand auf dem Marktplatz vor einer Tür zusammen und saß im Schneidersitz da, den Schlafsack im Rücken. Die Neonreklamen waren ausgeschaltet. Möwen hatten letzte Pommes-frites-Reste erbeutet.

Der Joint klemmte zwischen den spröden Lippen des Mannes, seine Augen waren zu, und er musste das Feuerzeug mehrmals betätigen, bis es brannte, bis er das Gras riechen konnte.

Er inhalierte.

Die Wirkung glich einem Autounfall, einer Umarmung.

Es war, als wäre er wieder zu Hause.

Man fand einen neuen Vertragspartner für die Straßenreinigung, doch die Unterbrechung hatte Folgen. Liegen gebliebene Gifte verbreiteten sich, halb ausgetrunken, halb aufgeraucht, halb ausgekostet.

Auf der Well Farm gab es Fälle von Vandalismus. Leute brachen ein und entwendeten Habseligkeiten der Familie Cole. Make-up von Grace. Rebeccas Fotos. Werkzeuge des Vaters. Irgendjemand trug Rebeccas Klamotten.

Im allgemeinen Entsetzen geriet der Junge in Vergessenheit.

Die Polizei suchte weiter, wie es von amtlicher Seite hieß, aber wer suchte überhaupt noch?

Nach der Beendigung der Quarantäne hatte man die zusätzlichen Beamten abgezogen. Die mit freiwilligen Helfern durchgeführten Suchaktionen wurden eingestellt.

Es ging nicht um ein Kind. Sondern um jemanden, der als labil galt, wenngleich betont wurde, Alecs Sohn sei wahrscheinlich verletzt und brauche Hilfe.

Irgendwann hielten ihn fast alle für tot.

Das Mitgefühl verflog wie ein Fieber. Weihnachten näherte sich mit Riesenschritten.

Cooper hatte sich trotzdem an den Suchaktionen beteiligt.

Sie hatte sich im Freiwilligen-Zentrum eingetragen, war über Marschland und durch Gestrüpp gestiefelt.

Weite Abschnitte des Landes wirkten verwahrlost, viele Häuser und Farmen waren aufgegeben oder verlassen worden.

Sie betrachtete immer wieder den Brief. Die Kopie trug sie in der Hosentasche bei sich.

Früher war ich voller Zorn. Manchmal träumte ich, besser zu sein. Wir töteten, weil wir helfen wollten, und während ich half, spürte ich etwas in mir.

Das Entscheidende war, dass der Verfasser ein moralisches Motiv für sich beanspruchte, ob berechtigt oder nicht. Das wusste Cooper. Der Zorn hatte den Wunsch ausgelöst, besser zu sein, helfen zu wollen, doch irgendein Erwachen schien alles verändert zu haben. Seine Taten hatten zur Folge gehabt, dass er etwas in sich spürte. Cooper war überzeugt, dass der Täter männlichen Geschlechts war, fragte sich aber zugleich, warum. Ob sich das *wir töteten* auf die Hunde und Katzen in den Kisten oder auf die Pferde, vielleicht sogar auf Menschen bezog, war genauso unklar.

Zudem war der Täter das Risiko eingegangen, die Briefe auf der Insel zu platzieren, ein Ritual, das dem Eingraben der Pferdeschädel entsprach.

Er wollte kommunizieren: mit Cooper, indem er Vögel verwendete, mit Alec, indem er dessen Fingerabdrücke benutzte.

Ich habe Feuer entfacht. Ich bin wachsam, und niemand hat mich gesehen, niemand wird mich jemals sehen. Ich habe getan, was ich getan habe, und niemand wusste davon, bis ich es so wollte.

Diese Zeilen waren verständlicher und auch typisch für derlei Briefe. Das pompöse, wichtigtuerische Ego eines Psychopathen war stets auf Anhieb zu erkennen.

Der Hinweis auf Feuer war das interessanteste Detail – während der vergangenen Jahre hatte es nur wenige Fälle von Brandstiftung gegeben, und die Entdeckung des Briefes neben den ausgebrannten Gebäuden auf der Insel war an sich schon vielsagend. Ada und ihre Behörde waren jedoch fest davon überzeugt, dass der Vater die Brände allein gelegt hatte, und da es sich bei den Toten ausschließlich um Familienangehörige handelte, hatte es auch keine Hinweise auf Komplizen gegeben.

Ada nahm Coopers Anrufe immer seltener entgegen und beantwortete die E-Mails zunehmend schleppender.

Cooper fragte sich, ob sie die Frau enttäuschte. Sie holte Luft, las den Brief ein weiteres Mal und beschloss, erst dann weitere E-Mails mit ihren Überlegungen zu schreiben, nachdem sie eine Antwort erhalten hatte.

Ich habe sie wie bei der Tanzpest hüpfen lassen.

Sie recherchierte die Tanzpest. In Europa war sie nach 1300 mehrfach bezeugt. Menschen begannen, spontan zu tanzen, meist mitgerissen von einer Einzelperson, dann stießen immer mehr Leute dazu. Die Menge konnte in die Hunderte gehen, und manche tanzten, bis sie vor Erschöpfung tot umfielen.

Nun erblühe ich.

Ja, lächeln Sie nur.

Sie hätten ihn retten können.

Simon war zuletzt am sechsten November in der Schule gewesen – also am Tag vor der Bonfire Night. Seither war er in Ilmarsh nicht mehr gesehen worden.

Er war achtzehn, fast mit der Schule fertig. Er hatte oft gefehlt.

In seinem Zimmer fand man Poster, Schulhefte, Notizen zu historischen Themen.

Sein Laptop war unauffindbar. Nichts deutete darauf hin, dass er nach dem Unfall noch einmal zu Hause gewesen war, denn man hätte Indizien finden müssen, nicht wahr? Man hätte Blut finden müssen.

50

Im Hausflur von Alec Nichols stand ein Korb mit der matschigen, ungewaschenen Kleidung, die er bei seinem ersten Besuch auf der Well Farm getragen hatte. Im Stoff fand man Spurenmengen des Erregers. Man verbrannte die Kleidung, riss den Teppich heraus, und nach Abschluss der Untersuchung wurde das Haus gereinigt. Einige Nachbarn mussten ihre Häuser vorübergehend verlassen. Alle wurden auf Symptome untersucht.

Die Behörden gelangten zu der Einsicht, dass die Fingerabdrücke auf den Briefhüllen keinen Beweis für Alecs Verstrickung in diesen Fall darstellten, sondern irgendwo abgenommen worden waren. Weitere Erkenntnisse gab es nicht.

Man hatte auf Alecs Esszimmertisch einen Zettel gefunden, Treibgut aus einer anderen Zeit, einem anderen Leben.

Darauf eine Telefonnummer, notiert in seiner Handschrift.

Keiner nahm ab, auch nicht nach mehreren Versuchen.

Trotzdem war unter dieser Nummer mehr als einmal ein Gespräch geführt worden.

Wie die Telefondaten von Simon Nichols' Handy zeigten, hatte er während der letzten vier Monate über zweihundert Mal diese Nummer angerufen.

Unter dieser Nummer war Alecs Sohn wenige Minuten nach dem Unfall angerufen worden.

Seither existierte sie nicht mehr.

Am Tag nach der Entdeckung der Pferde hatte Alec den Schlüsselnotdienst gerufen. Der Schlosser war vernommen worden. Cooper hielt sich auf dem Laufenden, indem sie die Berichte anderer las.

Der Schlosser hatte berichtet, Alec habe geglaubt, jemand wäre in sein Haus eingebrochen, obwohl es keine Indizien dafür gab, sondern nur Abdrücke von Schuhsohlen auf der Treppe, getrockneter Matsch. Als der Schlosser einen Blick auf die Spuren geworfen hatte, waren sie kaum noch zu erkennen gewesen. Und die Schuhe von Alec waren matschig gewesen; er hatte selbst Spuren auf dem Fußboden hinterlassen.

»Er sah übernächtigt aus.«

»Wie meinen Sie das?«, hatte der vernehmende Beamte gefragt.

»Er hatte Ringe unter den Augen, und auf seinem Schreibtisch standen zig halb leere Kaffeetassen. Er war fahrig, lief die ganze Zeit hin und her und schaute aus dem Fenster. Wir haben mit Leuten zu tun, die unsere Dienste brauchen, unachtsame Leute, deren Schlüssel in einen Gully fallen, Frauen, die vor brutalen Ex-Männern fliehen. Und dann gibt es Leute, die uns aus … na ja … anderen Gründen rufen.«

An diesem Punkt hielt er inne und trank einen Schluck Limonade.

»Man begegnet Menschen, die sich nicht sicher fühlen. Die sich vielleicht ihr Leben lang niemals sicher gefühlt haben.«

Er stellte die Dose ab, spielte mit dem Verschluss.

»Und der Mann ist Polizist, verstehen Sie? Wenn er sich nicht sicher fühlt … wer dann?«

Die Farben des Gartens hinter dem Haus sahen auch irgendwie komisch aus – wahrscheinlich war es belanglos, aber Cooper musste trotzdem oft daran denken. Die umliegenden Gärten sahen ähnlich aus. Das Gras war etwas zu grün. Bläuliche Winterblumen hatten einen rötlichen Ton. Gestrüpp und Unkraut, die im Norden seit Jahrzehnten nicht mehr gediehen waren. Sie schickte einem befreundeten Botaniker einige Proben, doch seine Antwort ließ auf sich warten.

Cooper würde die Farben wohl selbst dann noch verstörend finden, wenn die Untersuchung ergebnislos bliebe.

In den Mülltonnen fanden sie normalen Abfall. Alec und sein Sohn schienen von Fertiggerichten und Takeaway-Essen gelebt zu haben, vor allem von Pizza und chinesischen Gerichten. Er hatte viele Dosen und Flaschen in den Restmüll und nicht in die Recycling-Tonne getan.

Ganz unten lagen Spiegelscherben. Auf manchen fand man Alecs getrocknetes Blut. Diese sowie ein Schatten auf einer Flurwand, direkt am Treppenfuß, ließen darauf schließen, dass ein mannshoher Spiegel zerschlagen worden war. Frische Narben auf Alecs rechter Hand wiederum legten nahe, dass er die Scherben ein weiteres Mal mit der Faust zertrümmert hatte.

Auf seinem Computer, gesichert mit dem Passwort *Julia* – befremdlich, wenn man bedachte, dass es in seinem Leben keine Frau dieses Namens gab –, waren weder Hinweise auf strafbares Verhalten noch eine Erklärung für den zerschlagenen Spiegel zu finden. Nur ein paar Online-Dating-Profile mit den dazugehörenden Nachrichten, die jedoch bald abbrachen. Die Beschreibungen, die Alec von sich selbst gepostet hatte, waren immer knapper geworden. Anfangs hatte er italienisches Essen und lange Spaziergänge als Hobbys genannt, Filme und Fernsehserien, die er mochte, ausführlich kommentiert (wie er zugab, war er kein großer Leser), doch im letzten

Profil hatte er nur noch angegeben, Polizeibeamter und Vater eines Sohnes zu sein und eine sympathische Frau zu suchen. Viele Frauen, mit denen er gechattet hatte, wohnten weiter weg. Und die meisten ähnelten sich – schmal, dunkelhaarig, bunte Kleidung.

Als der Botaniker schließlich Zeit für Alecs Gartenpflanzen erübrigen konnte, stellte sich heraus, dass es sich um harmlose Mutationen handelte, die sich über die Jahre entwickelt hatten.

Manchmal schlenderte Cooper durch Alecs Haus. Sie setzte den Wasserkessel auf und sank auf sein Sofa.

Sie las in seiner Akte.

Sein Vater – der seine Frau geschlagen hatte – lebte jetzt in einem sechs Stunden entfernten Pflegeheim, finanziert mit dem Erlös des Verkaufs seines Hauses, teils auch von Alec. Nichts deutete darauf hin, dass Alec ihn je besuchte.

Es gab ein Intermezzo in einem Fast-Track-Programm für die höhere Polizeilaufbahn, aber die Mittel waren gestrichen worden und mit ihnen auch die Stellen. Alec hatte danach ein paar Jahre gebraucht, um im Criminal Investigation Department wieder Fuß zu fassen.

Verhaftungen, aber keine Galerie von Erzganoven, und es gab auch niemanden, der einen Groll gegen Alec hätte hegen können.

Vor seinem Umzug nach Ilmarsh bestand keine Verbindung zu dieser Gegend, zu Kate Babbit, Charles Elton oder Albert Cole.

Alecs Frau war vor einigen Jahren an Krebs gestorben. Im Haus fanden sich Sachen von ihr, obwohl sie hier nie gelebt hatte – eine Kiste auf dem Dachboden, Medikamente, deren Haltbarkeitsdatum abgelaufen war, Dinge, die entweder beim Umzug mitgenommen oder dem Witwer nachgeschickt worden waren. Man fand Antidepressiva und Diätpillen. Diese waren fast unangetastet.

Cooper trank noch einen Schluck Wasser und las weiter über das, was ein Mann verloren hatte.

Das stille Leben, das er mit seinem Sohn geführt hatte. Andere Menschen gab es nicht, nur die Frauen im Internet, mit denen er Nachrichten ausgetauscht hatte, aber diese Accounts waren längst gelöscht.

Auf der Fahrt zum Reithof der Eltons hatte sie ihn gefragt, warum er ausgerechnet nach Ilmarsh gegangen war.

Im Zwielicht des Spätnachmittags auf Alecs Sofa sitzend, schloss sie die Augen, um sich auszuruhen.

Cooper erwachte, als ihr Handy auf dem Tisch vibrierte.

Draußen dämmerte der Abend.

Sie griff nach dem Handy; sie hatte fünf Anrufe verpasst.

Cooper hatte keine Ahnung, was in letzter Zeit mit ihr los war.

Schon verrückt, oder?

Die Straßen … die Strandpromenade … sogar die Leute in der Stadt.

Sie hatte das immer stärkere Gefühl, all das seit langem zu kennen.

51

Die erste Enthauptung vergisst man nie.

Es war eine Mausefalle gewesen. Der zuschnappende Bügel hatte der Maus das Genick gebrochen, und von der Falle war Blut auf den grauen Teppich gelaufen.

Ihre Mutter hatte die Fallen aufgestellt, denn nach Weihnachten hatten sie plötzlich viele Mäuse gehabt, und das Gift hatte nicht gewirkt.

Die elfjährige Cooper hatte die Maus gefunden und sie hinten im Garten begraben dürfen. Dabei hatte sie versehentlich die Wunde am Hals berührt. Eine blutige Flüssigkeit war aus der Schnauze gesickert. Die Maus war tot. Cooper hatte sie lange betrachtet, draußen im Dämmerlicht. Dann hatte sie ein Messer aus der Garage geholt, weil sie das Rückgrat der Maus sehen wollte.

In den folgenden Jahren dachte sie oft daran. Sie war damals noch ein Kind gewesen.

$$\neq$$

Eigentlich hatte sie bei dem Fall nur helfen wollen. Aber dann hatte sie einfach weitergemacht, weil sie schlicht neugierig war.

Gute Besserung.

In ihrer Tasche lag eine Karte für Alec, die sie ihm nie geben würde.

Sie hatte nichts darauf geschrieben.

TAG FÜNFUNDZWANZIG

52

Sie waren im Meer mit der Strömung getrieben.

Nichts blieb für immer verborgen.

Immerhin hatte es aufgeklart. Die Sonne ging auf, am Horizont waren nur die fernen Ruinen aufgegebener, ausgebrannter Ölplattformen und die im Gleichtakt kreisenden Rotorblätter der in die Jahre gekommenen Windparks zu sehen. Dahinter zeichnete sich die Insel ab.

Cooper war nicht allein.

Der grobkörnige Sand des Strandes war über weite Strecken mit angespültem Seetang bedeckt. Eine Krabbe huschte über die Felsen. Sie hätte sich bestimmt verkrochen, wenn Cooper nähergekommen wäre. Auf der Ufermauer hatten sich Möwen versammelt, die immer wieder aufstiegen und auf Beutejagd ins Wasser schossen.

Es wehte eine steife, kalte Brise. Das Meer brach sich am Ufer und flutete zurück, die Gezeiten kamen und gingen.

»Wie viele sind es?«, fragte Cooper. Es war 07:15 Uhr. Sie trug einen dicken, grünen Mantel, den sie für die kälteren

Tage mitgenommen hatte, und hielt einen Mehrweg-Kaffeebecher in der linken Hand. Sie hatte Kopfschmerzen, ihr Schädel platzte fast.

»Sie wurden von jemandem entdeckt, der seinen Hund ausgeführt hat«, sagte der Inspector.

Offenbar sprach ihn niemand mit *Harry* an. Cooper hatte es probiert, aber es schien ihm zu missfallen.

Er hieß immer nur *Inspector*.

Seine schwarzen Hosenbeine waren voller Sand. Cooper hatte Stiefel angezogen.

Sie spürte die salzige Meeresluft in der Kehle.

»Das war vor ein, zwei Stunden. Der Hund trug ein Leuchthalsband. Er ist direkt darauf zugerannt. Stellen Sie sich mal vor, wie das ausgesehen haben muss – ein tanzendes, grünes Leuchten im Dunkeln. Verrückt, oder?«

»Wieso verrückt?«

»Bitte?« Er drehte sich zu ihr um.

»Wieso ist das verrückt?«

Er gab keine Antwort, schüttelte nur den Kopf und ging weiter. Schließlich antwortete er: »Es sind zwei. Mehr haben wir jedenfalls noch nicht entdeckt.«

Sie setzten ihren Weg am Strand fort. Sie konnte keine Kadaver sehen, noch nicht.

»Sie stinken«, sagte er. »Einen solchen Gestank habe ich nicht erwartet.«

Wochenlang waren sie im Wasser gewesen, von den Strömungen hin und her geworfen worden. Fische hatten das Fell angefressen, und nachdem sie ans Ufer gespült worden waren, hatten Vögel an ihnen herumgepickt.

»Da sind sie«, sagte er.

Sie hockte sich neben einen Kadaver. Kopf und Schweif fehlten, die langen Beine lagen krumm im Sand. Der verwesende Körper war aufgedunsen und zerfressen, das Fell hatte sich stellenweise abgelöst. Der zweite Kadaver sah ganz ähnlich aus, sein langer, fleischiger Halsstumpf ragte ins Nichts.

Später würde Cooper die Kadaver in der Halle untersuchen, in dem sie die sechzehn abgetrennten Köpfe unter die Lupe genommen hatte. Und ihre Vermutung sollte sich erhärten.

Diese zwei sonderbaren Kadaver, diese ausgebluteten Leviathane aus den Tiefen des Meeres, gehörten zu den Köpfen, die man auf einem Feld der Well Farm in die Erde gebettet hatte. Im Laufe der nächsten paar Tage sollten drei weitere Kadaver auftauchen. Mehr wurden nie gefunden.

Mit einem Geschöpf, das kein Mensch ist, kann man nach Belieben verfahren.

Sie trieben lange in den finsteren Wassern, ihr Fleisch wurde zu Nahrung.

Die Nahrung wurde zu Leben.

Und das Leben verwandelte sich in Tod.

Nach einigen Stunden fuhr ein Lkw auf den Strand, und die Kadaver wurden aufgeladen.

Hundert Meter entfernt beobachtete ein Mann das Geschehen.

Beim Bingo wurde die elf ausgerufen.

»Er ist wieder stabil.«

»Bitte?« Cooper wandte sich um. »Wer?«

»Alec – er ist seit einigen Stunden bei Bewusstsein. Scheint sich langsam zu erholen.« Der Inspector zögerte. »Sie möchten sicher mit ihm reden, nicht wahr?«

Sie sah dem abfahrenden Lkw nach und antwortete nicht.

»Er wurde heute Morgen vernommen«, sagte er. »Man hat ihn ausführlich zu seinen Mülltonnen befragt. Und zu seinem Umgang mit seinem Sohn.« Er drehte sich zu ihr um. »Falls Sie einen gewissen Einfluss auf ihn haben …« Er seufzte. »Ich weiß nicht …«

Cooper blieb weiter stumm.

»Er wird bald trauern. So viel steht fest.« Der Inspector kratzte sich am Arm. »Und Sie wissen so gut wie ich, dass er mit der ganzen Sache nichts zu tun hat. Rein gar nichts.« Er zog eine Grimasse. »Darauf hatten Sie sich doch eingeschossen, oder? Deshalb haben Sie wiederholt sein Haus aufgesucht. Darum …« Er schien sich zu besinnen und verkniff sich die Worte.

»Sind Sie Simon je begegnet, Harry?«

Diese Frage schien den Inspector zu überraschen. »Einige Male, ja.« Er schwieg kurz. »Und Sie?«

Cooper schüttelte den Kopf. »Ich kenne Alec erst seit kurzem.«

Die Sonne setzte ihren Aufstieg über der Bucht fort.

»Ich auch«, sagte der Inspector und wandte sich dem Meer zu.

≠

Das weite, graue Meer hatte seinen Zauber verloren. Cooper hatte früher mit ihrer Schwester gewetteifert, wer das Meer zuerst aus dem Auto sah. Sie schwammen zu Felsen hinaus, sie erkundeten jeden Teich und jede Höhle, die sie fanden. Ihre kleine Schwester hatte mitgemacht, denn sie wollte wie Cooper sein, wollte gemocht werden. Die große Schwester redete sich ein, dies erst Jahre später begriffen zu haben. Natürlich möchte man bewundert und nachgeahmt werden. Sogar angeblich unschuldige Kinder sind nicht frei von derlei Bedürfnissen. Jeder sucht Anschluss an etwas Überlegenes.

Wenn Cooper nach ihrem Studium ans Meer fuhr, erwachte ihre Nostalgie. Es war, als würde sie einen alten Film gucken, aber dann fiel ihr ein, welche Person sie damals gewesen war, und sie hakte es ab.

Sie war ungern im Wasser. Das war's.

Sie wusste nicht mehr, wann sie zuletzt Urlaub gemacht hatte.

»Seien Sie nett zu ihm«, sagte der Inspector. »Wenn Sie ihn besuchen, meine ich. Er ist noch nicht ganz er selbst.«

»Und wer ist er?«

Ohne einen Abschiedsgruß gingen sie auseinander.

DIE SUCHE NACH DEM VERMISSTEN ACHTZEHNJÄHRIGEN SIMON NICHOLS WURDE NACH DER VIERZEHNTEN NACHT ABGEBROCHEN.

Der Junge, Sohn von Detective Sergeant Alec Nichols, der im sogenannten Fall der sechzehn Pferde ermittelte, gilt seit dem Autounfall seines Vaters als vermisst.

»Diese Phase der Ermittlungen ist abgeschlossen, aber wir gehen mehreren vielversprechenden Spuren nach«, erklärte Inspector Harry Morgan den versammelten Pressevertretern.

»Wir bitten alle Personen, die uns Hinweise auf Simons Verbleib geben können, sich bei uns zu melden.«

53

Alec schaute die Berichterstattung im Fernsehen. Er sah alle Beiträge der letzten Wochen, die er finden konnte. Berichte in den Nachrichtensendungen über die Katastrophe von Ilmarsh, die Quarantäne, die Straßensperren und Schutzmasken. Er sah die Boote aufs Meer hinausfahren.

Die Luft in seinem Krankenzimmer war stickig.

Bei der Pressekonferenz hatten Journalisten wissen wollen, warum es mit den Infizierten so rasch bergab gegangen war, wieso sich die Symptome so dramatisch entwickelt hatten. Sie fragten, ob es sich um einen neuen Erreger handelte – ob Menschen gefährdet waren.

Angesichts dieser Katastrophe war sein Sohn sehr bald in den Hintergrund gerückt.

Die Ärzte hatten Alec erklärt, er sei während der vergangenen Wochen mehrmals zu sich gekommen. Man habe stets versucht, ihm zu vermitteln, was mit ihm geschehen sei, doch er habe jedes Mal alles vergessen.

Er setzte sich im Bett aufrecht hin. Vor einigen Tagen war er aus der Quarantäne-Station hierher verlegt worden. Die anderen vier Betten waren leer, das Licht im Zimmer war unnatürlich. Der wochenlange Krankenhausaufenthalt hatte ihn geschwächt, dazu die Krankheit, die seinen Körper stark mitgenommen hatte, und natürlich die Blessuren, die er beim Unfall davongetragen hatte. Alec lief noch nicht oft herum, wollte aber unbedingt selbst zur Toilette gehen. Anfangs hatte man ihn gestützt.

Der Laptop wurde auf einem Tablett gebracht. Das war ihm zunächst nicht weiter ungewöhnlich vorgekommen.

»Wir haben versucht, Freunde ausfindig zu machen, die bei der Suche helfen können. Aber wir mussten leider feststellen, dass Ihr Sohn kaum Freunde hat. Er ist zwar durchaus beliebt, steht aber niemandem besonders nahe.«

Die Beamten hatten sich um Alecs Bett versammelt. Es war ihr dritter Versuch. Er konnte die Lippen kaum bewegen.

»Ihr Sohn hatte doch sicher keinen Anlass, wegzulaufen, oder?«

»Bitte?« Alec versuchte vergeblich, sich im Bett aufzurichten.

»Wir haben Spiegelscherben in der Mülltonne hinter Ihrem Haus gefunden. Wir …«

»Ja, und? Spielt das eine Rolle?«

Sie starrten ihn an. »Wie ist der Spiegel kaputtgegangen?«

»Wen interessiert der beschissene Spiegel?«

»Wir haben Blut auf den Scherben entdeckt. Wieso?«

Alecs Nasenflügel blähten sich, das Atmen fiel ihm schwer. Er hatte versucht, sich zu zügeln. »Wer leitet die Ermittlungen?«, wollte er wissen.

»Welche Ermittlungen meinen Sie?«

»Wer leitet die Suche nach meinem Sohn?«

Bald darauf erhielt Alec die Antwort. Man suchte nicht mehr nach seinem Sohn.

Während der zweiwöchigen Quarantäne war man nicht viel weitergekommen. Im Auto und im Umkreis fand man weder Hinweise noch Spuren.

Auch keine Leiche.

Als er schließlich ein Foto des Unfallortes in die Hände bekam, sah er, dass Simons Airbag ausgelöst worden war. Er las den Bericht: Anhand des Unfallortes ließ sich rekonstruieren, dass er nach der Kollision mit dem Tier die Kontrolle über das Fahrzeug verloren hatte, auch weil er durch die Infektion schon geschwächt gewesen war. Eine echte Katastrophe.

Im Auto fand man Blut von Simon, wenn auch in geringer Menge, was nahelegte, dass er keine tödlichen Verletzungen davongetragen hatte.

265

In den Wald führende Spuren wurden nicht entdeckt, trotzdem war der Junge womöglich dorthin gelaufen, oder auf die Straße.

Doch der verletzte Junge hätte den weiten Weg zur Stadt nicht auf der Straße zurücklegen können, ohne von der Polizei, die zur Unfallstelle unterwegs war, entdeckt zu werden.

Und warum hatte er nicht nach seinem Vater gesucht? Sein Verschwinden blieb ein Rätsel.

Was hatte sich also zugetragen?

Irgendjemand musste Simon aufgelesen haben, bevor die Rettungskräfte eingetroffen waren.

Weiter kam Alec nicht. Mehr fiel ihm dazu nicht ein.

Er fragte sich, warum niemand sich das vorstellen konnte, warum niemand sich so sicher war wie er.

In keinem Bericht, keinem Dokument, keinem Fernsehbericht wurde eine Entführung in Betracht gezogen.

54

Vielleicht, dachte Alec, bezweifelte man, dass sein Sohn im Auto gesessen hatte. Vielleicht glaubte man, der vermisste Junge wäre nicht mit seinem Vater unterwegs gewesen.

Er musste mit einem Freund reden.

Am besten mit George. Es wollte ihm nicht in den Kopf, dass George für diesen Fall nicht zuständig war.

Er wusste nicht, warum und wieso man eine so schlechte Meinung von ihm hatte – sie kannten ihn ja gar nicht.

Er hatte immer nur versucht, das Richtige zu tun.

TAG SECHSUNDZWANZIG

55

Vor dem dunklen, heruntergekommenen Bahnhof stand eine große Plakatwand mit einer Botschaft an all jene, die von Quarantäne und Straßensperrungen ferngehalten worden waren: *Willkommen zu Hause*.

Doch die Heimkehrer blieben aus.

Stattdessen hatten die Menschen ihre Stadt verlassen, nachdem anfangs einige unverdrossene Katastrophen-Touristen erschienen waren. Restaurants, die jahrzehntelang bestanden hatten, wurden dichtgemacht. Die Alten in den Pflegeheimen blieben allein zurück und bekamen keinen Besuch mehr.

Louise Elton wurde schließlich bei ihrem Schwiegersohn auf der mehr als hundert Meilen entfernten Isle of Man aufgespürt. Sie gab an, von den Umtrieben ihres Mannes nichts gewusst zu haben; die pädophilen Neigungen, die zu der Erpressung geführt hatten, habe er verheimlicht.

Cooper hatte Abschriften der Vernehmung gelesen, während sie darauf wartete, von Ada auf den neuesten Stand gebracht zu werden.

»Bitte … lassen Sie uns in Frieden«, hatte die Reithofbesitzerin gefleht.

Ihre Unwissenheit war natürlich geheuchelt, aber Louise hatte einen exzellenten Anwalt, und es gab keine konkreten Beweise dafür, dass sie tiefer verstrickt gewesen wäre, nichts, was ihre sofortige Heimkehr erfordert hätte.

Die wenigen Polizeibeamten, die in Ilmarsh geblieben waren, mussten jedes Kind vernehmen, das während der letzten paar Jahre bei den Eltons Reitunterricht genommen hatte. Auf der Festplatte von Charles Elton fand man keine Fotos der Reitschüler; die Dateien hatte er von anderen Usern erhalten.

Beweise dafür, dass er persönlich Missbrauch verübt hatte, gab es nicht, und es sollte sie auch nie geben.

Cooper war zugegen, als die Polizeibeamten mit einer kleinen Gruppe Jugendlicher sprachen, alle zwischen fünfzehn und achtzehn. Sie hatte um die Erlaubnis kämpfen müssen, denn ihre Fachkenntnisse galten jetzt nicht mehr viel.

Sie erkundigte sich nach zwei Personen, zeigte den Jugendlichen Fotos, versorgte sie mit Hintergrundinformationen.

Simon?

Die Jugendlichen kannten ihn aus der Schule. Er war charismatisch und beliebt, aber niemand stand ihm nahe.

Rebecca?

Den meisten sagte der Name nichts. Nur ein Junge, er hieß Peter, erkannte sie anhand des Fotos. Sie war seine Klassenkameradin gewesen. Er hatte sie in letzter Zeit aber nur einmal gesehen.

»Sie kam zu einer Reitstunde – vor Monaten.« Der Schüler zögerte. »Warum fragen Sie das?«

Rebecca habe glücklich gewirkt, fügte er hinzu. Sie habe wiederkommen wollen, war aber nie mehr erschienen.

Rebecca war noch nie geritten, sondern hatte nur eine Kutschfahrt am Strand unternommen.

56

Am Ufer standen weder Wohnwagen noch Wohnmobile.

Ilmarsh war menschenleer.

Michael hatte alles für sich.

Grauer Himmel. Wellen leckten am Ufer.

Cooper pochte an seine Tür.

·   ≠

»Sie sind also keine Polizistin?«, fragte der Kutscher. Sie saßen auf der Ufermauer und beobachteten das Auf und Ab der Wellen.

»Ich arbeite auf eigene Kappe«, sagte sie.

»Also Privatdetektivin?«

Sie zögerte, dann nickte sie. »Ja, irgendwie schon. Aber nur vorübergehend.«

»Ich wollte immer Detektiv werden«, sagte Michael. »Jedenfalls als Junge. Mein Dad hat behauptet, er wäre einer gewesen – vor meiner Geburt, aber na ja …«

Er bot Cooper Zigaretten an. Nach kurzem Überlegen schüttelte sie den Kopf, und er steckte die Schachtel wieder ein.

»Rauchen Sie nur«, sagte sie. »Mir macht es nichts aus.«

»Sie haben aufgehört. Das wäre unfair.«

Beide schwiegen eine Weile. Im Sand landeten Möwen und beäugten sie.

»Zeigen Sie mir doch mal das Foto.«

Cooper zog Rebeccas Bild aus ihrer Manteltasche.

Er nickte. Ihren Namen kannte er aber nicht. »Sie hat an ihrem Geburtstag eine Kutschfahrt gemacht. Ist lange her. Danach ist sie ein paarmal wiedergekommen. Die erste Fahrt war ein Geschenk, hat sie erzählt.«

»Sie hat im September Geburtstag, also …«

»Nein, nein. Das war im letzten Jahr.«

In der Ferne war ein Boot zu sehen. Die Fischkutter waren weit draußen auf dem Meer und außer Sicht.

»Haben Sie sich mit ihr unterhalten?«, fragte sie. »Ist

schon eine Weile her, ich weiß, aber falls Ihnen etwas einfällt …«

»Warum wollen Sie das wissen? Wer ist die Kleine?«

Cooper kratzte sich am Hinterkopf.

»Ist sie in die Geschehnisse verwickelt? War sie die Täterin?«

»Sie liegt seit einem knappen Monat im Krankenhaus«, sagte Cooper. »Sie erholt sich allmählich.«

»Sie war infiziert?«

Cooper nickte.

Er wandte den Blick ab, sah wieder auf das Foto.

»Sie war glücklich. So glücklich sind meine Kunden selten«, sagte er. »Das hat mir gefallen. Sie wollte Annie streicheln, schien die Sache voll auszukosten. Sie wurde sogar gefilmt. Sie …«

»Von wem?«

»Wie meinen Sie das?«

»Wer hat sie gefilmt?«

Nachdenklich betrachtete er das Foto. »Von einem Mann, glaube ich.«

Cooper zückte ihr Handy und suchte ein Foto von Albert Cole. »Der hier?«

Michael schüttelte den Kopf.

Nach einer Weile fand sie ein Foto von Alec.

Er schüttelte wieder den Kopf.

»Ich schätze, der Typ war Mitte zwanzig.«

Ein Foto von Simon rief erneut ein Kopfschütteln hervor, doch Michael erstarrte. »Der vermisste Junge?«

Cooper nickte.

»Ich hätte was gesagt, wenn ich ihn gesehen hätte.«

»Wo stand der Mann? Wie weit entfernt?«

»Vor dem alten Kino.« Michael gab ihr Rebeccas Foto zurück. »Ich habe das Mädchen gefragt, warum er nicht mitfährt. Sie meinte …«

»Was meinte sie?«

»Weiß auch nicht.« Er wirkte müde. »Kann sein, dass sie sagte, er hätte Schiss vor Pferden.«

»Sie wissen das nicht mehr genau?«

»Nein, liegt ja schon ein Jahr zurück. Und ich würde sein Gesicht wohl nicht wiedererkennen.«

Er holte die Zigaretten doch noch heraus und zündete sich eine an, ging ein paar Schritte zur Seite.

»Dieser Typ … Hat er das getan?«

Das konnte Cooper nicht beantworten.

»Hat er die Tiere verstümmelt?«

Sie nickte.

»Ich habe überlegt, von hier zu verschwinden.« Er wandte sich wieder dem Wasser zu, der Rauch kräuselte sich. »Ich wurde immer von allen verlassen und hätte nie gedacht, auch mal die Biege machen zu wollen.«

Michael schnippte Asche in den Sand.

»Diese Stadt … war klar, dass hier irgendwann so jemand auftaucht.« Seine Stimme wurde schwächer, er hustete.

»Wen meinen Sie?«

»Niemand will bleiben«, fuhr er unbeirrt fort. »In zehn, vielleicht schon in fünf Jahren wird Ilmarsh eine Geisterstadt sein. Würde mich nicht überraschen, wenn das alles wäre, was uns ausmacht – unter dem Strich. Die Gewalt, die wir gegen andere ausüben. Und gegen uns selbst.«

Ein langes Schweigen trat ein.

Bingo! Dreiundsiebzig! Höher geht's nich'!

Darüber musste Michael lachen. Cooper, die ihm nicht folgen konnte, blieb ernst.

»Irgendwann sind wir alle hinüber. Die menschliche Entwicklung … die wird eines Tages am Ende sein, und dann sind wir alle hinüber. Dann wird es so sein, als hätte es uns nie gegeben. Wie vor unserer Geburt. Dann ist Schicht im Schacht.«

Nach einer Weile stand er auf und ging in seinen Wohnwagen.

Cooper blieb auf der Ufermauer sitzen und sah aufs Meer.

Schließlich kam Michael zurück. Er hatte sich umgezogen und ging am Ufer in Richtung Pub. Auch jetzt sagte er nicht auf Wiedersehen.

Ihr Handy brummte wieder.

Eine Nachricht vom Krankenhaus. Man wunderte sich über ihr Ausbleiben, ob sie am nächsten Tag kommen wolle.

Ja, schrieb Cooper zurück. *Früher Nachmittag*.

Dann kehrte sie in ihr Hotelzimmer zurück.

57

Frank saß allein im Büro der Tierklinik. Der Halloween-Schmuck war in einer Kiste verstaut worden, die hinten auf dem Tisch stand. Dreckige Becher flankierten die Spüle. *Verrückt nach Tier* war mit schwarzem Marker auf einen weißen Becher geschrieben worden.

Die Polizei hatte alles durchsucht. Die Betäubungsmittel waren konfisziert worden; weil Kate Ketamin abgezweigt, Drähte entwendet und willkürlich Betäubungsmittel verabreicht hatte, drohten Ermittlungen.

Er ging und verschloss die Tür.

Ihre Patienten waren zum Tierarzt in der nächsten Stadt abgewandert. Sie hatten es nur noch mit Notfällen zu tun, und selbst deren Zahl war rückläufig.

Menschen, die er sein Leben lang gekannt hatte, mieden ihn auf der Straße.

Sein Vater hatte diese Tierklinik gegründet.

Er machte sich auf den Weg zum Fluss.

$$\neq$$

Der Leiter der Tierklinik liebte das Schöne auf der Welt.

Er beobachtete Vögel. Er liebte diese bestimmte Stelle am Fluss, war schon als Junge hierhergekommen. Damals hatte es Schwäne gegeben, doch seit geraumer Zeit hatte er keine mehr gesehen. Nur Enten.

Frank stellte sich vor, dass jeder, der sich an diesen Ort begeben hatte, einen Teil von sich selbst im Wasser und im Erdboden zurückgelassen hatte. Zeugnisse des Lebens. Weises Geflüster. Ansammlungen von Stimmen, ein Nachhall von Bedeutungen, einer Menschenmaschine gleichend, Geschichte, in einem Glas eingefangen.

Krieger, die vor tausend Jahren am Strand von ihren Schiffen gesprungen waren, die Gesichter voller Salz und Gischt.

Männer des Königs, Klöster plündernd, um den Einfluss des europäischen Festlands einzudämmen, damit die Treue ausschließlich der Krone galt.

Flugzeuge eines fernen Landes, die Bomben abwarfen.

Der Fluss Sedge entspringt achtzig Meilen westlich von Ilmarsh in den Hügeln und fließt durch die Stadt, mündet jedoch etwas weiter südlich in eine andere Bucht, obwohl er zuvor schon dicht am Meer verläuft.

Der Sedge bahnt sich unaufhaltsam seinen Weg durch das Land.

Die Nordmänner nannten ihn Garsecg, Speer-Mann. Der Fluss hat die Gestalt eines Dreizacks; er spaltet sich bald nach der Quelle in drei Arme. Zwei versickern im Nichts, der mittlere folgt seinem Bett bis zur Mündung.

Die Tudors nannten den Fluss Sedg oder Sedge oder auch Sege. Sie nahmen es nicht so genau.

Die Luftwaffe benannte ihn gar nicht.

Der Tierarzt blieb noch eine Weile sitzen und überlegte, ob sich seine Gedanken gelohnt hatten. Manchmal wusste er mit dem, was ihm durch den Kopf ging, nichts anzufangen. Dann waren ihm seine Gedanken peinlich, dann errötete er.

Er folgte dem gewundenen Pfad. Durch eine Lücke zwischen den Wolken sickerte Licht, das auf ein paar schwankenden Zweigen tanzte.

Frank erwog, sie anzurufen, zu ihr zu gehen.

Er war verliebt.

Teil drei:

GEBURT EINES LÄCHELNS

TAG SIEBENUNDZWANZIG

58

Wenn Alec träumte, dann davon, wie sein Sohn die Möbel im Wohnzimmer mit Heftklammern schmückte, während seine Frau Spaghetti kochte. Er träumte von Streit, von Enttäuschungen. Er träumte, dass er seinen Sohn von der Großmutter abholte, der Mutter seiner Frau.

Er konnte sich noch an das erste Weihnachten ohne seine Frau erinnern. Er hatte sich einsam gefühlt. Simon auch. Hier, auf dem Land, war ein Auto ein Muss. Als Simon alt genug gewesen war, hatte Alec ihm Fahrstunden zu Weihnachten geschenkt, aber der Junge war bei der Prüfung durchgefallen. Kein Wunder, denn er hatte sich keine Mühe gegeben, die Sache nie ernst genommen, vielleicht, weil der Führerschein ein Geschenk gewesen war, noch dazu von seinem Vater. Alec hatte ihm oft gesagt, dass er ihn liebe. Und eines Tages erwiderte der Junge, der einst mit Heftklammern gespielt hatte, diese Worte nicht mehr.

Auch davon träumte Alec. Er träumte davon, seinen Sohn loszuwerden.

Als er erwachte, stand Cooper neben ihm.

Anfangs sagte keiner ein Wort. Alec starrte sie an – ihre geröteten, übermüdeten Augen, ihre Hand und den Becher, die sie hielt. Sie stellte ihn auf den Tisch.

»Sie dürfen Kaffee mitbringen?«, krächzte Alec, denn sein Hals war trocken.

»Das ist kein Kaffee.« Sie klang milde.

»Darf ich einen Schluck trinken?«

Die Luft war kühl und roch künstlich, denn sie wurde von der Belüftungsanlage in das Gebäude geleitet.

»Nein«, antwortete sie. »Das möchte ich selbst trinken.«

»Oh.«

Seine Gedanken schweiften ab. Er musste daran denken, wie er über die Felder gestiefelt und über den Graben gesprungen war, seine Hose eingesaut hatte.

Er musste daran denken, wie er bei Dunkelheit auf einer Straße unterwegs gewesen war.

»Ich hatte noch keinen Besuch«, sagte er dann. »Außer … außer von Leuten, die mich mit Fragen gelöchert haben.« Er zögerte. »Hatten Sie Besuch?«

»Von Ärzten«, sagte sie knapp.

»Ärzte sind keine Besucher.«

»Ich bin Ärztin. Und ich besuche Sie.« Sie verstummte kurz. »Ich wurde eingeliefert, war aber nicht erkrankt.«

»Ist doch prima«, sagte er und wollte sich aufrichten. »Sie hatten Schwein.«

Sie schwieg.

Er lächelte, und dann fiel es ihm ein. Ihm fiel ein, dass er seit Wochen nicht gelächelt hatte. »Ich hatte nicht …« Alecs Blick verschwamm, als er den Kopf schüttelte, er wusste nicht recht, was er sagen wollte. »Ich habe nicht …«

Ihre Miene wurde freundlicher.

Sie stand auf und goss aus ihrem Becher etwas in das leere Glas, das neben seinem Bett stand. Eine rote Flüssigkeit. »Hier, trinken Sie.«

Alec nickte. Sein Arm schmerzte, als er das Glas an die Lippen führte. Er hatte kurz geglaubt, es wäre Alkohol, weil Cooper ihm nichts hatte abgeben wollen.

Stattdessen war es Fruchtsaft. Komisch. Er hatte das Gefühl, als wäre er wieder ein Kind.

Was hatte er denn erwartet? Immerhin war dies ein Krankenhaus. Hier trank niemand Alkohol. Sie durfte nichts dergleichen mitbringen.

Wäre trotzdem schön gewesen. Er hätte einen Schluck gebrauchen können.

Alec kam es so vor, als wäre er nicht er selbst.

»Was ist mit uns geschehen?«, fragte er.

Sie zeigte ihm das Schreiben.

Sie …

Sie hätten ihn retten können.

59

Sie beobachtete ihn, während er las.

Ich habe getan, was ich getan habe, und niemand wuss-te davon, bis ich es so wollte. Ich habe sie wie bei der Tanz-pest hüpfen lassen. Nun erblühe ich.

Er sah vor allem müde aus. Seine Augenlider waren noch verschorft. Er hatte eine frische Narbe auf der Wange. Seine Haare wuchsen nach. Von dem Mann, den sie gekannt hatte, war kaum noch etwas übrig. Sie hatten nur drei Tage zusammengearbeitet, aber sie hatte während der letzten drei Wochen so viel über ihn gelesen, dass er ihr glasklar vor Augen gestanden hatte. Sie hatte ihn my-thologisiert, aber gut, so war sie nun mal.

Und nun lag Alec hier.

Er weinte nicht.

Er zitterte kaum.

Schlaff hielt er das Schreiben in der Hand, als hätte er das Lesen verlernt.

Nach einer gefühlten Ewigkeit begann er zu reden. Er drehte sich langsam zu ihr um, immer noch den Brief in der Hand haltend.

»Man hält Simon für tot, stimmt's?«

Cooper gab keine Antwort.

»Man glaubt, er wäre vom Urheber dieses Schreibens entführt worden.«

Im Flur erklang Lachen. Die Silhouetten der Krankenschwestern glitten hinter der Milchglasscheibe vorbei.

»Warum sind Sie noch in Ilmarsh?«, wollte er wissen.

Hinten im Zimmer blinkte ein Lämpchen.

»Da ist noch etwas« sagte Cooper.

Alec öffnete die Augen. Ihm war nicht bewusst gewesen, dass er sie geschlossen hatte, dass er fast eingedöst wäre. Er würde ab jetzt nie mehr richtig schlafen können. Er hatte erst mit dem Auto verunglücken und sich mit Anthrax infizieren müssen, um die Schlaflosigkeit loszuwerden, und sie – sie brachte ihn wieder um den Schlaf.

»Die Nummer« sagte sie.

Cooper reichte ihm noch einen Zettel.

Er setzte sich aufrecht hin, bevor er darauf schaute.

»Wessen Nummer ist das?« Sie sah ihn an. »Das ist doch Ihre Handschrift, stimmt's?«

»Ja, ich habe sie notiert«, sagte er, nun mit kräftigerer Stimme. »Das haben Sie bei mir zu Hause gefunden, hm?«

Sie nickte.

»Noch mal, Cooper: Warum sind Sie immer noch da? Sie sollten nur … man hatte sie für vier Tage engagiert.«

»Haben Sie genug von mir?« Sie lächelte zaghaft. Zu seiner Überraschung ertappte er sich nun auch bei einem Lächeln. Er mochte ihr Lächeln. Sie war ihm sympathisch.

Als er nichts erwiderte, verflog ihr Lächeln.

»Ihr Sohn hat diese Nummer angerufen«, sagte sie. »Und er wurde umgekehrt angerufen.«

»Und wann?«

»Das ganze letzte Jahr. Hunderte Anrufe.«

Plötzlich wusste er Coopers Blick zu deuten.

Er war nicht nur mitfühlend, nicht nur mitleidig, sondern neugierig.

Sie warf ihm eine um die andere Information hin, weil sie seine Reaktion testen wollte.

»Verschweigen Sie mir auch nichts?«, fragte er, und Cooper schüttelte den Kopf, doch es fiel ihm auf.

Das kurze Zaudern.

Der flackernde Blick.

»Ich habe die Telefonnummer an dem Tag, als die Pferdeköpfe entdeckt wurden, von dem Farmer und seiner Tochter erhalten. Mir fehlte die Zeit, um der Sache nachzugehen, und sie eilte auch nicht. Ich habe mehrmals vergeblich versucht, die Nummer anzurufen.«

»Wem gehörte diese Nummer, Alec?«

»Es war die Nummer der Mutter. Grace Cole.«

»Du hast nichts Schlimmes getan.«

Sie saß zitternd da.

»Du hast nichts Schlimmes getan, hörst du?«

Sie sah nicht auf.

»Dies ist der Anfang, nicht das Ende.«

Eine Hand berührte ihr tränennasses Gesicht.

»Es ist noch nicht vorbei. Es ist …«

»Ich liebe dich«, sagte sie.

»Und ich liebe dich.«

TAG ACHTUNDZWANZIG

60

(WEIBLICH, 36)

Nachdem er von seiner Frau verlassen worden war, nahm er Rebecca von der Schule. Wir wollten ihn wegen Verletzung der Schulpflicht drankriegen, aber er ließ sich amtlich bestätigen, dass sie zu Hause unterrichtet wurde. Damit waren uns die Hände gebunden. Ich konnte nichts weiter tun. Niemand konnte etwas tun. Wirklich eine Schande.

(MÄNNLICH, 49)

Die meisten hiesigen Firmen schreiben an, wenn Farmer etwas ordern, ebenso Tierärzte oder Schafscherer – man muss nicht immer gleich bezahlen, denn jeder weiß, dass es Durststrecken geben kann. Und trotzdem ist mir niemand bekannt, der ihn etwas auf Kredit hätte kaufen lassen. Ich war ein Idiot, wir waren beide Idioten. Mehr kann ich dazu nicht sagen.

Portugal oder so. Ich glaube, Grace ist jetzt glücklicher. Aber wer weiß das schon. Muss jedenfalls schön sein.

Man hatte Grace Cole seit über einem Jahr nicht mehr gesehen. Anrufer landeten bei einer vollen Mailbox, gut möglich, dass das Handy nie an war. Versuche, über die sozialen Netzwerke Kontakt mit ihr aufzunehmen, liefen ins Leere, denn ihre Accounts nutzte sie nicht.

Cooper blieben nur Erinnerungen von Hörern, die beim Radio angerufen hatten, und Fernsehreportagen über die Familie Cole am Anfang der Quarantäne, die sich jedoch auf den Farmer konzentrierten, nicht so sehr auf seine Frau.

Vielen war klar, woran diese Ehe gekrankt hatte.

(MÄNNLICH, 28)

Ich will nicht darüber reden. Er ist tot. Und nicht nur er. Das ist doch …

(WEIBLICH, 35)

Lag es an ihm? Das behaupten so einige.

(MÄNNLICH, 49)

Er hat schon vor geraumer Zeit einen Großteil seiner Herde verkauft. Die Weideflächen haben für die vielen Schafe nicht ausgereicht – die nicht mal geschoren wurden und im Juni noch ihr Fell hatten. Gab auch nicht annährend genug Wasser. Ich glaube, er hatte finanzielle Probleme, als Grace ihn verließ.

(MÄNNLICH, 23)
Wie geht es seiner Tochter? Lange nichts gehört.

(WEIBLICH, 41)
Ich bin keine Tratschtante.

Lokale Polizeibeamten vernahmen die wenigen Arbeitgeber, für die Grace tätig gewesen war, teils nur als Aushilfe. Sie hatte die Jobs angenommen, als es mit der Farm bergab gegangen war. Man sprach mit dem Eigentümer eines Waschsalons in der Nähe der Wooden Bridge. Mit dem Manager einer Spielhalle, in der sie tagsüber ausgeholfen hatte. Cooper durfte die Beamten begleiten, die froh waren, endlich wieder Informationen austauschen zu können.

In der halbdunklen Spielhalle erwies es sich als mühsam, einen Ansprechpartner zu finden, doch am Ende kam der Manager und beantwortete ihre Fragen.

»Die Angestellten wechseln oft«, meinte er. »Ich komme da kaum mit.«

Niemand schien die Frau gekannt zu haben.

Es war wie bei Simon, wie bei dem Farmer, wie bei Alec …

Sie waren Außenseiter.

Sie waren Einzelgänger.

(WEIBLICH, 53)

Es war der Farmer, keine Frage. Keiner kannte ihn so richtig. Wie lange hat er hier gelebt – siebzehn Jahre? Achtzehn? Und trotzdem kannte ihn keiner. Niemand weiß, was er vorher beruflich gemacht hat oder warum er in diese Gegend gekommen ist. Seine Frau hat ihn verlassen. Er hat seine Tochter misshandelt – wer weiß, was er ihr angetan, was er auf seinen Feldern deponiert hat … Und dann verlässt er einfach das Krankenhaus und bringt sich um? Ich weiß, was Sache war. Er hatte Schuldgefühle. So was merke ich sofort. Er fühlte sich schuldig.

(MÄNNLICH, 28)

Es gibt zu viele Leute, die Mutmaßungen anstellen.

(WEIBLICH, 53)

Ich habe mal gehört, er hat sie geschlagen. Man rief die Polizei. Dauerte natürlich ein paar Stunden, bis sie kam. Seine Frau hat die Vorwürfe bestritten. Und die Tochter, tja, die hat den Mund gehalten. Eine Tragödie, ehrlich.

(MÄNNLICH, 49)

Ich hoffe, das Mädchen ist wohlauf. Persönlichkeiten wie die von Albert … die sind typisch für Gegenden wie diese. Das sind so Leute, die einsam vor sich hinbrüten. Irgendwann stecken sie dann fest. Dann machen sie sich irgendwas vor, um weiterleben zu können. Andere Leute merken das, sie ahnen, dass etwas nicht stimmt, auch wenn sie es nicht genau benennen können.

(WEIBLICH, 35)
Man kann sich nicht selbst retten.

Die Tochter war erst vor einigen Tagen erwacht.

Auf die Frage nach ihrer Mutter hatte Rebecca wiederholt, sie sei vor einem Jahr abgehauen.

Haben Sie ihre Mutter jemals mit diesem Jungen gesehen?

Man zeigte ihr Fotos von Simon Nichols.

Rebecca betrachtete sie verständnislos und sagte schließlich, sie habe ihre Mutter weder mit diesem Jungen noch mit anderen Leuten gesehen.

Grace Cole war selten ausgegangen, schon gar nicht während der Zeit vor ihrem Verschwinden.

Damals war es ihr nicht gut gegangen.

Ihre Medikamente hatten ihr nicht geholfen. Sie hatte neben sich gestanden.

Rebecca betrachtete die Fotos ein weiteres Mal, bevor man sie allein ließ.

»Wo ist der Junge?«

Er sei vermisst, lautete die Antwort.

Man wünschte ihr eine baldige Genesung.

Sie hat davon erzählt, von den letzten Monaten, bevor sie die Schule verließ. Sie war nicht nur unnahbar. Die Lehrer mochten sie sehr, eigentlich wurde sie von allen gemocht.

Sie hat die ganze Zeit am Computer gespielt. Wollte ihre Projektarbeit über ein solches Spiel schreiben. Diese Spiele sind anders als Filme, weil man sich in einer Welt aufhält, in der man agiert und Entscheidungen trifft.

Dieser Eskapismus gefiel ihr offenbar. Aber gut, so ist das wohl mit Geschichten. Man flüchtet sich in die Leben anderer. Was an sich nicht schlecht ist. Wenn wir nicht manchmal entkommen könnten, würden wir wohl eingehen.

Das Mädchen hatte Träume. Und vielleicht ... Ich weiß nicht, ob sie immer noch gespielt hat, aber vielleicht haben ihr diese Spiele irgendwann nicht mehr genügt. Vielleicht konnte sie sich dem, was ihr widerfuhr, nicht mehr entziehen. Vielleicht haben die Geschichten nicht mehr geholfen. Man zieht sich Sachen rein, in denen Helden agieren, in denen sich schöne Menschen durchsetzen und tun, was schöne Menschen halt so tun. Und schließlich bildet man sich ein, auch das wahre Leben wäre eine solche Geschichte. So könnte es bei ihr gewesen sein. Das ging so über ein Jahr. Sie war einsam, ihre Mutter weg, dieser grässliche Mann war ihr einziger Freund. Was, wenn die Spiele ihr nicht mehr geholfen haben?

Was, wenn die durch die Spiele, die einen Lebenssinn für sie dargestellt haben, abgestumpft wurde? Wenn man zerbricht, wer rettet einen dann?

Ihr Vater wollte uns alle umbringen.

Er hat hier alles mit seinem Dreck und seinen Lügen verseucht.

Und jetzt ist er tot, stimmt's? Jetzt ist er tot, wir aber nicht.

Und das freut mich.

Das freut mich sehr.

Alec schickte Cooper tagelang Nachrichten. Erkundigte sich, ob er helfen könne. Machte Vorschläge, wie sie vorgehen solle. Bat sie mehrfach, ihn zu besuchen. Weil er sie unterstützen wollte. Weil sie den Ärzten klarmachen sollte, dass er gebraucht wurde, um ihnen zu sagen …

Was eigentlich?

Cooper antwortete bald nicht mehr.

Alec konnte sich kaum auf den Beinen halten.

Wer wusste schon, was passieren würde, wenn sie ihn entließen?

Die Fingerabdrücke … das Schreiben … sein Sohn …

Die Tanzpest setzte sich fort.

TAG DREISSIG

61

Eines Abends lag Alec lange wach und überdachte alles.

Obwohl seine Knochen noch schmerzten.

Er dachte an die Kreise.

Er dachte an die Köpfe.

Die Kisten.

Was sich darin befunden hatte.

SIEHE.

Die Zahl.

$$\neq$$

Warum hatte sein Sohn diese Frau angerufen?

In was hatte er sich hineinziehen lassen?

Wieso hatte Alec nichts davon gewusst?

Diese Fragen schienen ihm seine Besucher stellen zu wollen, wenn sie ihn mitleidig ansahen, resigniert gestikulierten, verlegen lächelten.

Cooper hatte kaum eine Frage gestellt, was er im Grunde noch schlimmer fand.

Er hatte seine Hilfe angeboten.

Er hatte eindringlich an sie appelliert.

Und trotzdem behielt man ihn hier.

Er schloss im Dunkeln die Augen.

Irgendwo dort draußen war sein Sohn.

Irgendwo dort draußen war sein Sohn, und er …

$$\neq$$

Er musste ständig daran denken.

An den Zettel auf dem Tisch.

An den Abend, als in seinem Haus eingebrochen worden war. An die matschigen Spuren auf der Treppe.

An den Farmer, der ihn über die Felder geführt hatte.

Sie legen sich schon nicht auf die Schnauze. Oder haben Sie Angst vor ein bisschen Dreck, Sergeant Nichols?

Der Mann war tot, richtig? In den Feldern zusammengeklappt, über die sie gelaufen waren. Seither hatte es keine weitere Erpressung gegeben, und nach den zwei Selbstmorden hatte sich nichts Neues getan, gab es keine frische Fährte.

Man versorgte ihn nur mit Informationen, wenn es gar nicht anders ging.

Grace Cole hatte auf dem Foto ihres Online-Profils rote Haare. Sie stand am Strand, kehrte der Kamera den Rücken zu, ein typisches Urlaubsbild.

Seine Kollegen hatten Grace mehrfach geschrieben und angerufen, sie hatten die sozialen Netzwerke um einen Zugriff auf ihren Account gebeten.

Er musste daran denken, was Cooper damals gesagt hatte.

Dass sich dies – alles – nicht um die Tiere drehte, sondern um den Augenblick, wenn sie entdeckt wurden.

Darum, zu beobachten, wie sich der Schmerz auf dem Gesicht des Halters abzeichnete.

Sie hätten ihn retten können.

Ja, lächeln Sie nur.

Alec ahnte, dass all das auf ihn abzielte, obwohl er nicht wusste, wieso.

Das sagte Cooper allerdings nicht laut – niemand sagte das.

Warum sonst hatte man ihm diese Fragen gestellt?

Warum sonst hatte man ihn so angeschaut?

Es war nicht nur die Telefonnummer, nein, er schien auch auf eine andere Art mit diesen bizarren Vorkommnissen verbunden zu sein; diese Verbindung stellte kein Verbrechen dar, und dennoch.

Er holte sein Handy hervor, loggte sich in sein Profil ein und löschte alle Freunde, stellte den Account auf privat um.

Dann ging er auf das Profil von Grace und fügte sie als Freundin hinzu.

Wenn hier ein Spiel gespielt wurde, würde er mitmachen.

Er würde alles Menschenmögliche tun.

[00:18] Grace: Hi.

[00:18] Grace: Habe deine Nachricht erhalten.

[00:21] Grace: Kennen wir uns?

[00:21] Alec: Nein.

[00:21] Alec: Glaube ich jedenfalls.

Endlich ein Treffer.

[00:32] Grace: Wie soll ich wissen, ob du ein echter Polizist bist?

[00:32] Alec: Ich rufe gleich von einer registrierten Nummer an.

[00:33] Grace: Ist es normal, so Kontakt aufzunehmen?

[00:33] Alec: Eher nicht.

[00:33] Grace: Außer man ist befreundet, schätze ich.

[00:34] Alec: Wir haben dein Handy angerufen, aber das hat nicht geklappt. Du bist nicht mehr in GB, richtig?

[00:37] Alec: Bist du noch da?

TAG EINUNDDREISSIG

64

[07:12] Grace: Du hast nicht viele Fotos.

[07:20] Alec: Wie meinst du das?

[07:21] Grace: In deinem Profil.

[07:21] Grace: Hast du meine Fotos angeschaut?

[07:41] Alec: Nein.

[07:50] Grace: Gibt ein paar gute.

[07:52] Alec: Warum hast du Ilmarsh verlassen?

[07:58] Grace: Du hast nicht mit meinem Mann geredet?

[07:58] Alec: Doch.

[07:59] Grace: Wo bist du gerade?

[08:00] Alec: Im Bett.

[08:00] Alec: Und du?

[08:01] Grace: Ich sitze am Strand.

[08:02] Alec: Warum ist deine Nummer nicht erreichbar?

[08:02] Alec: Gib mir die neue, dann rufe ich an.

[08:03] Grace: Sie wollen bestimmt nicht mit mir reden.

[08:03] Grace: So interessant bin ich nicht.

[08:04] Grace: Was ist denn genau passiert?

[08:08 Uhr] Grace: Was hat Albert getan?

In den frühen Morgenstunden brach im Wohnhaus der Well Farm ein Brand aus.

Er wurde erst gegen vier Uhr früh bemerkt. Als die Feuerwehr endlich eintraf, war nichts mehr zu retten.

Das verwaiste Haus erlitt das gleiche Schicksal wie die gekeulte Schafherde – es schien eine fast natürliche Folge zu sein. Flammen schrieben das Ende der Geschichte der Familie Cole.

Alec las auf dem Handy davon. Es stand auf der lokalen Website von Ilmarsh.

Cooper hatte ihm nichts davon erzählt.

Der Inspector hatte ihm nichts erzählt.

Niemand erzählte ihm etwas.

Also rief er ein Taxi und stahl sich aus dem Krankenhaus. Zur Abwechslung erzählte er niemandem etwas davon.

Er hatte sich erholt, er war genesen.

Er fühlte sich wieder fit.

Er wusste, dass er fit war.

Er wusste es.

Vor einigen Monaten hatte Alec eine Doku geschaut. Simon war nach der Schule meist sofort in sein Zimmer verschwunden, doch bei dieser Gelegenheit hatte er mit seinem Vater vor dem Fernseher gesessen. Das hatte Alec überrascht. Es bereicherte das Bild, das er von seinem Sohn hatte, eines Wesens, das er gezeugt hatte und das zu ihm gehörte, wenn auch nicht mehr ganz. Wenn der Junge das Nest verließ, würde er ihn vermissen, auch jene Facetten seines Wesens, die der Vergangenheit angehörten. Im Laufe der Zeit war manches verloren gegangen. Etwa sein Lächeln, das mit der Zeit verblasste und das Alec von Fotos kannte, oder Simons Stimme auf alten Aufnahmen.

Sie hatten also dagesessen, während die Bilder auf dem Bildschirm vorbeiflimmerten, begleitet von einer krächzenden Stimme aus dem Off. Es ging um Pläne, Nuklearabfälle so zu lagern, dass man auch in ferner Zukunft begriff, welche Gefahr von ihnen ausging. Die Pläne beinhalteten Warntafeln, damit Ahnungslose und zukünftige Generationen nicht in ihr Unglück rannten:

Dieser Ort ist eine Botschaft und Teil eines Systems von Botschaften. Schauen Sie sich gut um. Es war uns ein Anliegen, Ihnen diese Botschaft zu übermitteln.

Wir hielten unsere Kultur für mächtig.

Dies ist kein Denkmal. Hier wird keiner Glanztat gedacht. Hier lagert nichts, was für uns wertvoll gewesen wäre.

Was hier lagert, ist in unseren Augen gefährlich und abscheulich.

Die Gefahr hat in Ihrer Ära nichts von ihrem Potenzial verloren.

»Dies soll vor Gefahren warnen«, murmelte er, während er die Hausruine im Schneefall betrachtete.

Öde lagen die flachen, verschneiten Felder da, waren kaum zu erkennen.

Der Taxifahrer hielt an, öffnete das Tor und sprang wieder in sein Auto. Dafür hatte Alec ihm zusätzlich fünfzig Pfund versprochen. Die Polizei würde sie bald stoppen, aber niemand war hier zur Bewachung abgestellt worden.

Sie nahmen den Weg, auf dem man vermutlich die Pferde entlanggeführt hatte.

Er sah Transporter und Autos, darunter das von Cooper.

Als Alec mit wackeligen Beinen ausstieg, drehte sie sich um.

Im Schnee standen dort, wo die Pferdeköpfe gelegen hatten, Stangen als Tatortmarkierungen. Obwohl sie weit auseinander standen, dünn und elegant und von einem fast metallischen Rot, glichen sie den Pfosten des Scheiterhaufens, auf dem die Schafe verbrannt worden waren. Von der Straße aus waren sie kaum zu erkennen.

Alec musste an den Morgen denken, als er die glasigen Augen, die verschlungenen Schweife der Pferde zum ersten Mal erblickt hatte.

Haben Sie so was schon mal gesehen?, hatte er den Farmer gefragt. *Das ist ...*

Grotesk.

Wunderschön.

Nein. Sie etwa?

Das ist doch Mord, hatte der Farmer leise ergänzt. *Schauen Sie nur. Schauen Sie doch mal.*

Alec schritt durch die Einöde. In der Ferne stieg Rauch aus dem Schornstein einer Farm auf.

Cooper erklärte ihm später alles.

Die Feuerwehr hatte das Haus nicht mehr retten können.

Bevor sie aufbrachen, es dämmerte schon, hatte ein Feuerwehrmann die Stelle sehen wollen, wo man die sechzehn Pferdeköpfe in den Boden gebettet hatte.

Er hatte den Ort des Todes sehen wollen.

Er war zu den roten Stangen gegangen.

Und da hatte er den Fund gemacht.

Alec wusste nichts davon. Es fand nur eine Ermittlung statt, die man ihm entrissen hatte.

Schnurstracks ging er zum Ort des Grauens, froh, dem Krankenbett entkommen zu sein.

Froh, frische Luft zu atmen, froh, Arme und Beine wieder bewegen zu können.

Froh, die Mienen der Leute wahrzunehmen, ihre Missbilligung und ihr Entsetzen, weil er sich anmaßte, sein altes Leben ohne offizielle Genehmigung wieder aufzunehmen.

Er wäre wieder derjenige, der er gewesen war.

Er würde helfen.

Seine Existenz hätte einen Sinn.

≠

Zwischen Gras und Schnee hatte etwas gelegen, direkt vor einer Metallstange.

Cooper hatte sich hingekniet, eine Pinzette aus dem Mantel geholt und das Gras geteilt.

Sie hatte einen menschlichen Fingernagel entdeckt.

Cooper sagte etwas zu Alec, als er sich näherte, doch er konnte sie nicht verstehen, konnte sie nicht hören, konnte niemanden hören.

Auf einer Stange hatte ein Finger gesteckt. Schwärzlich, einige Wochen alt. Die Kälte hatte den Verwesungsprozess verlangsamt.

Etwa in der Mitte, unterhalb des Gelenks, hatte man ein Loch hineingebohrt. Gerade so tief, dass der Finger nicht abfiel.

Aufgespießtes menschliches Fleisch. Mit einem Messer amputiert.

Mehr fanden sie nicht. Kein Schreiben. Keine Botschaft. Kein Foto.

Nur dies.

Ein letztes Aufblühen.

Wie eine DNA-Untersuchung ergab, handelte es sich um einen Finger und einen Nagel von Simon Nichols.

VOR ZWANZIG JAHREN

66

LONDON

Woran merkt man, ob man jemanden liebt?

Der sechzehnte Juni.

Ein Polizeibeamter begegnet nach Feierabend seiner zukünftigen Frau.

Er steht am Rand der South Bank, die Jacke über einem Arm, die Füße in neuen, eng sitzenden Turnschuhen. Der Schweiß auf seinem Nacken beginnt allmählich zu trocknen. Er betrachtet die Stadt.

Eine Brise spielt im Laub der kleinen Bäume auf der Uferpromenade, die Abendsonne funkelt zwischen den Blättern. Leute sitzen im schütteren, grünen Gras und prosten sich zu. Auf Bänken sitzend, deren Plaketten an die Stifter erinnern, halten sie Händchen oder essen Hotdogs. Diese Bänke sind extra so geformt, dass Obdachlose darauf nicht schlafen können. Die Themse strömt dem fernen Meer entgegen.

Noch zehn Minuten, dann wird er weiterschlendern

und eine Frau, die ganz anders heißt, mit *Angela?* ansprechen.

Sie wird erwidern, sie heiße leider nicht Angela. *Kennen wir uns aus dem Internet?*, wird sie fragen, und der Polizeibeamte wird verlegen nicken. Sie wird ihm alles Gute wünschen und sich mit einer Freundin auf einen Kaffee treffen.

Er wird sich noch eine Stunde dort aufhalten und bereuen, dass er sich nicht mit Sonnenmilch eingecremt hat.

Als er schließlich an Aufbruch denkt, wird die Frau, die er irrtümlich mit Angela angesprochen hat, noch einmal an ihm vorbeigehen und sich – erstaunt, ihn noch anzutreffen – erkundigen, ob alles in Ordnung sei.

Er wird das bejahen, obwohl es gelogen ist.

Sie wird sich nach seinem Namen erkundigen. *Alec,* wird er antworten.

Elizabeth, wird sie erwidern.

Zwei Wochen später werden sie ihr erstes Date haben.

Drei Monate später wird er sie fragen:

Woran merkt man, ob man jemanden liebt?

Kurz darauf werden sie zusammenziehen und sich ein gemeinsames Leben aufbauen.

Der vierte November.

Alec lernt Elizabeths Eltern kennen. Sie kocht eine Spaghetti-Sauce mit Speckstreifen. Zwei Jahre später wird sie Pescetarierin. Fünf Jahre später Veganerin. Und acht Jahre später wird sie all das nicht mehr interessieren, weil sie in einer Wolke lebt.

Die Eltern besuchen sie in ihrer kleinen Wohnung in Tottenham Hale. Während des Essens entschuldigt sich Elizabeth mehrmals für die Unordnung. Alec findet die Wohnung tadellos. Er hat alles geputzt.

Bevor die Eltern gehen, wird Elizabeths Vater anmerken, Alec sei *passabler als sein Vorgänger*. Er wird das sagen, weil er glaubt, weder seine Tochter noch Alec könnten ihn hören. Er wird ihren Altersunterschied ansprechen – sie ist fünfundzwanzig, Alec zwanzig. Er wird abwinken, als seine Frau meint, sie finde Alec sympathisch. Er wird sagen, sie müssten ja nicht so tun, als wäre es eine Beziehung mit Zukunft. Der neue Freund ihrer Tochter habe nicht mal einen Universitätsabschluss. Wie viel Geld werde er jemals verdienen? Er wisse, dass …

Da wird Elizabeth in den Flur kommen.

Und alle werden so tun, als ob nichts wäre.

Beide tragen die Bürde ihrer Vergangenheit.

Und als sie an jenem Abend im Bett liegen, wird Alec zum ersten Mal von seinen Eltern erzählen.

Er wird erzählen, woher die Narben auf seinem Rücken stammen, damit Elizabeth sich besser fühlt.

$$\neq$$

Der achte Juni.

Kurz vor ihrem Hochzeitstag.

Während sie duscht, schaut er auf ihr Handy.

Er öffnet es mit ihrer PIN. Er hat oft gesehen, wie sie die Zahlen eingetippt hat.

In letzter Zeit ist sie ihm ein Rätsel.

Er entdeckt eine Nachricht. An ihren Ex.

Mit einem Foto, das sie fast nackt zeigt.

Er legt das Handy wieder weg.

Nach dem Duschen, sie trägt ihren Pyjama, schauen sie Fernsehen. Sie steht auf, um sich einen Drink zu machen. »Möchtest du auch einen?«

Als sie sich etwas eingießt, erscheint er in der Küchentür und erklärt, sie habe offenbar ein Alkoholproblem.

Sie ist überrascht.

Er sagt, am liebsten würde er ihren Drink in die Spüle kippen.

Sie erwidert, er könne sie mal.

Als sie an ihm vorbeigeht, entreißt er ihr den Drink, wobei etwas überschwappt, und wirft das Glas in die Spüle, wo es in Scherben zerspringt.

Die Nachricht und das Foto erwähnt er nicht, weder dann noch später. Dass er treu ist, spendet ihm einen gewissen Trost. Er war ein besserer Mensch als sie.

Sie gesteht es nie.

Er ertappt sie nie wieder bei so etwas.

≠

Der fünfte Januar.

Elizabeth fragt Alec, ob er sich vorstellen könne, ein Kind zu haben.

Wenn sie an Kinderwagen vorbeikommen oder sehen, wie Eltern ihre kleinen Kinder lächelnd auf den Arm nehmen, muss er auch manchmal lächeln.

An Weihnachten erzählt Alec seiner Frau, ein Junge habe auf seinen Rentier-Pullover mit der roten Bommel gezeigt.

Und abends im Wohnzimmer sagt sie:

Wenn es ein Mädchen wird, könnten wir sie Angela nennen.

Er lächelt, wenn auch künstlich.

Er spricht über die Welt. Über all die Katastrophen. Wie könne man ein Kind in diese Welt setzen?

Sie zählt auf, was ihr Kind bewirken könnte. Denn wer weiß? Vielleicht würden Kinder dabei helfen, den Planeten zu retten. Vielleicht wäre ihr Kind hochbegabt, ein künftiger Premierminister oder eine Wissenschaftlerin, die ein Mittel gegen Krebs entdecke. Es könnte die ganze Welt begeistern, noch nie dagewesene Kunst erschaffen, große Werke, von denen andere nicht einmal träumten.

Er fragt laut, ob sie gute Eltern wären.

Sie bleibt stumm.

Er merkt, dass er sie verletzt hat, und weiß nicht, was er sagen soll.

Dann: Sie sollten erst einmal darüber schlafen.

≠

Der sechste Januar.

Sie ist schon zur Arbeit gefahren, als Alec im Bad einen Schwangerschaftstest findet, halb im Mülleimer versteckt. Er ist positiv.

An diesem Tag hat er frei. Er erstellt ein Dating-Profil. Das hat er während ihrer Beziehung noch nie getan. Am frühen Nachmittag chattet er mit Frauen und Männern. Drei Stunden vor Elizabeths Heimkehr löscht er sein Profil.

Er überlegt, mit welchem Freund er darüber reden könnte. Hat er überhaupt einen so engen Freund?

Er erwägt, seine Mutter anzurufen. Er unterlässt es. Sie haben seit Monaten nicht mehr miteinander gesprochen. Sie werden nie mehr miteinander sprechen. Vier Jahre später wird sie an einem Herzinfarkt sterben. Sie wird ihren Enkel nicht kennenlernen.

Es ist Abend.

Er sagt zu Elizabeth, er habe darüber nachgedacht.

Über ihr Gespräch vom Vorabend.

Sie wäre natürlich eine gute Mutter, sagt er. Das habe er nicht in Abrede stellen wollen.

»Du wärst ein super Vater«, sagt sie leise und nervös und um ein Lächeln bemüht. »Vorausgesetzt, du willst ein Kind.«

Er erwidert, das wisse er nicht so genau.

≠

310

Der neunte Oktober.

Man setzt einen Schnitt.

Ein Junge wird aus dem Uterus geholt.

Eine Krankenschwester reicht ihn dem Vater.

Er hält die Hand seines Kindes.

TAG EINUNDDREISSIG

67

Eine DNA-Untersuchung ergab, dass der teils verweste, von Bakterien verseuchte Finger Simon gehörte.

Es war der Ringfinger der linken Hand, und er schien gebrochen, eventuell auch entzündet gewesen zu sein, bevor man ihn abgetrennt hatte. Dies war mit einer schweren Klinge geschehen, vielleicht mit einem wuchtigen Axthieb, und das schon vor Wochen. Danach hatte man ihn auf eine der Stangen gesteckt, die die Fundorte der Pferdeköpfe markierten.

Das weiche Gewebe hatte sich aufgelöst.

Also hatte der Junge einige Tage nach dem Unfall noch gelebt.

Abends, im Revier, würde Alec darum bitten, den Finger noch einmal sehen zu dürfen.

Er bat darum, sein einziges Kind halten zu dürfen.

Man lehnte seine Bitte entschieden ab.

Er solle sich noch eine Weile freinehmen.

Er habe viel durchgemacht.

Fahr nach Hause, riet man ihm.

Die Probleme mit dem Krankenhaus – seine Selbstentlassung –, all das ließe sich klären.

Er solle sich erholen, sagte man, für seinen Sohn.

Alec jedoch wusste beim besten Willen nicht, was das für einen Zweck haben sollte.

Ein Streifenwagen brachte ihn nach Hause.

Die Nachbarhäuser waren schon weihnachtlich erleuchtet.

Alec ging in sein kaltes, leeres Haus und holte das Handy hervor.

Er las mit zitternder Hand die Nachrichten, die er während der Taxifahrt zur Well Farm geschrieben und erhalten hatte.

≠

[09:18] Grace: Vermisst du deinen Sohn?

[09:32] Alec: Woher weißt du, dass ich einen Sohn habe?

[09:41] Grace: Wir sind befreundet.

[09:42] Alec: Du bist mit meinem Sohn befreundet?

[09:51] Alec: Grace?

[09:53] Grace: LOL Nein. WIR sind befreundet. Ich sehe deine Kontakte.

[09:54] Grace: Wir bleiben befreundet, oder?

[10:01] Alec: Warum sollte ich ihn vermissen? Er wohnt ja bei mir.

[10:02] Grace: Du kannst mir jederzeit schreiben.

[10:02] Grace: Ich bin oft allein.

[10:04] Grace: Wie ist es denn bei euch?

[10:14] Grace: Regnet sicher.

[10:16] Alec: Es hat geschneit.

[10:16] Alec: Aber die Sonne schaut.

[10:17] Alec: Sorry, scheint. Korrekturprogramm.

[10:19] Grace: Mach ein Foto.

Ein Klopfen an der Haustür. Die Klingel war seit langem defekt.

Alec merkte, dass er geweint hatte. Er wusste nicht, wie lange.

Er wischte über seine Wangen und stand auf.

Es schneite immer noch.

Um Mitternacht wäre der Schnee geschmolzen. Er blieb nie lange liegen.

Er öffnete die Haustür.

Es war Cooper.

68

»Was wollen Sie?«

Sie zögerte, schaute an ihm vorbei ins Haus. Es roch nach Fleisch, nach Spaghetti Bolognese, obwohl sie beim Eintreten keine Anzeichen dafür entdeckte, dass er gekocht hatte.

Er hatte kein Licht gemacht, obwohl es dunkel war.

»Ich habe ... ich war in Sorge. Ich wollte nur schauen, wie es Ihnen geht.«

Er starrte sie an. In der Tür stehend, wirkte er kleiner. Bei ihrer ersten Begegnung hatte er groß und gedrungen gewirkt. Kräftig, sogar gut aussehend mit seinem Stoppelbart, seinen unruhigen Augen, dem fragenden Blick.

Während der ersten Tage hatte sie ihm angemerkt, was in ihm vorging: Nervosität und Furcht, Sorge um seine Stellung, der Wunsch, keine Fehler zu begehen. Und nun, viele Wochen später, kurz vor Silvester, war ihm all das nicht mehr anzumerken – alle Vorzüge und Schattenseiten waren verschwunden, als hätte es sie nie gegeben.

Nun war er wie ausgehöhlt.

Er machte kehrt und ging hinein, ließ die Tür weit offen.

Cooper folgte ihm und knipste Licht an.

Sie zog ihren Mantel aus, legte ihn über einen Arm. Sie wickelte den langen, breiten, grauen Schal ab. »Soll ich meine Schuhe ausziehen?«

Alec gab keine Antwort und verschwand in die Küche.

Der Wasserkessel kochte.

Sie zog die Schuhe aus und blieb neben dem Sofa stehen, weil sie nicht wusste, ob sie sich setzen und warten oder ihm folgen sollte.

Schließlich hörte sie ihn fragen: »Tee?«

»Lieber Kaffee«, sagte sie. »Ich koche ihn gern, falls Sie …«

»Milch? Zucker?«

»Gern schwarz.«

Zeit verstrich.

Er brachte eine Tasse, danach eine zweite Tasse. Er trank seinen Kaffee mit Milch und zwei Stücken Zucker.

Cooper schaute sich um.

»Sie haben ein … äh …« Sie runzelte die Stirn, lächelte schwach, versuchte, sich bequem hinzusetzen. Sie wusste nicht, was sie sagen sollte. *Ein schönes Zuhause.* Sie war ohne Alecs Erlaubnis ein Dutzend Mal hier gewesen, wusste aber bis heute nicht, was sie von dem Haus halten sollte. »Ich weiß nie so recht, wie man ein Zuhause lobt, nichts für ungut.«

»Macht nichts.«

Sie verstummten und nippten am heißen Kaffee. In der Dunkelheit war zu erkennen, dass es immer stärker schneite, große, dicke Flocken.

»Sie alle …«, sagte Alec, die Tasse anstarrend. »Sie haben zugelassen, dass mein Sohn stirbt.«

Er schüttelte den Kopf.

Sie schwieg eine Weile. Ihr Gesicht war versteinert, ihre Augen waren geweitet.

Schnee sammelte sich auf dem Rasen und draußen auf der Fensterbank. Im Nachbargarten blinkte eine bunte Weihnachtsbaumbeleuchtung.

»Ich habe getan, was ich konnte, wirklich.«

»Es war nicht genug.«

Das Familienfoto stand jetzt auf dem Kaminsims. Zuvor hatte es in der Küche gehangen.

Auf dem Foto hatte Alec einen buschigen Bart, nicht nur Stoppeln wie jetzt.

Simon war noch ein kleiner Junge.

Seine Frau stand neben ihm, Arm in Arm. Beide lächelten.

»Was auch immer Sie unternommen haben«, sagte Alec, »es hat nicht genügt.«

Cooper stellte die Tasse ab.

»Wieso haben Sie mich hereingebeten, wenn Sie das so sehen?«

»Tja …« Er rieb sich das Auge. »So mache ich das halt.«

»So machen Sie das halt? Wie meinen Sie das?«

»Wenn ich Besuch habe …« Seine Hand zitterte, Kaffee kleckerte auf seine Hose und das Polster. Er schien es nicht zu bemerken. Auf einmal veränderte sich seine Miene. »Bitte …«, flehte er.

»Alec?« Sie stand auf.

»Bitte … Ich möchte helfen«, flüsterte er. Ihm entglitt die Tasse. »Bitte …«

69

Cooper würde auf dem Sofa schlafen und am nächsten Morgen zurückfahren. Sie mochte Alec in dieser Verfassung nicht allein lassen.

»Wir könnten über den Fall reden«, sagte sie, obwohl sie das nicht vorhatte.

Er legte sich auf das andere Sofa, denn die Treppe überforderte ihn noch.

»Ich hatte lange Zeit Schlafprobleme«, sagte er.

Er lächelte schwach, wurde gleich wieder ernst.

Cooper verließ das Zimmer und suchte eine Decke für

ihn. Sie kam an der Wand vorbei, auf der noch der Schatten des zerstörten Spiegels erkennbar war.

Dann ging sie die Treppe hinauf, auf der ein Fremder matschige Spuren hinterlassen hatte.

Als sie zurückkehrte, zog er sich gerade ein T-Shirt an, das im Wäschekorb gelegen hatte. Sein Rücken war von Narben bedeckt, die aus der Zeit vor dem Autounfall, vor dieser ganzen Geschichte stammten.

»Sie müssen nicht bleiben«, sagte er. »Ich komme auch allein zurecht.«

Sie setzte sich auf das Sofa, noch angezogen.

Er setzte sich wieder auf das andere.

»Ich habe Sie mal nach der schwersten Sünde gefragt, die Sie je begangen haben«, sagte er.

»Ja.«

Er legte sich hin und schwieg eine Weile.

Sie streckte sich auch aus.

Er wirkte so klein, so schwach.

»Ich brauche Ihre Hilfe«, sagte Cooper leise, denn sie merkte, dass Alec Blick hin und her zuckte. »Ich wollte Sie hinzuziehen, aber Sie mussten sich zuerst erholen. Und nun ... geht es Ihnen besser, richtig?« Er wandte sich ab, während sie dies sagte, und sie beruhigte ihn mit den Worten: »Wir finden ihn. Wir finden den Täter, und wir finden Ihren Jungen ... Die Sache wird ein gutes Ende nehmen.«

Er reagierte nicht, drehte sich auch nicht wieder um.

Sie stand auf und knipste die Lampe auf dem Tischchen aus.

Nach geraumer Zeit sagte er leise: »Was ich ihr angetan habe, war … Elizabeth …«

Seine Worte verebbten. Irgendwann bildete sie sich ein, er würde von einem Weihnachtsfest reden, aber kurz darauf war es wieder still, sie schien also geträumt zu haben.

Die Nacht verstrich.

Am nächsten Morgen erkundigte sich Alec nach der Insel. Nach den Anthrax-Viren. Nach den Ruinen, den Bränden, die dort gewütet hatten, nach der Grube und nach dem Vater, der diese Schreckenstaten begangen hatte. Er stellte diese Fragen, obwohl ihm all das, wie Cooper wusste, längst bekannt war. Sie ließ ihn reden. Er wollte Zusammenhänge herstellen, die Hoffnung nicht ganz aufgeben. Er erzählte von anderen Infektionsfällen und ergänzte, die Regierung habe die biologische Waffe auf einer entlegenen Insel an Schafen getestet, ohne die langfristige Verseuchung zu bedenken. Vielleicht habe man auf der Insel vor dieser Küste auch einen Test durchgeführt, vielleicht habe man es mit Inkompetenz und Schlamperei zu tun. Vielleicht sei die Öffentlichkeit schlicht belogen worden.

All das sollte er sich im Laufe der nächsten Tage häufiger fragen.

Nun, beim Frühstück sitzend, erkundigte er sich nach Albert Cole.

»War es bei ihm auch so?«

Cooper konnte nicht folgen. »Wie meinen Sie das?«

»Hatte man auch ihn im Visier? Sind er und seine Familie vielleicht Opfer desjenigen geworden, der meinen Sohn entführt hat?«

»Dafür gibt es keine Indizien, soweit ich weiß.«

»Seine Tochter hat überlebt«, fuhr Alec fort. »Wir sollten mit ihr reden.«

»Sie spricht nicht mehr.«

»Kann sie nicht oder will sie nicht?« Alec leerte seinen Kaffee und schüttelte den Kopf. »Immerhin ist es eine Spur. Vielleicht kannten ihre Eltern Grace Cole … Vielleicht sind sie ihr begegnet oder … Ach, ich weiß auch nicht.«

Cooper zögerte. Sie versuchte, Mitleid zu zeigen. »Das wäre eine Überlegung wert. Und Sie … bitte machen Sie sich nicht zu viele Sorgen. Wir beide müssen noch vieles genauer untersuchen. Am Ende werden Sie genug davon haben, mit mir im Auto zu sitzen, warten Sie's ab.«

Er lächelte schwach. Dann ging er seinen Mantel holen.

»Wir finden ihn«, sagte Cooper, und Alec nickte.

Unterwegs sprach er weiter darüber, drehte sich im Kreis.

Irgendeine Macht auf dieser Welt hatte ihn ins Visier genommen und seine Familie zerstört. So war es auch anderen Familien ergangen. Es war nicht seine Schuld.

Nein, er war nicht schuld daran. Das musste jeder einsehen.

Cooper schwieg eine Weile. Schließlich bog sie auf die Zufahrt ab.

»Ich glaube, Ihr Blickwinkel ist falsch.«

»Falsch? Wieso?« Alec zog eine Grimasse.

»Was auf der Insel passiert ist, was dieser Mann seinen Kindern und seiner Frau angetan hat … Sie glauben offenbar, dass Sie ihm gleichen, aber das stimmt nicht.« Cooper suchte nach passenden Worten. »Er hat alles zerstört. Man weiß, dass er es vorsätzlich getan hat. Er ist tot. In diesem Fall steht der Täter fest, man hat die Sache aufgeklärt. Falls Sie nach einer Ursache suchen … Die wäre wohl in seiner Psyche zu finden. So etwas kommt vor, denn es gibt Menschen …«

»Was kommt vor?«

»Manchmal kippt in einem Menschen etwas«, antwortete Cooper.

»Sie meinen, das Böse ergreift Besitz.«

»Nennen Sie es, wie Sie wollen.«

Manchmal stand man in der Schuld eines anderen Menschen.

Im Laufe der nächsten Tage versuchte sie, ihm zu helfen.

Sie versuchte, einem Mann zu helfen, der sich nie selbst geholfen hatte.

70

Alec bekam seinen Posten nicht offiziell zurück, und man zahlte ihm über das Krankengeld hinaus auch keine Entschädigung; er ermittelte nun als Privatperson, wenn auch mit dem unwilligen Segen des Inspectors. Man schien es nicht mehr übers Herz zu bringen, ihn ganz auszuschließen. Außerdem nahm die Zahl der Polizisten in Ilmarsh weiter ab: Nach den Todesfällen und dem Abzug der Verstärkung verblieben vier Beamte, die für die ganze Küste zuständig waren.

≠

Mit Cooper lief es besser. Sie schien ihm zwar noch manches zu verheimlichen und antwortete ausweichend, wenn er sich nach ihren Auftraggebern erkundigte, aber er durfte sie begleiten. Ein sonderbarer Rollentausch. Vielleicht beneidete er sie sogar, obwohl er von Neid wenig hielt. Er wollte schlicht jemand sein, der gute Arbeit machte.

Der Fokus ihrer Ermittlungen lag nun auf einem Camcorder, und er spielte mit.

»Ein Pferdehalter hat gesehen, wie Rebecca Cole während einer Kutschfahrt gefilmt wurde.«

»Welcher Halter?«

»Michael Stafford. Der Kutscher …«

»Ich weiß. Sie müssen mir nicht alles erklären.«

Dann wollte Alec von Cooper wissen, ob sie von Michaels Vorstrafen wisse.

Sie ging nicht darauf ein; ihr Blick verriet, dass sie kein Interesse an den früheren Vergehen des Mannes hatte.

Alec hakte nicht nach. Er war froh, dem Krankenhaus entkommen zu sein, dem Neonlicht, dem ewigen Piepen.

Niemand begriff, dass die Arbeit eine Therapie für ihn war.

Sie hatte ihm immer gutgetan, rundum. Er würde alles tun, um dranzubleiben, wollte weder an Vergangenes noch an Zukünftiges denken.

Sondern nur an das Rätsel. An all jene, die noch auf freiem Fuß waren und gefasst werden mussten. Er stellte sich Rituale vor, Gewänder. Er malte sich ein Netzwerk von Gegnern aus, die vielleicht erpresst, von einer bösen Macht genötigt wurden. All dies entsprang seiner Phantasie, beruhte weder auf konkreten Beobachtungen noch Erkenntnissen.

Ilmarsh war ideal für derlei Phantasien: Das Meer war wie leergefegt, die Straßen verwaist, und nach der Quarantäne waren viele Leute weggezogen, hatten Haus oder Wohnung verlassen, obwohl genaue Zahlen fehlten.

Wer also sollte Auskunft über Grace und den Mann mit dem Camcorder geben, wer konnte überhaupt noch Auskunft geben?

Geblieben waren nur wenige. Sogar die Pferdehalter waren zum Teil geflohen, weil sie eine Vergeltung fürchteten.

Eines Abends hatten Cooper und Alec eine Anwältin besucht, die früher einmal für das Parlament kandidiert hatte und, als eine der geschädigten Pferdehalterinnen, von George vernommen worden war.

$$\neq$$

Gerahmte Wahlplakate, die eine Frau mit leuchtenden Augen, dunkelblond gefärbten Haaren, einer roten Jacke und einem Schild in der Hand zeigten, erinnerten an Verkaufsschilder in Vorgärten. Sie zeigten, wie die Frau Hände schüttelte, zeigten sie neben Ministern, dazu die Slogans ihrer gescheiterten Wahlkampagne. Jo Marsh. Joanne Marsh. Marsh. Zeugnisse aller Art, Zeitungsschlagzeilen, Flyer. Das Versprechen, in der EU zu bleiben.

Die frühere Politikerin wohnte am Ende einer Sackgasse, genauer am Ende eines langen Waldwegs, der zu ihrem Haus führte. Um ihre vier Pferde zu entführen, hätte ein Transporter das Gebäude umrunden müssen.

Sie wollten die Politikerin zu dem Mann mit dem Camcorder befragen und herausfinden, ob sie während der letzten Monate irgendetwas Ungewöhnliches bemerkt hatte, ob sie Grace auf den Fotos wiedererkannte.

In der Küche standen überall Weinflaschen, auf dem Tisch benutzte Gläser.

»Ich habe weder etwas gesehen noch gehört. Bin ich etwa schuld daran …«

Was die Leute so sagten. Sie unterhielten sich eine Weile mit ihr, denn ihre Aussage war eine der letzten, die sie noch aufnehmen mussten.

Nachdem sie sich verabschiedet hatten, schickte Alec, im Dunkeln neben dem Auto stehend, eine weitere Nachricht an Grace.

Er achtete darauf, dass Cooper nichts bemerkte. Sie fuhren wortlos heim. Sie setzte ihn ab, und auf dem Weg zum Haus gingen ihm Wörter durch den Kopf. Er ging zu einer Tür, die er einmal offen vorgefunden hatte, zu einer Treppe, die von matschigen Spuren bedeckt gewesen war, zu einem Ort, der einmal eine Zuflucht dargestellt hatte.

Manchmal kippt in einem Menschen etwas.

Alec schloss die Haustür. Er trank Wein in seiner Küche, bis er alle Gefühle betäubt hatte. Dann ging er schlafen.

71

Während die Polizei eine Hausdurchsuchung bei ihm vornahm, fuhr Frank zum Pier.

Die schwärzlichen Holzbohlen führten gut dreißig Meter weit ins Meer hinaus. Trotz des Brandes waren die alten Stützpfeiler noch stabil. Ein Schild verbot das Betreten des Piers; angeblich sollte alles abgerissen, der ganze Ort neu gestaltet werden, doch seit zehn Jahren hatte man keinen Finger gerührt. Bis heute wagten sich Kinder auf den Pier. Und auch Frank.

Der Brand, der das Ende des Piers als Vergnügungsort besiegelt hatte, war mit dem Ende von Franks Kindheit zusammengefallen. Zum Zeitpunkt des Feuers war er nicht in Ilmarsh gewesen. Seine Mutter hatte ihn eine Weile bei Verwandten untergebracht, danach wurde er von einem Zuhause zum anderen weitergereicht. Nachdem er schließlich wieder heimgekehrt war, hatte er oft in der Tierarztpraxis gesessen und gewartet, bis seine Eltern, Tierarzt und Tierärztin, Feierabend machten. Sie trafen sich hauptsächlich mit Berufskollegen. Seine Eltern hatten nie geheiratet. Kenneth und Jennifer. Sein Vater war beliebt gewesen, seine Mutter dagegen gefürchtet, denn sie war eifersüchtig auf andere Mitarbeiterinnen gewesen, vor allem auf die jüngeren.

Alles, was sie ihm vermacht hatten – ihrem einzigen Kind –, all das ging nun den Bach hinunter.

Frank bot seine Tierklinik zum Verkauf an. Vielleicht würde eine Kapitalgesellschaft einsteigen und ihn retten. Er hatte vorsichtshalber den Namen der Klinik geändert, weil er wider besseres Wissen hoffte, die Presse würde dadurch nicht so rasch Wind von der Sache bekommen.

Sie hatten so viele Haustierhalter enttäuscht.

Nachdem Kate bei ihm angefangen hatte, war er mit ihr mehrmals hierhergekommen, denn er hatte gemerkt, wie schüchtern sie war, wie schwer ihr der Umgang mit ihren Kollegen und Kolleginnen fiel – die irgendwann nicht mehr zur Arbeit erschienen waren, die ihn im Stich gelassen hatten.

Sie waren hierhergegangen und hatten am Ufer Pommes Frites gegessen.

TAG FÜNFUNDDREISSIG

72

Während ihres Krankenhausaufenthalts vertrieb sich Rebecca die Zeit mit Fernsehen. Sie hätte gern ihr Handy gehabt, doch es war verschwunden, und sie hatte nicht nachgehakt, weil sie es nicht gewohnt war, von Erwachsenen etwas zu verlangen. Und mit wem hätte sie auch kommunizieren sollen?

Sie hatte ja kaum noch jemanden.

Ermittler hatten sich die Klinke in die Hand gegeben. Anfangs hatten sie sich nach ihrem Vater erkundigt. Dieser war tot, was sie unwirklich fand und lieber verdrängte. Sie wusste, dass sie noch Wochen, Monate, Jahre Zeit hätte, um seiner zu gedenken, ob sie nun wollte oder nicht. Man erzählte schreckliche Dinge über ihn, deutete dergleichen jedenfalls an. Sie hatte ihn nicht gemocht, er dagegen hatte sie geliebt.

Er hatte sie beschützt. Er war ihr Bollwerk gegen eine Welt gewesen, die sie ihm entreißen wollte.

Sie hatte seinen Schutz akzeptiert aber hatte sie die Zeit sinnvoll genutzt?

Ihr Vater hatte ihre Computerspiele nicht verstanden und nie begriffen, warum sie so viel Zeit in erfundenen Welten verbrachte.

Sie hatte es nicht getan, weil es ihr Spaß gemacht hätte.

Sie hatte so getan als ob, weil sie keine andere Wahl gehabt hatte.

Rebecca hatte die Pferdeköpfe nicht etwa deshalb um fünf Uhr früh entdeckt, weil sie so zeitig aufgewacht war, sondern weil sie selten vor sechs Uhr früh zu Bett ging. Sie war noch wach gewesen, als man sie angerufen und aufgefordert hatte, nach draußen zu gehen.

Als sie die Stimme des Mannes hörte, der sie an ihrem Geburtstag gefilmt und im Wald und an anderen entlegenen Orten mit ihr spazieren gegangen war.

$$\neq$$

Der Mann entschuldigte sich, weil er sie mit Nachrichten bombardiert hatte.

Alles, was sie getan hätten, wäre umsonst gewesen, wenn sie nicht nach draußen ginge.

Also war Rebecca hinausgegangen.

Was hätte sie auch einwenden sollen?

Sie hatte den Hund mitgenommen, aber nicht, weil sie ihn ausführen wollte, sondern weil sie sich gefürchtet hatte.

Sie war zu den Augen gegangen, die aus dem Erdboden gelugt hatten.

Sie hatte gehorcht, und nun, Wochen später – morgen

sollte sie aus dem Krankenhaus entlassen werden, bei Pflegeeltern leben, wieder zur Schule gehen –, begriff sie. Ja, sie begriff, sie wusste es in ihrem tiefsten Inneren.

Ihr Vater hatte es am Ende doch noch vermocht, sie zu lieben.

Und sie hatte ihn getötet, so war es doch, oder?

Sie trug die Schuld.

TAG NEUNUNDDREISSIG

73

Rebecca hatte ihre Pflegeeltern gebeten, sie aussteigen zu lassen. Sie wollte die restliche Strecke zu Fuß gehen, obwohl sie noch etwas schwach war, aber wie sollte sie sonst wieder zu Kräften kommen? Die Straße, grau und von Schlaglöchern übersät, von Hitze und Frost deformiert, führte an Fabriken vorbei, die seit fünfzig Jahren stilllagen. Sie führte bis zum Waldrand.

Nach dem wochenlangen Krankenhausaufenthalt ging Rebecca wieder zur Schule, ein Jahr, nachdem ihr Heimunterricht begonnen hatte. Die Schule würde ihr guttun und sie ablenken, meinten sie. Ihre Pflegeeltern, die sie erst seit wenigen Tagen kannte, hatten alles für sie geplant und sogar Strippen gezogen, damit sie vor den Weihnachtsferien wieder am Unterricht teilnehmen konnte.

Früher hatte sie oft davon geträumt, in einer anderen Familie zu leben.

Ihr Pflegeeltern waren freundlich, aber wortkarg, weil sie in ihre Jahresbilanz vertieft waren. Rebecca hatte nach wenigen Tagen das Gefühl, auch nur eine Zahl in einer Tabelle zu sein.

Sie ging weiter.

Ein Maschendrahtzaun trennte das Schulgelände vom Wald. Die Wurzeln hatten den Boden und damit auch den Draht stellenweise hochgedrückt. An anderen Stellen waren Kinder über den Zaun geklettert oder hatten sich durch Löcher gezwängt, um zwischen den Bäumen zu spielen oder zu rauchen. Im Wald, so wurde gemunkelt, hatten manche sogar Sex.

Der Spielplatz war von Eichen gesäumt, deren letzte dürre Blätter in der lauen Brise raschelten. Rebecca konnte keine Menschenseele entdecken. Sie war früh dran.

Zum ersten Mal seit einem Jahr ging sie wieder zur Schule. Sie wusste nicht, ob sie unter diesen Umständen die Prüfung für die Mittlere Reife ablegen konnte. Sie war jedenfalls nicht darauf angesprochen worden.

Wie hast du die Pferdeköpfe entdeckt? Warum warst du so früh draußen?

Warum hast du einen angefasst?

Hast du irgendetwas Ungewöhnliches bemerkt?

Kannst du dir vorstellen, warum man so etwas tut?

Eine auf dem Maschendrahtzaun sitzende Krähe krächzte.

Sie ging auf den Spielplatz. Daneben gab es Parkplätze, aber man durfte sein Auto nur bei Elternabenden dort abstellen. Im Sommer fand hier an jedem zweiten Wochenende ein Flohmarkt statt. Eltern von Schülern, aber auch Leute aus der Stadt, verkauften alte DVDs, Brett-

331

spiele und anderen Krimskrams. Ihre Eltern hatten hier auch Sachen losgeschlagen, damals, als sie noch geglaubt hatten, sie würden die Well Farm in den Griff bekommen, sich freistrampeln können.

Rebecca betrat das Schulgebäude. Der lange Metallgriff der Tür fühlte sich kalt an. In den Fluren verströmten die Neonröhren ihr steriles Licht, wodurch der billige Bodenbelag glänzte. An den weißen Wänden hingen Bilder, etwa Porträts früherer Schulleiter, allesamt Männer. Und auch Fotos von Fußball- und Rugbyteams. Ein paar Poster der Neuntklässler. Außerdem eine Vitrine mit alten Pokalen. Die Halbtür im Eingangsbereich war noch zu. Alles wirkte kleiner, als sie es in Erinnerung hatte.

Auf dem Weg zu den Mädchentoiletten passierte sie Reihen mit orangenen Schließfächern. Sie schloss die Tür hinter sich und stellte sich vor den Spiegel. Sie betrachtete ihr Gesicht. Dieser Raum hatte keine Fenster, es gab nur das Kunstlicht. Ihr sommersprossiges Gesicht lag halb im Schatten. Wie üblich vor der Schule hatte Rebecca ihre Haare zum Pferdeschwanz gebunden. Nun überlegte sie, ob sich etwas verändert hatte, ob diese Frisur noch angemessen war. Oder war das ein alberner Gedanke?

Sie spielte nachdenklich mit ihrem Pferdeschwanz und legte ihn über die Schulter.

Er sah aus wie ein Schweif. Oder wie eine Schlange.

Rebecca löste ihn und strich ihre Haare hinter die Ohren. Dann ging sie in eine Kabine, schloss die Tür und setzte sich. Als sie im Flur Leute hörte, verließ sie die Kabine und ging zu ihrem Klassenzimmer.

74

Da Rebecca früh dran war, saß sie zunächst allein im Klassenzimmer.

Sie holte den Ausdruck eines Gedichts aus ihrem Rucksack und eine rote Wasserflasche, die sie auf den Tisch stellte. Der Raum roch nach den Spänen angespitzter Bleistifte. Rebecca hatte sich Notizen zu einem Gedicht machen sollen. Das war ihr per E-Mail mitgeteilt worden. Sie wusste nicht, ob ihre Mitschüler und Mitschülerinnen den Text vorbereitet hatten, sie jedoch hatte das Gedicht gelesen und ein paar Gedanken notiert, auch wenn sie das vielleicht zur Streberin stempelte. Heute würden sie dieses Gedicht und noch ein weiteres behandeln.

Während ihres Heimunterrichts hatte niemand Kontakt mit ihr gehalten. Man hatte es ihr versprochen, das Versprechen aber nicht gehalten. Im Internet hatte sie ein paar Freunde, die ihr aber wenig bedeuteten. Die wenigen, die ihr wichtig waren, verstummten nach der anfänglichen Begeisterung über die Aussicht auf gemeinsame Unternehmungen. Und wenn sie ihren Vater gebeten hatte, sie in die Stadt zu fahren, hatte er meist abgelehnt.

Ihre Mitschüler kamen nach und nach ins Klassenzimmer. Sie erkannte ein paar Gesichter wieder, erinnerte sich an Namen. Den Kontakt zu seinen Mitmenschen zu verlieren war schlimmer, als wenn man sie nie gekannt hätte.

Wenn man sich auseinanderlebte, entstand eine Leere; was man einander bedeutet hatte, wurde zu einem Schatten.

Deshalb saß Rebecca am Ende allein da. Obwohl sie von manchen beäugt wurde, obwohl einige lächelten und tuschelten, obwohl Nachzügler gezwungen waren, in ihrer Nähe Platz zu nehmen, widerwillig, wie es schien. Sie saß einsam da, hatte nur die Wörter auf dem Zettel, der vor ihr lag.

Sie diskutierten acht Minuten über das Gedicht, das sie zu Hause hatten vorbereiten sollen. *Porphyrias Geliebter*, ein Gedicht von Robert Browning, das beschrieb, wie sich zwei Liebende in den Armen lagen, hoffend, der Augenblick möge ewig währen. Am Ende erdrosselte der Mann die Frau mit ihren eigenen Haaren.

Sie sprachen über die Biografie des Dichters. Über mögliche Interpretationen. Darüber, ob das lyrische Ich vielleicht verrückt war. Ob der Wahnsinnige die Frau, die er hielt, tatsächlich geliebt hatte oder nur besitzen konnte, indem er sie tötete.

Während des letzten Jahres hatte Rebecca nur Gedichte gelesen, die in ihrem Computerspiel vorgekommen waren. Etwas anderes hatte sie nicht lesen müssen.

Sie hatten zwanzig Minuten, um zusätzliche Antworten in ihrem Schulheft zu notieren. Danach erschien das zweite Gedicht auf der interaktiven Schultafel.

Innehaltend inmitten der Wälder an einem Schnee-Abend.

Wie zuvor sollten sie der Reihe nach jeweils einen Vers vorlesen.

Das Gedicht begann damit, dass das lyrische Ich vor einem Wald stand, der einem Einheimischen gehörte. Das lyrische Ich glaubte, dass es nicht gesehen werden konnte, weil der Waldbesitzer im nächsten Dorf wohnte, also in einiger Entfernung. Die Nacht war still. Schnee lag zwischen den Bäumen, er bedeckte jeden Ast, jede Wurzel, jedes im Wald verborgene Tier.

In der nächsten Strophe ging es um ein Pferd.

Darum, dass sich das Pferd darüber wunderte, warum es in der dunkelsten, kältesten Nacht des Winters fern jeder menschlichen Behausung stehen blieb. Andererseits waren dies nicht die Gedanken des Pferdes, sondern die des Reiters – das lyrische Ich brachte seine Gedanken auf dem Umweg über das Reittier zum Ausdruck.

Doch irgendetwas stimmte nicht. Mit dem lyrischen Ich stimmte etwas nicht.

Hier sprach nicht Robert Frost. Er war vor langer Zeit gestorben, konnte also keine Auskunft mehr geben, hatte nur das Gedicht hinterlassen. Die Stimmen in diesem Gedicht existierten nur im Kopf der Lesenden.

Und das waren sie alle: Rebecca, ihre Lehrerin, die ganze Klasse … Sie glichen dem Pferd: Sie vollzogen nach, was in diesem Gedicht an Gedanken hinterlassen worden war. Die altmodischen Worte hallten aus der Vergangenheit bis zu ihnen, und wenn sie die Verse vorlasen, verbalisierten sie die Worte eines Verstorbenen.

Rebecca stellte sich vor, sie würde den Schädel des

Dichters halten, seine Kinnlade bewegen und ihm ihre Stimme leihen.

Hinten im Klassenzimmer drehte sich ein Mädchen um und sah sie unverhohlen an.

Rebecca griff nach ihrer Wasserflasche und trank einen Schluck.

Das Pferd wollte wissen, ob dieser Halt ein Irrtum war. Es erhielt keine Antwort, nur die Schneeflocken tanzten weiter im Wind.

Sie wandten sich der letzten Strophe von Frosts Gedicht zu.

Anheimelnd, dunkel, tief die Wälder, die ich traf.

Doch noch nicht eingelöst, was ich versprach.
Und Meilen, Meilen noch vorm Schlaf.
Und Meilen Wegs noch bis zum Schlaf.

»Wovon handelt das Gedicht?«, fragte die Lehrerin.

Niemand meldete sich.

»Worum geht es eurer Meinung nach?«

Niemand reagierte.

Die frustrierte Lehrerin ging das Gedicht durch. Sie erzählte, auf den ersten Blick gehe es um einen Mann und dessen Pferd, die bei Dunkelheit unterwegs seien, sich wohl einsam fühlten, rasch nach Hause wollten.

Sie fragte, was die Schüler dabei empfanden.

»Der Mann tut mir leid«, sagte ein Junge. Beim Klang seiner Stimme, die sich im Laufe der Monate verändert hatte, erstarrte Rebecca vor Entsetzen.

»Und warum tut er dir leid, Peter?«

»Na, ja – wie Sie gesagt haben. Er wirkt einsam. Und sein Pferd … ich weiß auch nicht – es scheint sich Sorgen um ihn zu machen.«

Peter hatte etwas Unangenehmes, und Rebecca wäre am liebsten schreiend weggelaufen.

»Warum sollte sich sein Pferd um ihn sorgen?«, hakte die Lehrerin nach.

»Er überlegt, in den Wald zu gehen«, antwortete Rebeccas früherer Freund. »Und dort ist es dunkel und kalt.«

»Im ganzen Jahr keine finstere Nacht«, sagte die Lehrerin. »Was könnte ihm denn passieren?«

»Er könnte sterben«, sagte jemand schließlich.

»Ja.« Die Lehrerin nickte. »Er könnte sterben. Also: Worum geht es eurer Meinung nach in diesem Gedicht?«

Wieder meldete sich niemand.

Die Lehrerin sah sich im Klassenzimmer um.

»Wenn ihm bewusst ist, dass er sterben könnte, wenn sich sein Pferd um ihn sorgt – oder wenn er so tut, als *wäre* sein Pferd in Sorge, wenn sein Denken so verquer ist, dass er sich einbildet, ein Tier könnte Mitgefühl haben, obwohl er sich selbst gegenüber keinerlei Mitgefühl zeigt – was könnte sich dann abspielen? Was könnte er vorhaben?«

Rebecca starrte den Bildschirm an. Sie starrte ihn so unverwandt an, dass sich ihre Augen trocken anfühlten, doch sie konnte ihren Blick nicht lösen.

Sie musste an ihre lange zurückliegende Kutschfahrt am Strand denken.

Es war an ihrem Geburtstag gewesen.

An den Camcorder, mit dem sie unterwegs gefilmt worden war.

Sie dachte an all das, was man ihr angetan hatte, an alles, was sie getan hatte, und an all das, was ihr noch geblieben war.

»Selbstmord«, sagte sie. »In diesem Gedicht geht es um Selbstmord.«

75

[08:51] Alec: Was hat dir dein Mann noch unterstellt?

[08:52] Grace: Ich sei ein schlechter Mensch.

[08:52] Grace: Eine unfähige Mutter.

[08:53] Grace: Vielleicht hat er auch geglaubt, die Welt sei flach.

[08:54] Grace: Was weiß ich.

[08:55] Alec: Bist du deshalb abgehauen?

[09:03] Grace: Weil er glaubte, die Welt sei flach?

[09:04] Alec: Wegen seiner Meinung von dir.

[09:05] Alec: Du hast deine Tochter zurückgelassen. Dein ganzes Leben.

[09:05] Alec: Warum hast du das getan?

[09:06] Grace: Was hättest du getan?

[09:07] Alec: Was ich für richtig erachtet hätte.

[09:07] Grace: Und was ist das Richtige?

[09:07] Grace: Wie soll man wissen, was das Richtige ist?

76

Früher hatte es im Umkreis von Ilmarsh neun Hotels gegeben.

Fünf wurden seit einigen Jahrzehnten als Sozialwohnungen und vorübergehende Unterkünfte genutzt, und zwei weitere, die eine Sanierung nicht lohnten, hatte man Obdachlosen und verlorenen Seelen überlassen.

Das für den Umbau der ungenutzten Hotels zuständige Unternehmen war zum Teil von staatlicher Seite übernommen worden, weil man fast alle Verträge mit ausländischen Partnern gelöst hatte. Der Staat würde seine Anteile bald veräußern, gewiss mit Verlust, denn die Käufer wären Freunde jener Politiker, die die Veräußerung beschlossen hatten.

Die Gebäude dieser entlegenen Stadt leerten sich. Täglich wanderten Leute ab, weil sie nicht mehr hier leben wollten. Also schickten andere Städte unerwünschte Personen per Bahn oder Bus nach Ilmarsh. Man schickte sie in die Leere der Hoteltürme.

Betten und Tische standen in viel zu kleinen Zimmern. Man hatte Zwischentüren eingesetzt. Die Menschen, die einzogen, kamen aus dem ganzen Land, sogar aus dem Ausland. Sie sollten sich freuen, redete man ihnen ein. Sie würden am Meer leben.

Gefährdeten Menschen erklärte man, sie könnten nur hier eine Unterkunft bekommen, nicht an ihrem bisherigen Wohnort, wo sie natürlich Freunde und Bekannte hatten. Nach der Ankunft schwirrte diesen Leuten zunächst der Kopf, denn sie freuten sich über die schrulligen Gebäude, die kleinen Läden mit Süßigkeiten und aufblasbaren Spielzeugen und Sandkastenschaufeln, in denen mürrische alte Männer bedienten, die kaum etwas verkauften. Die Neuankömmlinge hatten das Gefühl, staatlich bezahlten Urlaub zu machen.

Die meisten von ihnen konnten es sich nicht leisten, diese Gegend wieder zu verlassen. Arbeit fand auch niemand, aber sie sicherten sich die Stütze, indem sie bei öffentlichen Arbeiten halfen. Beim Pflastern von Wegen. Bei Bauarbeiten. Sie säuberten die Straßen von Moos und Einwegspritzen, Sand und Blut, all dies gegen ein Entgelt, das weit unter dem Mindestlohn lag. Manch einer ertrank. Das Leben in Ilmarsh konnte beschwerlich sein. Rentnerehepaare, die von einem ruhigen Lebensabend geträumt hatten, vegetierten in unheimlicher Stille dahin und hatten kaum Geld, um ihre Häuser zu heizen.

Draußen stand ein Schild.

Die weißen Zimmer.

Cooper und Alec gingen zum Eingang hinauf, über dem sich die Lettern des ursprünglichen Namens noch schemenhaft abzeichneten.

77

Rebecca hatte sich bereit erklärt, mit ihren Pflegeeltern zu reden, wenn auch mit der Einschränkung, sie müsse sich erst einleben.

»Wir geben dir ein paar Tage.«

Sie betraten den Hotelturm. Die Fliesen in der Lobby, ein schwarz-weißes Schachbrettmuster, hatten Risse. Hinter der einstigen Rezeption, in der sich irgendwelche Kisten türmten, lagen scheußliche rote, aufgerollte Vorhänge.

»Welches Zimmer ist es?«, fragte Alec.

»Wenn ich das wüsste.«

»Sie haben die Nachricht noch auf dem Handy.« Alec reckte den Kopf und schnupperte.

»Sie doch auch«, entgegnete Cooper. »Schauen Sie nach.«

Er zog eine Grimasse und zückte sein Handy.

Cooper ärgerte sich über Leute, die andere zum Handeln nötigten, weil sie zu faul waren, selbst einen Finger zu rühren.

»Zweiter Stock, Zimmer neununddreißig«, sagte Alec.

Sie gingen zum Fahrstuhl. Dort zauderten sie, obwohl es kein Schild gab, das ihn für defekt erklärte.

»Und?«, fragte Cooper.

»Die Treppe wäre sicherer.«

»Meinen Sie?«

Alec nickte.

Der Fahrstuhl könnte stecken bleiben, und dann säßen sie vielleicht stundenlang fest.

»Es ist ja nur der dritte Stock«, sagte Alec.

Nur der dritte Stock.

Für den Fall, dass er stolperte, blieb Cooper dicht hinter ihm.

Er musste auf dem zweiten Treppenabsatz verschnaufen. »Geht schon«, sagte er sowohl zu sich selbst als auch zu ihr.

Die Stufen waren verstaubt, die Wände mit Graffiti beschmiert, vor den Türen lagen volle, schwarze Müllbeutel.

Im dritten Stock angelangt, klopften sie an die Tür von Apartment neununddreißig.

78

Mit zehn bekam Simon mit, wie sich seine Mutter in die Spüle erbrach. Sie hatte immer auf ihre Ernährung geachtet. Sie war zusehends magerer geworden und schließlich hatte sie ihn und seinen Vater für einige Zeit verlassen.

Alec wusste dies nur, weil er nach Elizabeths Tod ihre Tagebücher entdeckt hatte.

Als seine Frau Wochen später heimkehrte, nahm sie keine Tabletten mehr, hielt auch keine Diät. Sie begann, wieder zu kochen. Sie aß auch wieder Fleisch, und wenn Simon sie darauf ansprach, verstummte sie schuldbewusst, weil sie inkonsequent war, und dann wechselte Alec das Thema.

Alec betonte stets, wie stolz er auf sie sei.

Manchmal machte er Bemerkungen über Frauen im Fernsehen, ließ sich über ihre Figur aus. Er fand das ganz normal.

Seine Frau meinte besorgt, Simon esse zu wenig. Er sei zu mager, erklärte sie, er esse nicht auf, was er auf dem Teller habe, lehne an Geburtstagen Kuchen ab und trinke nur Wasser. Während seiner Jugendjahre brachte sie ihn dazu, mehr zu essen. Es tat ihr gut, wenn sie ihm helfen konnte. Er aß allerdings auch, als er älter wurde, zu wenig. Der Gedanke, sie könnte ihn mit ihrer Diät angesteckt haben, belastete sie. War sie ein schlechter Einfluss? Schwer zu sagen – man wusste ja nie …

Alec hatte Elizabeths Tagebücher erst im Nachhinein gelesen. Sie hatten stets offen herumgelegen, und nun lagen sie in den Kartons, die seine Schwiegermutter für sich beanspruchte, obwohl sie kein Anrecht darauf hatte – sie standen Alec zu. Elizabeth und er waren nicht geschieden. Sie gehörten ihm und zu den wenigen Dingen, die Simon von seiner Mutter bleiben würden. Sie würden das Bild prägen, das er später von ihr hätte. Und auch das Bild, das er von seinem Vater hätte.

Alec hatte die Tagebücher gelesen. Und anschließend hatte er alle verbrannt.

79

Auf einer Lichtung, weiter die Küste hinauf, lagen vier Holzkisten.

Darin rührte sich nichts mehr. Die Tiere verwesten. Fliegen surrten um die Kisten.

Regenwasser sickerte hinein.

Am Meeresufer brach ein Haus allmählich in sich zusammen.

Es wankte bei jeder anbrandenden Welle, die Deckenbalken ächzten.

Irgendwann stürzten die Wände ein.

Sie stürzten ein, ohne dass es jemand bemerkt hätte.

Sie stürzten ein und begruben einen Toten, zerquetschten den Körper, zerschmetterten die Knochen.

Alles wurde ins Meer geschwemmt.

Eine leere Kiste wurde bei Sturm gegen einen Baumstamm geschleudert, sie hüpfte fast spielerisch über den Boden.

Das Wasser rückte immer näher.

Und es hörte nicht auf zu regnen.

80

Rebecca schien sich verändert zu haben, seit Alec ihr auf der Farm begegnet war. Damals war sie sehr mager gewesen, in ihren Augen hatte Entsetzen gestanden. Sie hatte Alec geschildert, was sie vorgefunden, wie sie die Köpfe entdeckt, was sie zu so früher Stunde draußen gemacht hatte: Sie hatte nicht schlafen können und deshalb mit dem Hund eine Runde gedreht, der in dem anschließenden Chaos entwischt und nie wieder aufgetaucht war.

Sie hatte die Köpfe als Erste gesehen.

Nun trug sie Schuluniform, eine weiße Bluse und eine blaue Krawatte, ihre Wangen waren gerötet, und ihr Blick war leer.

In der Wohnung über ihnen ertönten gedämpfte Geräusche. Eine Frau schrie, sie wolle ihren Schlüssel, und beruhigte zugleich ein weinendes Baby. Hier waren die Wände dünn.

»Hallo, Rebecca«, sagte Alec etwas hilflos.

Rebeccas Blick wanderte von ihm zu Cooper. Sie klammerte sich an den Türrahmen, als wäre dieser das Einzige, was sie aufrecht hielt.

Sie betraten die Wohnung.

Der Linoleumfußboden des Wohnzimmers war von Spielzeugen übersät, in einer Ecke löste sich die gelbe Strukturtapete von der Wand. Alec trat versehentlich auf ein Spielzeug. Er fluchte halblaut und entschuldigte sich bei der Pflegemutter, aber diese saß mit Kopfhörern am Laptop und bekam nichts mit. Sie boten ihr an, sich dazusetzen, doch sie lehnte ab. Das gehe sie nichts an, sagte sie.

Rebecca bot ihnen Wasser in Plastikbechern an und versprach, ihre Fragen nach bestem Wissen und Gewissen zu beantworten.

Sie bestätigte, dass sie Reitunterricht gehabt hatte. »Aber nur ein Mal. Vor vielen Monaten. Mein Dad will nicht …«

Sie zögerte.

»Schade, dass du nicht weitergemacht hast«, meinte Cooper. »Die anderen Kinder haben dich gelobt. Sie meinten, du seiest sehr gut geritten.«

Rebecca errötete. »Das bezweifele ich.«

»Es war also deine erste Reitstunde?«, fragte Cooper.

»Warum hast du das damals nicht gleich erzählt?« Alec rieb sich Schlaf aus einem Auge.

»Bitte?« Rebecca drehte sich verwirrt zu ihm um.

»Du hattest mit Pferden zu tun. Du warst an einem der Orte, wo die Pferde zuvor gestanden hatten. Warum hast du das damals nicht erwähnt? Keine Sorge, ist nicht so schlimm. Ich frage mich nur, warum du es verschwiegen hast.«

Das konnte Rebecca auch nicht beantworten.

Sie nannten die Namen anderer Kinder: Maryam … Peter …

»Das ist Monate her«, sagte sie und trank einen Schluck Wasser.

Rebecca erzählte von der Farm und der Trennung ihrer Eltern. Im Sommer vor Grace' Verschwinden war Rebeccas Großvater gestorben, der Vater ihres Vaters. Dieser Tod hatte sich als Zäsur erwiesen. Sie waren als Familie zur Beerdigung gefahren, aber nach der Rückkehr hatten sie sich voneinander entfremdet, was Rebecca bis heute nicht verstand. Jeder arbeitete für sich allein im Haus oder auf der Farm, sie mieden sich, und abends saßen sie nur zusammen, wenn es nicht anders ging. Die Familie zerbrach allmählich, aber unausweichlich.

»Keine Ahnung, ob sie sich geliebt haben«, sagte Rebecca. Je länger ihre Eltern ihren jeweils eigenen Weg gegangen seien, desto stärker hätten sie sich verändert.

Eines Tages, sie hatte mit ihrem Vater Rehe gejagt, war ihre Mutter in ihr Büro gegangen, das sich neben dem Haus befunden hatte.

Damals hatten Rebecca und ihr Vater Grace Cole zum letzten Mal gesehen.

»Es hat drei Tage gedauert, bis ich mit meinem Vater darüber reden konnte«, erzählte Rebecca, den Blick auf ihre Tasse gesenkt.

»Hast du sie denn vermisst? Ihr hattet euch ja selten gesehen.« Alec stellte seine Tasse ab. »Wie hat sich ihr Fehlen bemerkbar gemacht?«

»Nach ihrem Verschwinden haben wir plötzlich gekocht.« Rebecca verstummte. Dann ergänzte sie: »Sie hat nie gekocht. Eigentlich hat keiner von uns gekocht.«

≠

»Schon komisch, dass wir alle zur gleichen Zeit dort waren«, sagte das Mädchen.

Sie unterhielten sich über die Erkrankung. Über das Krankenhaus. Cooper berichtigte sie nicht; sollte sie ruhig glauben, dass auch sie krank gewesen war, das schuf eine Verbindung.

In der Wohnung über ihnen wurde gestritten. Die Stimmen wurden lauter, Wörter zu unverständlichem Geschrei.

»Ich bedauere den Tod deines Vaters«, sagte Cooper, und ihr Blick glitt kurz zur Decke, weil der Lärm weiter zunahm. Sie begriff sofort, dass sie durch diesen Blick den Eindruck erweckte, nur eine Floskel von sich gegeben zu haben, und errötete. Sie wusste nicht, was sie sagen sollte.

»Hast du in den Wochen vor deiner Entdeckung Briefe erhalten?«, fragte Alec. »Oder Fotos? Irgendetwas Sonderbares oder ...?«

»Briefe?« Das Mädchen wirkte verwirrt.

Alec holte seine Mappe heraus.

Er zeigte ihr Kopien der aus Zeitungsschnipseln montierten Briefe.

Wir wissen alles.

Aufnahmen der Kisten im Wald.

Cooper befürchtete, er könnte Rebecca die grausamen Bilder zeigen, doch er beließ es dabei.

»Einige Pferdehalter haben diese Fotos bekommen«, sagte Alec.

Rebecca starrte die Aufnahmen der Holzkisten an.

»Hast du das schon mal gesehen?«, fragte er. »Rebecca?«

»Nein«, sagte sie und hob seufzend den Blick. Es schien, als hätte sich ein Nebel gelichtet. »Ich weiß nicht genau. Glaube nicht.«

Ein längeres Schweigen. Oben wurde weiter geschrien.

»Könnte es sein, dass du dich nicht traust, uns gewisse Dinge zu erzählen?«, fragte er. »Wenn es noch etwas gibt …«

»Nein, ich habe alles erzählt.«

»Mein Sohn wird vermisst«, sagte Alec. »Du hast bestimmt die Nachrichten gesehen.«

Sie nickte mit großen Augen, und ihr Atem ging etwas schneller.

»Wir müssen ihn dringend finden. Wir müssen sicherstellen, dass er wohlauf ist. Wer auch immer die Täter sind – wir müssen sie identifizieren und das Motiv klären.«

Je mehr er drängte, desto stiller wurde Rebecca.

»Deine Kutschfahrt am Strand … Wer hat sie bezahlt, Rebecca?«, fragte Alec. »Wer hat dich unterwegs gefilmt?«

Sie antwortete nicht.

»Nicht dein Vater, das wissen wir. Vielleicht ein Freund? Ein Nachbar? Jemand, mit dem du online gespielt hast?«

»Ich weiß nicht, was Sie meinen. Niemand hat mich gefilmt.«

In der Wohnung über ihnen ging es immer schlimmer zu.

Cooper bemühte sich, nicht nach oben zu blicken. Sie konzentrierte sich auf das Mädchen.

»Michael, der Kutscher, hat ausgesagt …«

»Mein Dad hat bezahlt. Es war mein Geburtstagsgeschenk.« Sie blinzelte. »Und mehr weiß ich wirklich nicht.«

»Soll ich dir beim Abwaschen helfen?«, fragte Alec und hielt die Plastiktassen hoch, wobei er begriff, wie albern die Frage war. Rebecca schüttelte den Kopf und betrachtete ihn halb betrübt, halb gerührt. Sie brachte beide zur Tür. Sie waren eine Stunde in der Wohnung gewesen, und die Fragen gingen ihnen aus.

»Fühlst du dich hier wohl?«, fragte Cooper, als sie ihren grünen Mantel anzog.

Rebecca nickte.

Sie öffnete die Tür. Im Flur war es kälter als zuvor. In den anderen Wohnungen herrschte Stille. Die Sonne sank, und die Flure waren dunkler. Alec fragte sich, wie es sein mochte, wenn man hier bei Nacht herumlief.

Als Cooper sich verabschiedete, drehte sich Alec um.

»Eine Frage noch«, sagte er. »Deine Mutter. Hat sie sich in letzter Zeit bei dir gemeldet?«

»Warum sollte sie?«, fragte Rebecca und schaute beide an. Weiter sagte sie nichts.

»Wir können sie nicht erreichen«, log er und schlüpfte in den Mantel. »Wir haben nur ein Facebook-Profil.«

»Wir würden gern …«, begann Cooper, doch Rebecca unterbrach sie.

»Sie haben ihre Nummer nicht?«

Alec musterte sie.

»Doch, aber sie ist darunter nicht mehr zu erreichen«, sagte Cooper.

»Was wollen Sie denn von ihr?«

Alec zwang sich ein Lächeln ab. »Würdest du nicht lieber bei ihr wohnen?«

Rebecca zögerte. »Ich glaube nicht, dass sie …«

»Wenn du einen Kontakt herstellen würdest, ob persönlich oder telefonisch, dann könnten wir …«

»Persönlich?« Rebecca starrte ihn an. »Wie sollte das gehen?«

»So, wie wir uns hier getroffen haben. Wenn sie mal wieder in der Gegend ist, könnten wir …«

»Sie ist in Portugal«, sagte Rebecca. »Sie lebt in Portugal.« Sie wirkte verwirrt und gereizt.

Diese Tatsache hing in der Luft. Eine unbestreitbare Tatsache.

»Du könntest trotzdem bei ihr wohnen«, meinte Alec. »Du bist immerhin ihre Tochter. Möchtest du sie denn nicht wiedersehen?«

Ein Zucken um Rebeccas Augen. »Das geht nicht. Sie ist in Portugal. Und ich … ich lebe *hier*.«

»Und wenn wir einfach …«

»Sie haben Kontakt mit ihr, stimmt's?«, sagte Rebecca. »Warum fragen Sie sie nicht selbst? Fragen Sie, wieso sie nicht zurückkehrt.« Rebecca lief rot an, ihre Stimme war immer leiser geworden. »Warum fragen Sie nicht?«

»Hat sie von mir erzählt?«

Cooper legte Alec die Hand auf den Arm. »Ich denke, das genügt.«

»Sie hat gesagt, dass Sie nerven«, sagte Rebecca. »Sie hat gesagt, dass Sie von ihr besessen sind.«

Weiter unten hallten Schritte auf der Treppe.

Alecs Atem ging schneller. »Was soll das heißen?«, fragte er. »Zeig mir doch bitte mal dein Handy.«

Rebecca sah ihn wütend an, doch ihr Zorn war nur gespielt.

Sie sah aus, als müsste sie weinen.

»Was hat sie dir erzählt?« Alec beugte sich zu ihr. »Und was redest du da überhaupt?« Sein Gesicht verzerrte sich. »Das ist doch alles blanker Unsinn.«

»Vielen Dank, dass du Zeit für uns hattest«, sagte Cooper förmlich und ergriff Alec am Arm. »Schönen Abend noch.«

Rebecca erwiderte nichts.

Alec sah sich auf halbem Weg die Treppe hinab noch einmal um, irgendwie beschämt, irgendwie schuldbewusst.

Rebecca beobachtete ihn.

Dann fuhr sie herum und schloss die Tür.

$$\neq$$

Die Einsamen gingen, und ringsumher erblühte die Leere in der Luft.

Ich habe dich damals gefragt: Wärst du lieber unbedacht oder grausam?

Da gab es aber ein Geheimnis, richtig? Eine Entscheidung jenseits der Entscheidung.

Etwas Wundervolles geschah.

In jener Nacht spürte ich, dass ich tanzen musste.

Ich spürte mich.

81

Sie hatten vor dem maroden alten Pier geparkt.

Die Holzplanken führten dreißig Meter ins Meer hinaus. Noch war der Pier nicht zusammengebrochen.

»Hier war ich als kleines Kind im Urlaub.« Cooper blinzelte. In weiter Ferne zeichneten sich die Windturbinen am Horizont ab. »Verrückt, oder? Dass ich schon mal hier war. Ich habe allerdings keine bewussten Erinnerungen. Meine Mutter hat es mir erzählt. Sie hat mich gestern angerufen.«

»Und wie war's?«

»Damals stand hier noch alles.«

»Nein, ich meine das Telefonat mit Ihrer Mutter. Wie war's?«

»Es war okay«, antwortete sie wegwerfend.

Er nickte, und sie fuhr fort.

»Wir haben hier jedenfalls Urlaub gemacht. Wahrscheinlich haben wir mit Bällen auf Kokosnüsse geworfen, Donuts gegessen und versucht, die Möwen zu meiden. Alles aus und vorbei. Schwer zu sagen, ob dieser Ort damals florierte. Etwa die Spielhallen ... als Zehnjährige hätte mich der Anblick bestimmt fasziniert. Ich hätte es geliebt.«

»Kaum vorstellbar, dass Sie noch mal wiederkommen«, sagte Alec leise. »Nach dieser Geschichte.«

Sie lächelte, wenn auch nicht mit den Augen. »Warum denn nicht? Jede Menge Spaß für die ganze Familie.«

Er sah sie an, und irgendetwas schien zu funken.

Er klang heiterer, als er sagte: »Ich habe bisher kaum jemanden kennengelernt. Gut, George – vielleicht war er so etwas wie ein Freund. Vielleicht auch Harry, aber wir waren nicht eng. Und dann … gibt es noch Sie.«

Sie schwieg.

»Ich habe Sie schon gesehen, bevor Sie zur Well Farm kamen. Am Abend zuvor im Pub. Ich habe überlegt, Sie anzusprechen, aber na ja.«

Cooper sah ihn an. »Warum wollten Sie mich ansprechen?«

Er schaute aufs Meer.

Beide sagten eine Weile nichts.

»Rebecca lügt«, meinte er schließlich, und Cooper nickte.

»Was hat sie gemeint, als sie behauptete, Sie hätten mit Grace gesprochen? Stimmt das?«

Wieder ein Schweigen. »Ich weiß auch nicht, was sie gemeint hat. Trotzdem interessant, nicht wahr? Sie behauptet, seit einem Jahr keinen Kontakt zu ihrer Mutter zu haben, scheint aber deren Nachrichten zu kennen. Das passt nicht zusammen.«

»Nichts passt zusammen«, sagte Cooper und wandte sich dem Meer zu. »Jeder, der uns helfen könnte, ist tot oder lügt oder hat sich aus dem Staub gemacht. Dieser Fall ist vertrackt.«

»Die Sonne geht unter.«

Sie sah ihn grimmig an. »Müssen Sie mich immer unterbrechen?«

»Ich unterbreche Sie nicht. Sie sind nur müde.«

Sie kratzte sich am Nacken.

»Am besten, Sie fahren ins Hotel«, schlug er vor. »Ich bleibe noch ein wenig, gehe vielleicht in ein paar Läden, bevor sie schließen.«

»Und wie kommen Sie nach Hause?«

»Ich muss Weihnachtsgeschenke kaufen«, sagte er. »Für Simon. Er ist sicher bald wieder da.«

Sie blieb stumm.

»Und für Sie.« Er zwinkerte ihr zu. Als er sich später fragte, warum er das getan hatte, wand er sich innerlich. Aber sie hatte ihn angelächelt, irgendwie merkwürdig, verändert.

Sie verabschiedeten sich voneinander.

82

Aus irgendeinem Grund mochte Alec Kälte lieber als Hitze – vielleicht wegen des Gefühls der Luft in seinen Lungen oder weil Kälte sein Gesicht so angenehm straffte. Wenn zugleich die Sonne schien, war alles im Gleichgewicht, dann war es auszuhalten. Der Wind war etwas abgeflaut.

Auf dem Platz, wie üblich voller Menschen, gab es nur

drei Stände. Möwen suchten nach Futter, fanden aber kaum etwas. Sie würden bald hungern, und viele würden für immer verschwinden.

Alle Läden waren geschlossen. Alec dachte keine Sekunde daran, dass sie vielleicht für immer dichtgemacht hatten.

Die Straßen waren voller Schneematsch, in den sich Streugut mischte.

Ein Motorroller stand verlassen neben einem offenen Lieferwagen, der als Einziger Kaffee verkaufte.

Alec ging zum kleinen Supermarkt. Vielleicht fände er dort etwas.

Nur eine Kasse war besetzt. Vor der Tiefkühlkost schrie eine ihm unbekannte Frau in ihr Handy. Alec stutzte.

»Chcę iść do domu«, flüsterte sie dann. »Proszę …«

Im Regal mit Süßigkeiten fand Alec einen Schokobären mit einem goldenen Glöckchen um den Hals. Immerhin ein Anfang. Er kaufte auch eine Flasche hochwertigen Whisky. Cooper hatte einen schlechten Geschmack. Sie könnten ihn gemeinsam trinken.

Er ging zur Kasse, bezahlte und verließ den Laden.

Die Bäume zeichneten sich vor dem strahlend blauen Himmel ab.

Alec dachte an Cooper. Er sah sie nun mit anderen Augen und fragte sich, was sein Sohn von ihr hielte und ob sich die beiden verstehen würden.

Vielleicht blieb Cooper ja nach dieser Sache in Ilmarsh. Sie brachte ihn zum Lächeln.

$$\neq$$

Cooper wollte vor Anbruch der Dunkelheit noch eine Runde laufen und zog den purpurroten Kapuzenpulli ihrer Uni an. Auf der Brust stand *Royal Veterinary College*, darüber prangte das Wappen: Tiere, die um eine Krone tanzten.

Die Luft war kalt und trocken. Am Himmel stand ein karmesinroter Mond.

Sie folgte dem Ufer, lief an leeren Stränden vorbei. Die Wellen liefen auf und fluteten zurück, liefen auf und fluteten zurück.

Sie joggte durch den Park. Die Bäume sahen herrlich aus an diesem späten Herbsttag. Das feuerrote Laub war durch den Wintereinbruch sehr schnell abgefallen. Es türmte sich auf dem Weg und am Rand. Sie begegnete Hundehaltern, die ihre Tiere ausführten, aber davon abgesehen war niemand unterwegs. Man tauschte einen Gruß in der anbrechenden Dunkelheit, immer noch überwölbt vom letzten Sonnenschein, der auch das Unterholz erglühen ließ. Die Leute sagten hallo, aber nur ihre Hunde waren aufrichtig freundlich.

Die Luft war kalt, doch ihr grünes Top war rasch durchgeschwitzt. Ihr purpurroter Kapuzenpulli verbarg die Schweißflecke. Lob und Preis dem RVC. Sie hatte dort gern studiert. Ihr Freundeskreis hatte meist aus Amerikanern bestanden, die ein Auslandssemester absolviert hatten und anschließend heimgekehrt waren. Mit ihren Landsleuten war sie nicht warm geworden. Sie hatte durchschnittliche Leistungen erbracht, weil sie außerhalb der Universität zu aktiv gewesen war, zu vielen Clubs und Gesellschaften angehört hatte. Außerdem lag ihr die Praxis mehr als die Theorie. Komisch, dass sie nun diesen Job machte. Andererseits blühte sie stets auf, wenn sie mit Unerwartetem konfrontiert wurde. Man enttäuschte viele Menschen, das ließ sich nicht vermeiden, aber man lernte auch immer wieder neue kennen.

Beim Laufen schwang ihr Pferdeschwanz hin und her, ihre grauen Laufschuhe versanken im matschigen Weg.

Sie fand es herrlich, sich an der frischen Luft zu bewegen, die Umgebung zu betrachten, endlich allein zu sein, Abstand zu ihren Fehlschlägen zu bekommen.

Irgendwo in den Bäumen krächzte eine Krähe.

Sie joggte weiter.

Ringsumher schraubte sich alles in eine tiefe Stille, das Meer wogte, die Wellen brachen sich rauschend, und die Geräusche der Spielhallen hallten bis in die leerstehenden Gebäude, bis auf die verwaisten Straßen.

Ilmarsh lag im Sterben.

Wie jeden Tag.

Als Cooper ins Hotel zurückkehrte, entdeckte sie vor der Tür ein unbeschriftetes Päckchen.

Sie ging nach unten zur Rezeption, aber der Manager war nicht da.

Also kehrte sie nach oben zurück und hob das Päckchen auf. Dann ging sie in ihr Zimmer.

Sie konnte die untergehende Sonne durch das Fenster sehen. Frische Handtücher und ein Stück Seife lagen auf dem akkurat gemachten Bett.

Sie ging zum Tisch und betastete das Päckchen. Es enthielt einen kleinformatigen, rechteckigen Gegenstand.

Sie öffnete es, obwohl sie wusste, dass sie besser gewartet hätte.

Aber Cooper wollte es wissen.

Sie musste es wissen.

Das Päckchen enthielt eine kleine, schwarze, altmodische Videokassette.

»Ich würde sterben, wenn dir etwas Schlimmes passieren würde.«

»Und wieso?«

»Ich habe nur dich.«

…

»Warum sagst du nichts?«

»Was soll ich darauf erwidern?«

»Ich weiß auch nicht. Ich wollte nur …«

»Komm zu mir.«

»Okay.«

»Ich bin älter als du.«

»Ich weiß.«

»Rebecca, ich …«

»Ich erzähle es niemandem.«

»Du kennst ja auch niemanden.«

»Stimmt. Deshalb ist das so einfach.«

»Wer hat dir das angetan?«

83

Ein Camcorder beginnt aufzunehmen.

Anfangs herrscht Frühling in der Stadt. Blüten fallen von den Bäumen, die einen verwahrlosten Pavillon im Park umgeben.

Gelegentlich ein Knistern, dann färbt sich das Bild bläulich ein.

Heitere Momentaufnahmen aus verschiedenen Ecken der Stadt, Fremde, obdachlose Frauen, die in Schlafsäcken am Strand liegen, Karten spielen, Witze erzählen, lachen. Der Camcorder nimmt sie aus der Nähe auf. Niemand spricht, niemand bemerkt, dass gefilmt wird.

Dann herrscht Nacht.

Anfangs ist nichts zu erkennen. Es ist zu dunkel.

Der Wind rauscht im Mikro.

Ein hohes Gebäude. Ringsumher Felder, in der Ferne sind schemenhaft Bäume zu erkennen.

Es ist die Well Farm.

Überall schwankt und zittert Schilf.

Jemand unterhält sich über das, woran diese Welt krankt.

Jemand spricht davon, dass man etwas tun müsse.

Jemand redet von einer Insel.

Jemand argwöhnt, dass er beschattet wird.

BONFIRE NIGHT

Wieder Nacht. Offenbar zu einem späteren Zeitpunkt. Feuerwerksraketen zerplatzen am Himmel, in ihrem Licht sind die Hotels zu erkennen.

Der Camcorder gleitet über sie hinweg, zeigt, wie sie durch die Luft fliegen. An einer Stelle hebt der Camcorder regelrecht ab, aber wie es scheint, wird er nur aus einem Fenster gehalten.

Unten auf der Wiese bewegt sich etwas.

Die Gestalt ist größer als ein Mensch.

Und sie wirkt verängstigt.

DEZEMBER

Die letzten Aufnahmen zeigen Alec und Cooper, manchmal gemeinsam, manchmal einzeln.

Die auf den Strand geschwemmten Torsi der Pferde.

Ein Hund im Wald, umgeben von Holzkisten.

Der abendliche Strand. Alec und Cooper sitzen nebeneinander mit dem Rücken zum Camcorder, sie sind so weit weg, dass die Person, die filmt, nicht hören kann, worüber sie sprechen.

Dann die Schlussszene.

Eine Innenaufnahme.

Es ist dunkel, aber durch die Vorhangspalten dringt der Schein der Lichterketten auf der Promenade und der erleuchteten Spielhallen.

Cooper beugt sich näher an den Bildschirm, ihr Mund öffnet sich, ihre Augen sind geweitet und trocken.

Die Aufnahme zeigt eine schlafende Frau, die sich unter ihrem Deckbett hin und her wälzt.

Das Objektiv beobachtet sie.

Es beobachtet Coopers Gesicht. Von einer Zimmerecke aus, dicht vor ihrem Bett, in einer namenlosen Nacht.

Jemand war bei ihr gewesen, und sie hatte nichts davon geahnt.

TAG VIERZIG

84

Das Video war zu Ende.

Sie saßen bei Alec zu Hause. Der Morgen war angebrochen.

Sie hatte im Hotel keinen Schlaf mehr gefunden.

»Wir können nicht hierbleiben.«

Die Morgensonne spielte auf den Bäumen und ließ die Schatten tanzen.

»Ich kann nicht im Hotel bleiben. Sie nicht in diesem Haus. Diese Person will ... sie hat es auf uns abgesehen. Wir werden beobachtet. Vielleicht sogar jetzt.«

Ein Lächeln wurde geboren, in einer Stadt am Meer.

»Wir können hinfahren ... Ich habe die Genehmigung erhalten, wie von Ihnen gewünscht. Es wurde arrangiert.«

»Was wurde arrangiert?« Alec starrte sie an.

»Ein Gespräch. Ein Treffen.«

Früher war ich voller Zorn.

Ich habe sie wie bei der Tanzpest hüpfen lassen.

»Ich glaube ... Ich glaube, ich werde langsam ...«

Teil vier

SECHZEHN PFERDE

85

Am letzten Schultag ging Rebecca zu ihrem Schließfach. Sie hatte in den Toiletten gewartet, in einer Kabine gesessen, bis es still war. Sie hatte sich mit ihrem Handy beschäftigt.

Ihr Schließfach war so neu, dass sie noch kein Vorhängeschloss angebracht hatte. Die Schule war viel langweiliger als in ihrer Erinnerung, in der sich der beigefarbige Anstrich in eine fast grelle Farbe verwandelt hatte.

Sie schaute in den Flur. Ein Lehrer verließ ein Klassenzimmer und ging zum Empfang. Eine Putzfrau wischte den Eingangsbereich.

Rebecca öffnete ihr Schließfach. Ein weißes Pulver wirbelte auf, sie atmete es ein, bekam es in die Augen.

86

Alec und Cooper hatten die Hälfte der Strecke zurückgelegt.

Das Mädchen von der Insel – deren Vater die ganze Familie getötet und vergiftet, Haus und Hof in Brand gesetzt hatte –, das Mädchen, das seither kein Wort mehr gesprochen hatte ... Alec glaubte, es wäre seine letzte Chance, die seltsamen Ereignisse aufzuklären.

Cooper hatte ihre Zweifel, denn es war fraglich, ob ein Kind das Rätsel lösen konnte. Trotzdem hatte er nicht Unrecht, denn die Optionen gingen ihnen aus. Und wenigstens ließen sie Ilmarsh eine Weile hinter sich.

Das Mädchen erwartete sie an einem weit entfernten Ort.

»Nun haben Sie wenigstens einen Grund.«

»Ein Grund wofür?«

»Ihren Job zu machen.« Sie drosselte das Tempo, weil der Verkehr dichter wurde. »An unserem zweiten Tag sagten Sie, dieser Fall sei Ihnen zugefallen, und es würde Ihnen an Phantasie mangeln.«

»Und Sie?«

»Wie meinen Sie das?«

»Warum bleiben Sie an diesem Fall dran?«

»Ist nun mal mein Fall. Außerdem … möchte ich Sie unterstützen. Wir sind schließlich befreundet.«

»Wir sind befreundet?«, fragte er. »Meinen Sie das ernst?«

»Tja, ich …«

Mehr sagte sie nicht dazu.

Sie würden erst gegen Abend eintreffen und hätten nur wenige Stunden Zeit.

Sie fuhren weiter.

Er sah sie immer wieder an.

87

Das erste und einzige Anzeichen für die Ereignisse auf der Insel war der erstickende Rauch gewesen. Er war von vorbeifahrenden Schiffen gemeldet worden. Dann hatten Ermittler übergesetzt; sie hatten sich rasch infiziert und waren ebenso rasch behandelt worden. Man hatte das kleine Mädchen durch Zufall entdeckt; sie hatte sich im Winkel einer eingestürzten Scheune versteckt und heftig gehustet, nachdem sie zuvor mucksmäuschenstill gewesen war.

Sie hatte kein Wort gesprochen. Weder damals noch danach, bis heute nicht.

Ihre Familie hatte nicht immer so isoliert gelebt. Ihr Urgroßvater hatte oft die Märkte in der Stadt besucht; die Leute erinnerten sich auch an seine Scherze, seine ungezwungene Art und die sporadischen Wutanfälle. Der letzte Sohn hatte schließlich mit der Gesellschaft gebrochen; sonderbarerweise, denn er hatte studiert und anschließend in einer Forschungseinrichtung Karriere gemacht. Eines Tages war er mit seinen Kindern und seiner schwangeren Frau auf die Insel zurückgekehrt. Mit der Zeit hatte sich seine Entfremdung von seinem früheren Leben gelegt, und er hatte stattdessen sein neues Leben zerstört.

Man entdeckte sonderbare Dinge in seinem Haus.

Notizen zu Himmel und Hölle.

Schriften, die er selbst verfasst hatte. Das Leben sei eine Sünde. Sie hätten sich absondern müssen.

Man müsse eine neue Lebensweise entwickeln. Es seien nicht die Menschen, die einem Ort etwas antäten. Der Ort tue den Menschen etwas an.

Und dann hatte er, der Vater, alle getötet.

Traumata verflogen nicht. Sie verbreiteten ihre Sporen.

Nur ein Mädchen blieb übrig.

Sie konnte nicht sprechen.

Niamh war jetzt zehn.

Alec war gebeten worden, draußen zu warten. In Gegenwart von Männern werde sie unruhig, hieß es.

»Ich schaffe das«, hatte Cooper zu ihm gesagt.

Kinder mochten Cooper, jedenfalls im Allgemeinen. Wenn ihre Schwester ein Kind bekäme, wäre ihre Nichte oder ihr Neffe sicher begeistert von ihr. Cooper versuchte stets, Kinder als ebenbürtig zu behandeln. Sie hatte im Blick, was sie mochten und was nicht. Sie gab sich ganz normal.

Dieses Mädchen malte gern. Als Cooper eintrat, war der Tisch von Buntstiften bedeckt.

Cooper stellte sich vor und erzählte, warum sie da war. Sie erwähnte auch ein Pferd.

Also malte Niahm eines. Sie trug ein blaues T-Shirt, das mit Bildern von Puppen bedruckt war. Sie hatte kurze, rote Haare.

»Das Bild ist nicht so gut gelungen«, meinte Cooper.

Das Mädchen sah mit großen Augen zu ihr auf. Dann wurde sie zornig, und Cooper grinste.

»Entschuldige, das war gemein. Darf ich es versuchen?« Das Mädchen malte weiter.

»Warte mal«, sagte Cooper und öffnete ihre Tasche. Sie holte Notizblock und Stift heraus. »Gut, also los.«

Cooper malte etwas, das aussah wie eine Wurst mit Röhrenbeinen und einem albern grinsenden Gesicht.

»Wie findest du das?«

Cooper reichte ihr Bild dem Mädchen.

Die Kleine betrachtete es. Sie lächelte leise, bis sie merkte, dass Cooper auch lächeln musste. Daraufhin erlosch ihr Lächeln.

»So sehen deine Pferde aus«, sagte Cooper. »Du solltest nicht aus der Phantasie zeichnen. Du musst zeichnen, was du vor Augen hast. Dann machst du Fortschritte. Zum Beispiel …« Sie stellte ihre Thermoskanne auf den Tisch. »Diese Kanne. Die zeichnest du jetzt mal.«

Das Mädchen und die Frau zeichneten die Thermoskanne.

»Siehst du, wo die Kanne das Licht reflektiert und wo sie dunkel ist? Das musst du abbilden. Das macht die Zeichnung lebendiger und verleiht ihr Tiefe.«

Beide ergänzten Licht und Schatten.

»Früher habe ich viel gezeichnet«, sagte Cooper.

Schließlich waren sie fertig.

Die Zeichnung des Mädchens war besser. Sie sah zu Cooper auf, als würde sie ein Lob erwarten.

»Das ist viel besser als unsere Pferde. Wir machen eindeutig Fortschritte.«

≠

Währenddessen prüfte Alec nach, wer Niamh besucht hatte.

Weder nahe noch entfernte Verwandte hatten Niamh zu sich holen wollen. Während der Zeit nach der Katastrophe kamen Sozialarbeiter vorbei; gerichtlich bestellte Personen und Mitarbeiter anderer Behörden.

Aber niemand sonst.

Er durchsuchte die Datenbank nach bestimmten Namen.

COLE.

Nichts.

ELTON.

Nichts.

NICHOLS.

Angeblich war er während der letzten zwanzig Jahre fünfzehn Mal hier gewesen. Aber nicht wegen des Mädchens. Sondern um andere Leute zu besuchen. Er stand vor einem Rätsel.

»Nichols, Alec.«

Er konnte sich nicht daran erinnern, hier gewesen zu sein.

Alec begriff nicht, wieso sein Name in dieser Datenbank auftauchte, wen er hätte besuchen sollen.

Er erkundigte sich bei einer Angestellten.

»Ich war noch nie hier«, sagte er. »Ich bin zum ersten Mal bei Ihnen. Ich weiß wirklich nicht …«

Sie konnte ihm nicht helfen.

Wie auch?

Es seien gespeicherte Daten. Man habe alle Daten aus ähnlichen Einrichtungen der Region in einem neuen System vereint.

»Dies ist also nicht die einzige Einrichtung ihrer Art?«

Nein.

Er wartete, bis die Angestellte ging.

Dann schaute er sich jeden Namen an und fragte sich, warum er sich nicht daran erinnerte. Wahrscheinlich hatte er die Leute im Zusammenhang mit Fällen befragt, die er in seinem alten Revier bearbeitet hatte.

Hatten sie ihm so wenig bedeutet?

Oder hatte er jetzt auch einen Dachschaden?

Was prägte sich ein? Wie viele Tage erlebte man so intensiv, dass die Erinnerung unauslöschlich war?

Alec kehrte in den Raum zurück, in dem er Cooper durch eine Glasscheibe beobachten konnte. Sie und das Mädchen zeichneten noch. Seit nunmehr vierzig Minuten.

Auf dem Tisch lagen Bilder von Pferden. Zeichnungen der Thermoskanne. Und Porträts, die sie voneinander gemacht hatten.

Ein Gespräch führten sie nicht.

Was tat Cooper da?

Das war doch pure Zeitverschwendung.

»Darf ich jetzt rein?«, fragte Alec.

Die Sozialarbeiterin erwiderte, das sei keine gute Idee. Es brauche seine Zeit. »Ihre Kollegin macht das gut.«

Er wartete weitere zwanzig Minuten auf einem harten Stuhl und beobachtete die beiden durch die Scheibe.

Dann holte er Coopers Laptop hervor, weil er seinen vergessen hatte.

Er hatte ihn im Auto benutzen dürfen, kannte also das Passwort. Cooper hatte sich überrascht gezeigt, weil ihm unterwegs nicht schlecht geworden war.

Er öffnete seine E-Mails und Aufzeichnungen.

Vor einigen Tagen hatte er alles aufgelistet, was er hatte finden können und was womöglich eine Bedeutung hatte:

Sechzehn:
- *Eine Maßeinheit. Eine Quadratzahl, 4 x 4. Eine Hexadezimalzahl, die zur Darstellung von Bits benutzt wurde. Die Anzahl der Bauern eines Schachspiels – ja, die Anzahl der Spielsteine eines jeden Spiels mit einem gewissen Anspruch.*
- *Nummer der Tarotkarte Turm.*
- *Zerstörung. Offenbarung. Höheres Wissen. Wandel.*
- *Das Zeitalter der Eintracht.*
- *Die Zahl der Vollendung.*
- *Teilbar durch eins, zwei, vier, acht und sich selbst.*
- *Die Anzahl der Stunden, die man täglich wach war.*
- *Tag der Boston Tea Party, der ersten Oscar-Verleihung, der Hochzeit von Marie Antoinette, ihr Todestag, Bestandteil des Titels ihres Mannes, Ludwig XVI.*

- *Die Ordnungszahl für Schwefel.*
- *Das Alter Rebeccas.*

Diese Zahl bedeutete alles und nichts.

Die Datei enthielt auch Fotos. Aufnahmen der Pferde-köpfe. Der Holzkisten auf der Lichtung. Der Turm-Tarot-karte, auf der sich zwei Menschen von einem zusammen-brechenden Gebäude stürzen.

Des Fingers. Des Nagels.

Was die Pferde betraf, so gab es diverse Assoziationen:

Reiten. Rettung. Wettrennen. Arbeit. Haustier.
Krieg. Zugtiere des Sonnenwagens. Klebstoff.
Jagd. Fleisch. Macht. Freund.

Pferdebestattungen waren in vielen Kulturen nachweis-bar, sie symbolisierten Odin, Fruchtbarkeit, Reichtum, Tod.

In der Provinz Shandong hatte man in einer Grube sechshundert Pferde entdeckt, Jahrhunderte nach ihrem Tod.

Das trojanische Pferd, ein heimtückisches Geschenk.

Dann war eine Seuche ausgebrochen. Die griechische Streitmacht war im Meer untergegangen. Kranke und Tote und keine Aussicht darauf, Helena je wieder heim-holen zu können.

Man hatte ein Reh getötet, ein Tier, das Artemis heilig war.

Die Seuche hatten sie selbst heraufbeschworen, sie war

eine Sühne für das, was sie waren und getan hatten. Sie lenkte das Augenmerk auf ihre Untaten, war die verdiente Strafe.

Um die Seuche zu beenden, musste die griechische Streitmacht ein Opfer bringen, das dem toten Reh entsprach.

Der griechische König schnitt seiner Tochter Iphigenie die Kehle durch.

Der Krieg endete Jahre später, als sich Krieger in einem hölzernen Pferd in die Stadt Troja schmuggeln ließen.

Danach sollte der König siegreich heimkehren.

Er würde seine Frau küssen und über purpurrote Tücher wandeln.

Er würde sich vergegenwärtigen, was er getan hatte, und lächeln.

Er würde nie wieder erwachen.

Seine Frau würde ihn im Schlaf ermorden.

Bevor Alec ausschaltete, versuchte er, Coopers E-Mails mit dem Passwort des Laptops zu öffnen. Er war nicht überrascht, als es klappte.

Er las ihre private Korrespondenz und entdeckte E-Mails ihrer Schwester.

Er fand E-Mails, in denen sie seine Unschuld verfocht und in denen berichtet wurde, was sich in seinem Haus befand. Solche mit der Bitte, man möge ihm erlauben, weiter zu ermitteln, solche, die Argumente gegen das vorbrachten, was eine Frau namens Ada Solarin als seine *Instabilität* bezeichnete, seine Nachlässigkeit, seine Inkompetenz.

Er entdeckte E-Mails, in denen es um Vögel ging.

Über seine auf Plastikhüllen entdeckten Fingerabdrücke.

Über seine Besessenheit von einem Spiegel.

Alec stand auf und klappte den Laptop zu.

Er ging durch den Flur und öffnete die Tür.

»Alec?«

Er ergriff einen der Stühle, die an der Wand standen, und zog ihn zu Niamh. Das Mädchen zuckte zusammen, als die Metallbeine des Stuhls über den Fußboden schrammten, und vermied es, die zwei Erwachsenen anzusehen. Sie zeichnete langsamer, krakeliger.

»Alec, wir sind gerade …«

Er überhörte Cooper. »Hallo, Niamh. Ich bin Polizist. Detective Sergeant Alec Nichols.«

Das Mädchen blinzelte und zeichnete weiter.

»Wir möchten dir ein paar Fragen zu deiner Familie stellen.«

»So geht das nicht.« Cooper sah ihn an, die Stirn in Falten gelegt. »Wir müssen draußen reden.«

»Nein, nein. Jetzt rede ich mit ihr.« Er ließ das Mädchen nicht aus den Augen. »Weißt du, Niamh, ich habe auch etwas Schlimmes erlebt. Ich war krank. So wie du damals, wie dein Papa, dein Bruder und alle anderen. Wir haben das Gleiche durchgemacht.«

Sie sah immer noch nicht auf und zeichnete wieder schneller.

»Lassen Sie das«, sagte Cooper. »Sie hat durch nichts zu erkennen gegeben, dass sie etwas weiß.« Als er nicht reagierte, ergänzte sie: »Das ist nicht fair, Alec, wir sind …«

»Sie können ja rausgehen«, sagte er, ohne sie anzusehen.

Nach einer Weile erhob sie sich und ging.

Nun war er mit dem Mädchen allein.

»Und ich habe überlebt, genau wie du«, sagte er. »Ich habe überlebt, aber es wird noch jemand vermisst. Mein Sohn. Mein Junge. Er wurde im gleichen Jahr geboren wie dein Bruder. Und ich … ich muss wissen, wo er ist. Ich muss wissen, wer hinter alldem steckt.«

Das Mädchen schwieg.

»Hat euch vielleicht jemand besucht, bevor es auf eurer Insel zu der Katastrophe kam? Hat man eure Tiere verletzt, habt ihr Briefe oder Fotos erhalten?«

Draußen im Flur wurde es laut.

»Hat sich jemand unerwünscht bei euch aufgehalten?«, fragte er.

Sie zeichnete weiter.

Nach kurzem Zögern griff er über den Tisch und entriss dem Mädchen den Buntstift.

Sie wehrte sich nicht.

Sie reagierte nicht.

Ihre leere Hand hing in der Luft.

»Warum wurde euer Haus in Brand gesetzt?«

Die Tür ging auf. Zwei Pfleger traten ein, gefolgt von Cooper und dem Leiter.

»Mr. Nichols, Sie dürfen sich hier nicht aufhalten.«

»Detective Sergeant Nichols«, entgegnete Alec.

»Ich muss Sie auffordern, diesen Raum zu verlassen.«

Alec sah zu den Leuten auf. Cooper stand hinter ihnen. Er hatte sie noch nie so wütend gesehen. Hatten sie ihn beobachtet? Hatten sie hinter der Scheibe gestanden?

»Niamh, ich …«

Das Mädchen wandte sich ab. Sie hatte wieder einen Buntstift in der Hand.

Sie zeichnete ein Holzhaus.

Sie zeichnet noch eines, danach ein drittes.

Alec starrte das Mädchen an, während die Pfleger ihn packten und aus dem Raum schafften. Er versuchte noch, die Häuser zu zählen.

Sie hatte insgesamt fünf gezeichnet.

Hier gab es keine Antwort auf sein eigenes Verbrechen, nicht hier.

Er würde keine Antworten finden. Er würde nichts erfahren, er *konnte* nichts erfahren.

Sie war nur ein kleines Mädchen, verirrt in einem Dasein, in dem Menschen verbrannt waren.

88

Rebecca entfernte sich vom Pier und wanderte in ihren blau-weißen Turnschuhen an den lauten Spielhallen vorbei. Die Kinder dort spielten nicht, sondern sahen nur zu. Sie war ein paarmal mit ihrem Freund in den Spielhallen gewesen. Sie hatten vor allem Ballerspiele gemacht, Münzen in Apparate mit albernen Namen gesteckt und die rot-schwarzen Gewehre auf die Gesichter von Velociraptor und Zombie gerichtet. Immer wieder schaute sie ihn lächelnd an, aber er erwiderte ihren Blick nicht, sondern konzentrierte sich auf das Spiel. Irgendwann war ihnen das Kleingeld ausgegangen. Rebecca hatte kaum Geld, und trotzdem hatte sie gespielt. Genau genommen machte ihr das keinen Spaß, er dagegen war selig. Dann spendierte er ihr einen Burger. Sie hatte keinen haben wollen – zu fettig –, aber als er darauf bestand, hatte sie den Burger gegessen.

Monate nach ihrem letzten Geburtstag hatten sie auf einem Feld in der Nähe der Farm gelegen, weit weg von ihrem Haus, weit weg von ihrem Vater, von Fremden.

Er wollte wissen, was sie sich wünschte, und ihr fiel nichts ein.

Sie hatte nur von der Kutschfahrt am Strand erzählt, von Glück gesprochen, erklärt, was sie darunter verstand.

Nun saß Rebecca auf der Ufermauer und trommelte mit den Hacken dagegen.

Sie hatte niemandem von dem Pulver erzählt.

Morgen würde man ihr Schließfach öffnen und die Behörden alarmieren. Man würde das Pulver analysieren und feststellen, dass es nur Mehl war. Der gedankenlose Streich eines gemeinen Mitschülers. Aber das wusste Rebecca nicht, während sie umherschlenderte.

Sie wusste nicht, was sie eingeatmet hatte. Sie wusste nicht, ob es sich wiederholen würde, sie wusste nicht, wer sie auf dem Kieker hatte.

Rebecca stand auf und ging in die Stadt. Sie hatte einen Mantel und einen Rucksack mit ihren Sachen dabei. Sie ging zum Marktplatz.

Vor dem Pommes-frites-Mobil drängten sich Leute mit Motorrollern. Die meisten Stände schlossen gerade. Ein streng aussehender Mann hatte eine Matte ausgelegt, auf der Militaria zum Verkauf auslagen. Alte und defekte Schusswaffen. Orden. Kleidung.

»Sind die Sachen echt?«, wollte Rebecca wissen.

»Hm?« Der Mann sah auf. Sein Gesicht war von Aknenarben und sechzig Jahren praller Sonne gezeichnet. Er klang heiser. Als er sie ansah, wirkte er nicht mehr streng. »Was?«

Rebecca ging weiter. Sie wartete seine Antwort nicht ab, hörte ihn aber brummeln. Sie ging zu einem Pub, in dem ein Polizist vor geraumer Zeit seinen Freund gefragt hatte, ob man ihn möge. Sie setzte sich in dieselbe Ecke. Der Laden erwachte gerade zum Leben. Sie bestellte mit einer App einen Drink an der Bar. Cola mit Wodka.

Zu ihrer eigenen Überraschung wurde er gebracht. Der Barkeeper zögerte.

»Meine Mutter ist auf Toilette«, sagte Rebecca.

Er nickte und kehrte zur Bar zurück. Rebecca trank, doch es schmeckte ihr nicht, und sie fand es erstaunlich, wie leicht es gewesen war – nicht das Bestellen, sondern das Lügen. Er hatte ihr ohne weiteres geglaubt. Sie bestellte etwas zu essen: Pommes, einen Burger, das ganze Menü.

Sie aß alles auf, und als sie ging, zwinkerte ihr ein Mann an der Bar zu.

Im Hinausgehen fragte sie sich, ob er ihr folgen würde.

89

Täglich verließ jemand die Stadt.

In drei Jahren wäre der Bahnhof verschwunden. Dann würde man die Schienen herausreißen und verschrotten.

Die Tierklinik fand nie einen Käufer. Die Mitarbeiter kamen in anderen Praxen unter. Ihre ehemaligen Kunden – die wenigen, die es angesichts des Exodus noch gab – ließen ihre Haustiere in benachbarten Städten behandeln.

Frank dachte an das, was er für sie getan hatte. Und was er ihnen angetan hatte. Auf einem Feld stehend, hatte er den Menschen zugerufen, sie würden ihre Existenzgrundlage verlieren. Er hatte von der Maul- und Klauenseuche gesprochen, von Ansteckung, von Schlachtschussapparaten und Scheiterhaufen. Hatte ihnen Ratschläge gegeben.

Seine Freundin hatte nicht mehr mit ihm reden wollen. Er hätte sich nie mit einer jüngeren Frau einlassen dürfen. Ihr Interesse hatte ihm geschmeichelt. Irgendwann hatte er genug gehabt.

Hier lagen schon lange die Nerven blank. Alle hatten Angst.

»Wir reden bald«, hatte sie gesagt, die Worte aber nicht ernst gemeint.

Er wusste, dass man ihn für arrogant hielt, für grob, aber wenn man kein Selbstbewusstsein vortäuschte – wenn man nicht vorgab, so zu sein, wie die Welt es erwartete –, was für ein Mann wäre man dann?

Er war am späten Abend zum American Diner gegangen, weil er sie überraschen, ein letztes Mal versuchen wollte, ihr Herz zu erobern, doch als er in der tiefen Dunkelheit die Tür aufschloss, hatte sie Angst bekommen, und damit war es endgültig vorbei gewesen.

Er kam an den tausend Jahre alten Gassen vorbei, den schmalen Straßen, an dem Land, das nie vergessen würde, was es gewesen war und eines Tages vielleicht wieder wäre. Die Grundstruktur war schon seit langem erkennbar gewesen, für alle, die ihre sieben Sinne beisammenhatten, für die Schlimmsten unter den Menschen.

Er kam an der Kutsche vorbei und lehnte sich gegen den Wohnwagen. Er war rasiert, sein Blick klar. Der Mann nickte ihm zu, und Frank wurde traurig, ohne dass er wusste, wieso.

Der Tierarzt ging zu seinem Auto. Auf der Rückbank lagen einige seiner Habseligkeiten.

Die Polizei war noch einmal erschienen, nun mit Spürhunden. Sie verdächtigten ihn immer noch und glaubten, er hätte Betäubungsmittel versteckt, man ließ ihm keine Ruhe.

Jeder wusste, woher die Mittel stammten. Das wussten alle, aber niemand sagte etwas. Er fragte sich, wie viel man dem Inspector bezahlt hatte. Ob er der Sündenbock sein sollte, ob er die Sünden der Spielhallen und verwaisten Straßen auf sich nehmen musste. Ob man ihm Taten unterstellte, die er nie begangen hatte.

Das zentrale Problem seines Berufes bestand nun einmal darin, das Tier vor seinem Halter zu beschützen.

Er saß am Steuer und betrachtete die Gebäude gegenüber. Er war zu weit entfernt, als dass er in ein Fenster hätte schauen können, und die Lichter waren gedämpft.

An diesem Vormittag war er auf dem Markt gewesen. Er saß zwischen den Motorrollern, lauschte dem Kreischen der Möwen, entdeckte Gesichter, die er jahrzehntelang nicht mehr gesehen hatte.

Eine alte Frau hatte ihn angesprochen. Sie hatte ihm das Gesicht zugewandt, ihren Körper abrupt und dramatisch verdreht.

»Da passiert doch irgendwas.«

90

Rebecca dachte nach, während sich der Himmel eindunkelte, während ihre Beine ermüdeten, während die Stunden verstrichen. Sie dachte über ihren Vater nach, wie man ihn nach seinem Tod aufgefunden hatte.

Er hatte keine Schuhe mehr getragen.

Er hatte sie abgestreift; sie lagen in der Nähe im Schilf. Man hatte vorübergehend geglaubt, jemand hätte sie ihm ausgezogen – gut möglich, dass sie das selbst gedacht hatte –, aber man fand weder Fingerabdrücke noch andere Beweise. Sie war von der Frage besessen, wieso er die Schuhe ausgezogen hatte.

Rebecca ging durch dunkle, verwahrloste Gassen, was ihr Vater strikt verboten hätte. Inzwischen brach der Abend an.

In einer Straße hörte sie Geräusche, einen Schrei.

Sie ging weiter.

Sie stieß auf eine Menschenansammlung. Jemand schien auf die Straße getorkelt und angefahren worden zu sein.

»So ein Vollidiot«, sagte jemand.

Dieser Jemand, ein Freund des Unfallopfers, würde den Rettungssanitätern erzählen, was für ein spezieller Typ das Opfer gewesen war, dass er oft solche Sachen gebracht hatte. Andere Gaffer fotografierten den Mann, der blutend im Regen lag. Die Person, die ihn angefahren hatte, war im Auto geflohen. Rebeccas Haare wurden nass. Sie entfernte sich vom Unfallort.

In ihrem Leben war nichts so, wie es hätte sein können. Dieser Gedanke kam ihr, als sie an die weggeworfenen Schuhe ihres Vaters dachte.

Vertrocknetes Laub raschelte auf dem Bürgersteig.

Über ihr glitzerte blaues Licht, irgendwelche Dekorationen. Hausecken und Pfützen waren von rötlichem Licht gesäumt wie von fahlem Feuer.

Sie würde den Himmel jener Nacht als schwarz und sternenleer in Erinnerung behalten. In der Grundschule hatte sie die Nacht stets dunkelblau gemalt, nicht schwarz, und zu ihrem Lehrer gesagt, er irre sich, wenn er glaube, die Nacht sei stockfinster. Morgens sei der Himmel hellblau, nachts sei er dunkelblau. So musste es sein. So mussten Ursache und Wirkung funktionieren – nach ihren Wünschen.

In ihrem tiefsten Inneren glaubte Rebecca, dass etwas überleben würde, wenn die Menschheit die Welt und sich selbst vernichtet hätte. Was aber, wenn das, was Gott erschaffen hatte, nicht genügte? Was, wenn sich ihr Großvater in allem geirrt hätte? So hatte ihr Vater das gesehen. Ihr Vater, der den Großvater in ihrer Erinnerung überragte. Ihr Vater, der Verrückte, der Sonderling, der alles zerstört hatte, was gut für ihn gewesen war, der Böses erlitten und Böses zugelassen hatte. Sie vermisste ihren Vater trotzdem. Ihr Vater, der sie nach allem, was sie angestellt hatte, gerettet hatte.

Und wenn wir es übertrieben hätten?

Die Namen, die wir uns gaben, mit denen wir uns selbst bezeichneten, unsere Lebensweise – all das machte die Welt erträglicher, richtig?

Sie überlegte, was es hieß, gut zu sein. Wenn man ohnehin gut war, wäre es doch bestimmt einfach, gut zu sein und Gutes zu tun. Dann müsste man sich nicht ändern und das alte Selbst verdammen, alles verdammen, was einen ausgemacht hatte. Dann müsste man auch nicht sterben.

Sie kam an einer Bar vorbei, vor der lachende Männer standen, manche mit Affenmaske. Vielleicht ein Junggesellenabschied. Sie prosteten sich mit Bier zu.

Einer bemerkte sie und sah sie unverwandt an.

Schließlich ging er zu ihr und fragte, wie sie die Masken finde.

Rebecca antwortete, sie seien schräg.

»Warum setzt du nicht auch eine auf?«, sagte der Mann, dessen Stimme hinter der Plastikmaske dumpf klang. Er ging zum Tisch und holte eine.

»Lass sie in Ruhe«, sagte ein anderer zu ihm.

»Sie will nur eine Maske.«

»Sie sieht aus wie zwölf.«

»Sie ist älter als zwölf.«

Der andere zuckte die Schultern.

Rebecca ging weiter durch eine Seitenstraße. Die Geräusche ihrer Geburtsstadt schienen bis zur Lautlosigkeit gedämpft zu sein. Sie hatte den Impuls zu lachen, konnte aber nicht. Dann lief sie mitten auf der Straße und fragte sich, ob ihr Körper zerschmettert werden, ob sie sterben würde, bevor andere mehr über ihre Mutter erfuhren, über das, was Grace Cole getan hatte, bevor jemand herausfand, was sie vor ihrem Verschwinden gesagt hatte, bevor man wusste, wer Rebecca in Wirklichkeit war, bevor man ihr Herz offenlegte.

Die meisten Leute konnten sich beherrschen, sie verloren nie, was gut an ihnen war, aber das war nicht alles, richtig? Man hatte nicht nur gute Seiten.

Kein Verkehr. Die Straße war leer, Rebecca stand jetzt auf der anderen Seite.

Sie lief und lief, stundenlang.

Sie lief und lief und durchquerte die Ruine ihres einstigen Zuhauses.

Sie kam an den roten Stangen vorbei, die im Boden steckten.

Warfarin-Tabletten 10 mg
Eine Tablette täglich.
Immer zur gleichen Uhrzeit.
Mit einem Schluck Wasser einzunehmen.

91

Auf der Rückfahrt waren die Straßen regennass, in den Pfützen an den Bordsteinkanten spiegelten sich die roten und weißen Lichter der abendlichen Stadt. Weihnachtsbeleuchtung, Geschäfte, Läden und Menschen verschwammen vor der Windschutzscheibe, auf der die Wischer hektisch hin und her glitten, der saure Regen strömte über das Auto. Das Navi führte sie fort von allem, was Cooper hinter sich gelassen, Alec für immer aufgegeben hatte. In einer Großstadt kannte keiner den anderen, hieß es nicht so? Andererseits hatte Alec in seiner abgelegenen Kleinstadt auch niemanden gekannt.

Er fuhr weiter, denn er hatte unbedingt fahren wollen. Es ging erstaunlich oft nur im Stop-and-go voran.

Cooper schwieg und sah aus dem Fenster.

Dann erreichten sie die Landstraße, die schnurgerade durch die flache Landschaft und bis nach Ilmarsh führte. Sie wollten zu einem Bed and Breakfast am Stadtrand. Beide hätten sich in dem Städtchen nicht sicher gefühlt.

Er wandte sich zu ihr um. Sie hatte den Mund verzogen und starrte ins Leere.

»Alles klar?«, fragte er.

»Ja.«

Er mochte sie nicht, wenn sie so drauf war.

Hier, auf dem platten Land, herrschte Leere. Hin und wieder Büroparks, für Pendler aus der Stadt bequem zu erreichen. Nach einer Meile passierten sie die Bauruine eines Kraftwerks, dessen drei Türme vor sich hinschlummerten, weil die Regierung die Finanzierungsvereinbarungen blockiert hatte. Inzwischen fürchtete man die Beteiligung ausländischer Unternehmen.

Alec fragte sich, was in den halb fertigen Hallen vor sich ging. Ob es noch einen Wachdienst gab, ob man alles zurückbaute und einzelne Bestandteile wiederverwendete, ob man schlicht darauf wartete, bis eine neue Regierung ins Amt kam, bis man Energie brauchte, bis man endlich wieder Atome spalten konnte.

»Tut mir leid«, sagte er mit trockenem Mund. »Ich weiß auch nicht, was mich geritten hat. Manchmal, tja, da bin ich …«

Sie schüttelte unmerklich den Kopf, ohne ihn anzuschauen, ohne etwas zu erwidern.

»Was sollte das?«

Sie schwieg, dann fragte sie: »Was meinen Sie?«

»Sie haben den Kopf geschüttelt.«

»Ah, ja«, sagte sie.

Sie fuhren weiter. Im Auto war es heiß, und er konnte das Gebläse nicht runterstellen, weil sonst alles beschlagen wäre.

»Sie haben nichts erreicht«, sagte er. »Sie haben nur mit ihr gezeichnet. Sie haben so gut wie keine Frage zu unserem Fall gestellt, und …«

»Das Mädchen hat nie mehr gesprochen, mit *niemandem*. Man hat uns gesagt, Männer würden sie beunruhigen. Also: Was haben Sie sich dabei gedacht, Alec?«

»Ich weiß, was Sie meinen. Ehrlich. Aber wir hatten nur ein paar Stunden. Und Sie sind keine Therapeutin. Sie haben bloß Zeit vergeudet.«

Cooper lehnte sich schweigend zurück. Zog das Bein zurück, als er in einen anderen Gang schaltete.

»Kein Grund, die beleidigte Leberwurst zu spielen«, sagte er. »Sie schmollen, weil ich übernehmen musste. So sieht's aus.«

Cooper schnitt eine Grimasse. »Ich schmolle, hm?«, sagte sie höhnisch und verdrehte die Augen. Sie sah ihn noch immer nicht an.

Er richtete den Blick wieder auf die Straße. Sein Magen war wie verknotet, seine Beine, Knöchel und Füße schmerzten, und er versuchte, nicht nachzudenken, sondern sich auf das Außen zu konzentrieren.

Sie fuhren an Weilern mit üppiger Weihnachtsbeleuchtung vorbei. In manch trautem Heim war der Baum durch ein Fenster zu sehen. Alec musste an Weihnachten denken.

Er hatte kaum etwas für Simon gekauft. Jedes Jahr kaufte er die Geschenke immer erst kurz vor Toresschluss.

Ob Simon vor seinem Verschwinden etwas für ihn gekauft hatte?

Vielleicht war er wie sein Vater. Vielleicht trat auch er auf den letzten Drücker in Aktion.

Alec umklammerte das Lenkrad. Der Regen ließ nach.

Er stellte ein langsameres Scheibenwischerintervall ein und schaltete das Radio an. Anfangs hatte Cooper protestiert und wollte einen Musiksender hören. Alec mochte Nachrichtensendungen, Talkshows und dergleichen. Das beruhigte ihn.

Nun muckte sie nicht auf.

Jemand erläuterte die ethischen Vorzüge künstlichen Fleisches.

»Wissen Sie, ich bin …«, setzte er an, verstummte aber wieder.

Zwanzig Sekunden verstrichen.

»Sie sind … was?«, fragte sie.

»Ach, nichts.«

»Sie sind nicht Sie selbst«, meinte sie.

Woher wollte sie das wissen?

Niemand konnte das wissen.

Die Radiosendung schien endlos lang zu sein. Der Moderator fragte einen Gast, ob er sich vorstellen könne, ein Steak zu essen, dessen Fleisch in einem Labor herangezüchtet worden sei, für das also kein Tier habe sterben müssen.

Der Gast meinte, Steakfleisch zu züchten sei sicher schwierig, die Sache sei komplex. Bei einem Burger sei das vermutlich einfacher, denn …

Cooper beugte sich vor und stellte andere Sender ein, die zum Teil Weihnachtssongs spielten, dann schaltete sie das Radio aus. Sie fuhren ohne Berieselung weiter.

Die Welt dünnte sich aus, während sie sich den Ausläufern von Ilmarsh näherten.

Im Bed and Breakfast gab es nur ein Doppelzimmer – immerhin mit getrennten Betten. Sie hatten eigentlich zwei Zimmer gebucht.

Ihnen blieb keine Wahl, es sei denn, einer hätte in einem Zimmer ohne Bett geschlafen.

»Wir renovieren«, sagte die Frau an der Rezeption.

Sie nahmen den Schlüssel und gingen nach oben.

92

Cooper sah ihn nicht an. Sie richtete sich nicht auf. Sie lag angezogen auf dem Bett und betrachtete die Zimmerdecke.

»Was heute passiert ist«, sagte sie, »darf sich nicht wiederholen.«

Er schwieg. Sie wusste nicht, ob er noch wach war.

»Manchmal agieren Sie unbedacht, Alec.«

Durch die Ritzen der Jalousie sickerte Licht, denn die Straßenlaternen waren noch an. Das Zimmer roch wie viele Gästezimmer: staubig, schimmelig. Weitere Gäste schien es nicht zu geben, sie hatte jedenfalls keine gehört.

Cooper rollte sich auf die Seite und schloss die Augen.

≠

Sie erwachte mitten in der Nacht und wusste nicht, ob sie zwei Minuten oder zwei Stunden geschlafen hatte.

Nun sprach Alec. Sie hatte keine Ahnung, ob er schon länger geredet hatte.

»… lieber unbedacht oder grausam.«

Sie drehte sich zu ihm um.

»Das hat mein Dad oft gesagt, als ich klein war.« Er sah zur Decke. »Er war der Meinung, Gutes zu tun sei wichtiger als … tja … das hat er nicht weiter ausgeführt. Aber das war egal, denn die Botschaft war auch so klar.«

Seine Stimme klang müde, milde und etwas tonlos.

»Das Auto, das Sie zerkratzt haben … Dachten Sie, das wäre eine gute Tat?«

Cooper rieb sich die Augen. »Hm?«

»Ich habe Sie mal nach ihrer schwersten Sünde gefragt. Und Sie haben erzählt, es sei …«

»Ich habe den Lack zerkratzt«, sagte sie. »Aber das war nicht meine schwerste Sünde, Alec. Wir kannten uns kaum, und als Sie mir die Frage gestellt haben … tja …«

»Sie haben während der letzten Tage ständig die gleiche Frage gestellt. Sie wollen mich aushorchen, seit ich im Krankenhaus war. Glauben Sie, ich hätte das nicht gemerkt?«

»Meine schwerste Sünde ist das, was ich Elizabeth angetan habe.«

Fotos, über Pferdeköpfen hängend.

Hautfetzen, an ein Brett gepinnt.

Cooper betrachtete Alec, wie sie all diese Dinge betrachtet hatte.

Sie hatte alles seziert. Jedes Leben stellte ein Rätsel dar. Sie hatte versucht, den Toten zu helfen.

»Anfangs hat sie ihre Diagnose geheim gehalten: Noch ein Jahr zu leben«, sagte Alec leise. »Krebs.«

Cooper schwieg weiter.

»Ihr Sterben hat drei Jahre gedauert. Und ich … habe sie verlassen. Nach dem ersten Jahr. Und mit ihr auch Simon.«

Er erzählte ihr, wie schwer es gewesen war.

Alec erzählte dieser Frau, was er sich selbst tausendmal erzählt hatte.

»Wenn die Ehefrau an Krebs erkrankt, scheint es oft so zu sein, dass der Ehemann sich trennt.« Er holte tief Luft.

Als Cooper nicht reagierte, fuhr er fort: »Mein ganzes Leben, alles, was ich getan habe, was ich tue … all das tun auch andere Menschen, richtig? Wäre irgendetwas von mir geblieben, wenn ich gestorben wäre?«

Er blinzelte. Ein Auge zuckte. Ein eingeklemmter Nerv.

»Im Grunde war ich immer einsam. Was wollte ich wirklich?«

Er schloss die Augen.

»Sie haben gefragt, warum ich mich für dieses Leben, diesen Beruf entschieden habe. Nicht, dass es mir an Phantasie gemangelt hätte. Nein … das nicht.«

»Und warum haben Sie sich dafür entschieden?«, fragte sie.

Was schwang in ihrer Stimme mit?

Mehr als nur Kälte, mehr als nur Neugier?

Was bedeutete er ihr? Bedeutete er überhaupt jemandem etwas?

Cooper lauschte ihrem Freund.

Er drehte sich zum Fenster um. Sie wusste nicht, was sie sagen sollte.

Sie wusste nicht, wie sie ihm ein besseres Gefühl geben konnte.

Sie hörte nur zu.

Sie schloss wiederholt die Augen.

»… mächtig, ich wollte mich mächtig fühlen …«

$$\neq$$

Ich wollte das Gefühl haben, ein guter Mensch zu sein.

93

Er dachte an die Buchstaben auf den Kisten.

Er dachte an die Fotos von Grace.

Er dachte an Cooper.

Er dachte an die Augen im Erdboden.

Schließlich stand er auf und nahm Coopers Laptop mit in den Flur. Sie rührte sich nicht.

Gegenüber befand sich ein renoviertes Zimmer ohne Bett; er brauchte Raum, um nachdenken zu können, um über *alles* nachdenken zu können.

Die Aufklärung lag in greifbarer Nähe. Davon war er überzeugt, er musste nur fleißig sein. Das hatte man ihm eingebläut. Das bläute man jedem ein.

Fleißig sein. Und ein gutes Leben war einem gewiss.

Vielleicht würde ihm das helfen.

Vielleicht würde es allen helfen.

Alec füllte ein Glas mit Leitungswasser. Sollte er jemandem schreiben? Es musste ja nicht unbedingt Grace sein.

Er musste mit jemandem reden, egal, mit wem. Sein Kopf schwirrte, und er trank noch ein paar Schlucke, schüttelte den Kopf. Je schneller er wieder Vollzeit arbeiten könnte, desto besser. Er ging zum Tisch des renovierten Zimmers, der nach Farbe roch, obwohl die Wände getrocknet waren.

Er öffnete seinen Chat mit Grace.

Er scrollte nach oben.

[10:04] Grace: Wie ist es denn bei euch?

[10:14] Grace: Regnet sicher.

[10:16] Alec: Es hat geschneit.

[10:16] Alec: Aber die Sonne schaut.

[10:17] Alec: Sorry, scheint. Korrekturprogramm.

[10:19] Grace: Mach ein Foto.

Er dachte an seine erste Begegnung mit Cooper.

Ich habe die Pferde entdeckt, hatte er gesagt. *Na ja, eigentlich Mr. Cole und seine Tochter.*

Danach hatte Cooper dem Vogel den Hals umgedreht.

Er dachte beklommen an die Tiere.

Er dachte über sein hiesiges Leben nach.

Alec wählte auf seinem Handy, das er gleichzeitig auflud, ein Foto von den Kisten aus, eines mit der Aufschrift SIEHE und ein Bild der im dunklen Wald verwesenden Tiere und schickte alles an Grace Cole.

Hier zog es.

Ein Fenster stand offen.

Er senkte den Blick auf den Laptop. Er hatte sich nicht

aus seinem Social-Media-Account und seinen E-Mails ausgeloggt; er musste besser aufpassen.

Als er die Tabs schließen wollte, entdeckte er es.

94

Er hatte Anfragen. Zig Leute boten ihm ihre Freundschaft an.

CHARLES ELTON.

Und KATE BABBIT. Dann ein weiterer Name. Und noch einer. Er kannte manche, andere nicht.

Einige dieser Menschen waren seit Wochen tot.

Er akzeptierte alle Verschollenen.

Vierunddreißig Minuten später erhielt er eine Nachricht von Grace.

Sein Handy zeigte einen Ort an. Sie hatte ihn über die App geteilt.

Die Karte mit der Markierung wäre eine Stunde zugänglich.

Grace schien sich in der Nähe der Well Farm aufzuhalten. Offenbar im Wald. War sie die ganze Zeit dort gewesen? Er wusste es nicht.

Komm allein, schrieb sie.

Hast du Simon?, fragte er.

Er zitterte, war sowohl beschämt als auch aufgewühlt, und fragte sich, was er tun sollte.

Redete sich ein, er würde es schaffen.

Redete sich ein, er könne es tun, er müsse es tun. Er durfte nicht warten, bis die anderen bereit waren. Er durfte nicht zulassen, dass sie ihn daran hinderten. Er durfte nicht riskieren, dass sie floh, und *er kannte sie.* Sie hatten sich nie persönlich kennengelernt, doch er kannte Grace, wie sie ihn kannte.

Das war des Rätsels Lösung. Vielleicht hatten die anderen recht. Vielleicht war es doch eine Einzeltäterin. Oder … vielleicht war auch Grace ein Opfer.

Ja, schrieb sie.

Sie hatte seinen Sohn. Er musste sie unbedingt finden. Zaghaft lächelnd stand er auf und sammelte seine Sachen ein.

Dann brach er auf.

95

Alec erreichte die Well Farm. Der auf der Karte markierte Ort lag irgendwo dahinter – mitten im Wald, vermutlich eine gute halbe Stunde zu Fuß von der Hausruine entfernt, die am Rand der Farm stand. Von dort führte ein Pfad zu einem kleinen See.

Das Tor stand offen. Vielleicht hatten seine Kollegen es nicht geschlossen, als sie zuletzt hier gewesen waren, vielleicht war danach jemand durchgefahren. Alec hatte nach seinem Unfall selten am Steuer gesessen und befürchtet, das Fahren verlernt zu haben oder aufgrund eines Traumas in Panik zu geraten, doch er war während der Rückfahrt nach Ilmarsh genauso sicher gefahren wie jetzt auch. Er hielt kurz am Feldrain. Dann fuhr er weiter wie der Transporter, dessen Insassen die Pferdeköpfe und Schweife in jener Novembernacht zur letzten Ruhe gebettet hatten. Alec malte sich die Szene aus, während seine Reifen durchdrehten, die nicht für offenes Gelände gedacht waren. Er hätte die Karte noch dreiundvierzig Minuten auf seinem Handy.

Er näherte sich dem Waldrand, eine schwärzliche Wand aus Nadelbäumen, deren Wipfel in den Himmel ragten. Er hielt an, stellte Motor und Licht aus.

Er hatte eine Taschenlampe dabei. Einen Schlagstock. Pfefferspray und Handschellen. Für alle Fälle sogar ein Küchenmesser.

Alec sah auf sein Handy. Noch vierzig Minuten. Er drehte sich um, doch die roten Stangen, mit denen man die Fundorte der Pferdeköpfe markiert hatte, waren in der Dunkelheit nicht zu sehen. Dann stieg er aus.

Inzwischen war es Winter, und die Kälte brannte auf der Haut, ließ die Augen trocken werden, drang bis in die Knochen. Er zitterte schon jetzt.

Dies war die dunkelste Nacht des Jahres.

Alec knöpfte seinen Mantel bis oben zu und hoffte, dass ihm durch den Fußmarsch warm werden würde.

Kannte er Ilmarsh inzwischen besser? Diese merkwürdigen Wochen waren ihm vorgekommen wie ein ganzes Jahr. Bald wäre er vier Jahre hier, so lange wie man laut

Elizabeth brauchte, um sich mit einem neuen Wohnort anzufreunden.

In vierzig Jahren würde Ilmarsh vermutlich unter Wasser stehen.

Seine Taschenlampe flackerte. Er suchte im Kofferraum vergeblich nach Batterien, denn er hatte überhastet gepackt. Im Notfall musste er auf das Licht seines Handys vertrauen.

Er wandte sich dem Waldrand zu, blieb kurz reglos stehen und fror im winterlichen Wind.

96

Cooper erwachte benommen.

Alec lag nicht in seinem Bett. Das Bettzeug sah kaum benutzt aus, als hätte er nur kurz darin geschlafen.

Sie schaute im Bad nach, aber dort war er auch nicht. Sie benetzte ihr Gesicht mit Wasser.

Dann merkte sie, dass seine Tasche fehlte.

Und ihr Laptop.

Cooper zog ihre Schuhe an, ging in den Flur und schrieb ihm ärgerlich eine Nachricht: *Wo zum Teufel sind Sie?*

Im gegenüberliegenden Zimmer, das gerade renoviert wurde, brannte Licht, und einer Ahnung folgend, ging sie hinein. Sie fand ihren Laptop, mehr nicht.

Der Bildschirm leuchtete noch bläulich.

Die einzigen Geräusche stammten von ihr selbst. Diese

Nacht war fast totenstill, im Haus schien sich nichts zu rühren. Das Einzige, was sich bewegte, waren Coopers Finger.

Sie schloss die Tabs, die Alec geöffnet hatte.

Zuletzt den Tab mit seinem Profil.

In einer Ecke der Hinweis auf eine neue Nachricht.

Sie las sie. Entdeckte das Foto der Holzkiste.

Den Treffpunkt. Die Nachricht.

Komm allein.

97

Im Schein der Taschenlampe erblickte Alec kleine Steinhaufen, umgeben von Pfützen. Der Mondschein konnte den dichten Baumbewuchs nicht durchdringen.

Alec ging weiter. Schuhe und Strümpfe wurden nass. Seine Füße fühlten sich wund an, er hatte das Gefühl, als bekäme er gleich einen Krampf in den Waden.

Er wollte sich Schweiß von der Stirn wischen, aber sie war trocken.

Er schaute im Gehen immer wieder auf sein Handy.

Erstaunlicherweise gab es hier ein Signal, wenn auch schwach, und wahrscheinlich hatte auch Grace Empfang.

Alec war noch nie so weit vorgedrungen.

Er hatte sich nicht einmal als Kind so tief in die Natur gewagt. Die Wildnis hatte ihn nie gereizt. Simon war vor Jahren, als es noch den Anschein hatte, Elizabeth könnte genesen, gewandert und hatte gezeltet. Einmal war er mit seiner Mutter einen Tag in den Hügeln gewandert. Während der ersten zwei Jahre in Ilmarsh hatte Simon nie den Drang gehabt, das Umland zu erkunden. Das hatte sich erst geändert, nachdem er Freundschaften geschlossen hatte.

Alec beschleunigte seine Schritte.

In diesem dunklen Wald beschlich ihn Angst.

Er war noch nicht weit gekommen, als er auf etwas stieß, das mit Laub und Kieseln bedeckt war. Er bemerkte die rissigen Bretter erst im Schein der Taschenlampe und begriff, dass es sich um einen uralten Brunnen handelte. Davor lagen Getränkedosen längst vergessener Marken wie Opfergaben im wuchernden Unkraut.

Dann entdeckte er eine auf der Seite liegende Schubkarre und dicke, hohe Holzpfähle, die man beinahe für Bäume hätte halten können, wäre da nicht oben Metall gewesen. Sie erinnerten an Lautsprecher oder Luftschutz-Sirenen. Es war ihm ein Rätsel, warum sie dort standen.

Ringsherum erstreckte sich eine stockfinstere Welt. Dort, wo die Bäume etwas Raum ließen, wucherte Unterholz und Kraut, fast alles winterlich verdorrt, skelettartig und im Wind schwankend. Und es gab umhersurrende Bienen. Warum sie nachts unterwegs waren und wie sie in dieser Kälte überleben konnten, verstand er nicht. Eigentlich ein Ding der Unmöglichkeit. Vielleicht täuschte er sich, vielleicht waren es andere Insekten, doch er konnte sie nicht einordnen. Je länger Alec an diesem Ort verharrte und je genauer er horchte, desto lauter schienen sie zu brummen.

Nun blieben ihm nur noch Minuten.

Das Signal auf dem Handy war jetzt extrem schwach, doch er war zweifellos fast am Ziel.

Es lag stets an einem selbst.

Denn vor sich selbst hatte man die größte Angst.

Alec sah zwischen den Bäumen Wasser glitzern und richtete den Taschenlampenstrahl auf eine Biegung des Pfades. Dort lichteten sich die Bäume.

Er zögerte, schaute noch einmal auf sein Handy.

Ein letzter Balken.

Wenn Grace in der Nähe war, hatte sie sich nicht gerührt. Er konnte auch kein Licht sehen.

Mit der freien Hand griff er nach dem Messer, das in seinem Mantel steckte, und ging im Schein der Taschenlampe weiter.

Dann erblickte er den See.

98

Zuerst hörte er die Insekten. Ihr leises Summen im Schilf. Dann bemerkte er, dass die kalte Luft wundersamerweise nach Äpfeln duftete. Er spürte Staub auf der Haut, den Staub all jener Wesen, die hier gelebt hatten und gestorben waren. Die dunkle Wasseroberfläche schien die Sterne festzuhalten, als stünde der Nachthimmel im Bann des von Schilf gesäumten Sees. Die Form des Gewässers glich einer auf die Erde gestürzten Mondsichel.

Je länger Alec den See betrachtete, desto stärker sein Eindruck, dass er einem Lächeln glich.

Mücken summten durch die Luft. Eine stach ihn, dann noch eine, sie saugten unbemerkt sein Blut. Er fror nicht mehr so stark. Ihm war sogar warm, obwohl er reglos dastand, und das Frösteln legte sich.

Nur die Bäume und der See, nur Pflanzen und, zehn Meter rechts von ihm, ein rostiges Autowrack. Daneben lag eine erloschene Taschenlampe, die zu den Bäumen des Waldes zeigte.

»Hallo ...«, krächzte er leiser als beabsichtigt. »Da bin ich.«

Keine Reaktion.

Im Schein der Taschenlampe hatte Alec kurz den Eindruck, als säßen Leute in dem Autowrack.

Drei Personen.

Doch es waren die Sitze. Einer fehlte.

Pareidolie.

Auf diesen Begriff war er auf seiner kürzlichen Suche nach Mustern, nach Symbolik, nach Zahlen und in seinem Bemühen gestoßen, die Bedeutung von *sechzehn* zu ergründen. Der Begriff bezeichnete das Phänomen, dort Gesichter zu sehen, wo keine waren. Das Heulen des Windes für eine Botschaft zu halten.

Inzwischen war es so finster, dass Alec kaum noch etwas sehen konnte.

»Ist da jemand?«, fragte er und klang auch dieses Mal

zögernder als beabsichtigt. Seine Worte hallten über das Wasser, ohne erwidert zu werden – weder antwortete der Wind, indem er auffrischte, noch schwankten die Bäume.

Die Wirklichkeit scherte sich nicht um den Ruf von Alec Nichols. Schließlich ging er weiter, die Taschenlampe nach vorn gerichtet.

Er näherte sich der auf dem Boden liegenden Lampe.

Alec ahnte nicht, dass die Taschenlampen eingeschaltet gewesen waren, als die Pferdeköpfe im Acker eingegraben worden waren.

Dicht vor der Lampe stehend, konnte er noch immer niemanden sehen. Sein Licht zitterte und schwankte, denn seine Hand war kalt und verkrampft, und allmählich packte ihn die Furcht.

Dann ruckelte sein Taschenlampenstrahl über einen Gegenstand.

Ein Camcorder lag auf dem Boden.

99

Pechschwarze Wolken am Nachthimmel.

Als Cooper neben dem verlassenen Auto von Alec hielt, herrschte Grabesstille. Sie hatte regelrecht darum betteln müssen, ein zweites Auto mieten zu können, und war so verzweifelt gewesen, dass sie dem Mann am Tresen hundert Pfund hingeblättert und ihren Pass als Pfand hinterlassen hatte.

Im Schilf summten und brummten die Insekten.

Sie öffnete die Autotür.

Die Stille war mehr als nur Stille. Sie schien zu brodeln, eine greifbare Substanz zu haben.

Die Bewohner von Ilmarsh würden im Laufe der nächsten Jahre ihre Stadt verlassen, denn Meeresspiegel und Temperatur würden unausweichlich steigen.

Sie hatte den Menschen helfen wollen, obwohl sie weder willens noch imstande war, sich selbst zu helfen.

Cooper stieg aus und rief Alecs Namen.

Sie hatte schon die Polizei angerufen und erläutert, wo sich Alec aufhielt, hatte die letzten Nachrichten auf ihrem Computer an die Beamten übermittelt. Sie hatte Ada Solarin angerufen. Sie hatte alle angerufen.

Und alle hatten ihr eingeschärft, sie solle warten.

Sie war trotzdem zum Wald gefahren.

Ab jetzt gäbe es keine Entführungen mehr.

Und auch keine Verstümmelungen.

Das Leiden der Stadt hatte ein Ende.

Es war vorbei.

100

Alec hatte wieder vor Augen, wie sein Sohn vor vielen Jahren in einer Küchenecke gesessen, die Stühle mit Girlanden aus Heftklammern geschmückt und anschließend seine Spielzeuge und Action-Figuren daran aufgehängt hatte. Er erinnerte sich daran, Simons Haare zerzaust zu haben. Er erinnerte sich daran, dass seine Frau Spaghetti gekocht, dass sie einander aufgezogen hatten.

»Du äffst mich nach«, hatte sie protestiert.

»*Du äffst mich nach.*«

»Ich glaube, Alec Nichols bereut zutiefst, was er Schlimmes getan hat.«

»*Ich glaube, Alec Nichols bedauert bla-bla-bla.*«

Das brachte den Jungen zum Lachen. Alec lächelte wieder, obwohl ihm nicht danach zumute war.

»Hey«, sagte er und berührte seine Frau etwas zärtlicher am Arm. Sie drehte sich zu ihm um, war offensichtlich müde. Er sagte: »Ich glaube, Alec Nichols ahnt nicht, was für ein Glückspilz er ist.«

101

An dem Camcorder brannte ein kleines, schwaches Licht. Er lag auf einem Kleiderstapel. Es war Frauenkleidung. Alec, der nicht gefilmt werden wollte, machte einen Bogen darum.

Außerdem fand er neben einer Jeans ein billiges, zerkratztes Handy.

Hier schien sich jemand zu verbergen.

Mit zitternden Händen holte Alec sein Handy heraus. Der Akku war fast leer, nur noch sieben Prozent. Wie konnte das sein? Er hatte es doch aufgeladen.

Bevor er es zum Auto zurückschaffte, wäre der Akku alle. Er ging auf seine Kontakte, die Liste all jener Menschen, die er kannte, die er mochte und geliebt zu haben glaubte.

Coopers Nummer, ein paar Namen weiter die von Elizabeth. Er hatte sie nie gelöscht.

Und dann kam Grace.

Die hinter allem stand.

Es war ihre Nummer, die sein Sohn unzählige Male angerufen hatte.

Sie musste hier irgendwo sein.

Sie hatte seinen Jungen.

Alec wusste, dass er ein besserer Mensch werden konnte, egal, wie schrecklich, wie widerwärtig er sich verhalten hatte.

Das konnte jeder, so war es doch, nicht wahr?

Wenn man sich einredete, die Welt retten zu wollen, würde man alles tun. Wenn man glaubte, einen Plan zu haben. Wenn man sich einbildete, alles richten zu können, was im Argen lag.

Wenn man Hoffnung hatte.

Schließlich tippte er auf ihren Namen.

Sekunden später begann das Handy neben der Jeans zu vibrieren und zu klingeln.

Es klingelte und klingelte.

Alec ging näher ans Seeufer und richtete den Strahl seiner Taschenlampe auf das Wasser.

Er bildete sich ein, dass er einen Körper sah, aber wie sich herausstellte, war es nur Laub.

Er bückte sich nach dem Camcorder.

Da ertönte rechts von ihm ein Geräusch, als würde jemand einen Zweig zertreten.

»Wer ist da?«, fragte er und fuhr stolpernd herum. Die Taschenlampe wäre ihm fast entglitten, der Lichtstrahl zuckte.

In einiger Entfernung war ein Licht im Dunkeln zu erkennen.

Sein Herz schlug noch schneller. Dann machte das Licht einen Schlenker und bewegte sich zwischen den Bäumen auf ihn zu.

»Grace?«, brachte er hervor und umklammerte mit zitternder Hand das Messer. Er ließ die Taschenlampe fallen.

Da erlosch das Licht.

Alec hob seine Lampe auf, die neben dem Camcorder gelandet war, und richtete den Lichtstrahl auf die Person, die offenbar umgekehrt war.

Äste schnellten zurück, eine schmale Gestalt verschwand in der Dunkelheit.

Alec schrie so laut »Halt!«, dass seine Stimmbänder schmerzten, sein Gesicht zuckte in der Kälte.

Er stürmte in die Nacht. Sein Handy rutschte aus seiner Tasche, als er über einen Ast stolperte, aber das merkte er nicht. Die Gestalt entfernte sich weiter.

»Bitte …!«

Er hielt noch das Messer in der Hand, achtete darauf, sich nicht zu schneiden.

Sein Atem ging immer schneller.

Als er die Lichtung erreichte, musste er husten, und ihm wurde kurz schwarz vor Augen.

Da war etwas. Irgendetwas …

Er ging darauf zu.

Eine Holzkiste. Er ließ den Strahl der Lampe schweifen.

Niemand in Sicht.

Alec betastete die Kanten und gesplitterten Seiten der Kiste. Sie hatte keinen Deckel. Sie war leer.

Hinter ihm, in der kalten Nacht, atmete jemand schwer.

Er fuhr herum und erblickte im Licht der Taschenlampe eine Gestalt, die stöhnend und gekrümmt am Waldrand hockte.

Alec ging zitternd auf sie zu.

Er musterte das Gesicht.

Er erkannte Simon, und Simon erkannte ihn.

Der Vater ging zu seinem Jungen.

»Es tut mir so leid … so leid«, stieß er hervor und schloss seinen bebenden, kraftlosen Sohn in die Arme. »Es tut mir ja so leid.«

Simon schwieg. Obwohl er weinte, wirkten seine Augen wie erloschen.

Sein Gesicht war dreckig und zerkratzt.

Alec ergriff die Hand des Jungen. Er spürte einen verbundenen Fingerstumpf. Dann noch einen – auch der kleine Finger fehlte.

»Was haben sie dir angetan?«, flüsterte er.

Der Junge zitterte stark. Er gab kehlige, unverständliche Laute von sich.

»Wo sind diese Leute?«

411

»Hier …«, krächzte Simon mit gequälter Miene. Er klammerte sich noch fester an seinen Vater.

»Wir müssen weg.« Alec ließ den Taschenlampenstrahl über die Bäume gleiten. »Wie viele sind es? Sind sie bewaffnet?«

Sein Sohn antwortete nicht.

Er schüttelte ihn behutsam. »Simon, wir müssen verschwinden – bitte reiß dich zusammen. Ich weiß, es ist schwer, aber wir müssen sofort verschwinden – ich muss dich in Sicherheit bringen, verstehst du?«

Simon nickte blinzelnd, mit leerem Blick.

»Wie viele sind es?«, wiederholte Alec.

Sein Sohn stotterte etwas Unverständliches.

»Was?« Alec riss den Kopf herum.

»Sie sind … sie haben mich …« Simon japste, als müsste er um Atem ringen. »Sie haben mich …«

»Sind sie noch hier, Simon?«

Der Junge schüttelte den Kopf. »Zwei … gibt es nicht mehr.«

Früher war ich voller Zorn. Manchmal träumte ich, besser zu sein. Wir töteten, weil wir helfen wollten, und während ich half, spürte ich etwas in mir.

Kate.

Charles.

Alec nickte. Er ging ein paar Schritte und merkte, dass Simon ihm nicht folgte. Als er sich umdrehte, sah er ihn zum Waldrand stolpern.

Alec packte die unversehrte Hand des Jungen und zerrte ihn mit. Simon weinte immer noch.

»Beruhige dich«, sagte Alec beschwichtigend. Er signalisierte ihm, leise zu sein, und wollte ihn zu sich heranziehen, spürte seine kalte Haut. »Alles wird gut.«

Alec wusste nicht wohin. Er wusste nicht mehr, aus welcher Richtung er gekommen war.

Ich habe Feuer entfacht. Ich bin wachsam, und niemand hat mich gesehen, niemand wird mich jemals sehen.

»Haben sie etwas zu dir gesagt?«, fragte er. »Bevor sie dich hiergelassen haben? Haben sie noch etwas gesagt?«

»Grace, sie … sie hat …«

Simon verstummte.

Sie gingen durch den Wald. Als Alec Zweige entdeckte, die er auf dem Hinweg zertreten haben musste, war er erleichtert.

»Hier entlang«, sagte er.

Ich habe sie wie bei der Tanzpest springen lassen. Nun erblühe ich.

Sie gingen zum See.

Dort vernahm Alec ein Zischen, das umso lauter wurde, je näher sie dem Ufer kamen. Die Kälte roch wieder nach Äpfeln. Er spürte Staub auf der Haut. Dann erblickte er den See, in dem sich die Mondsichel spiegelte.

Alec ließ seinen Sohn los und ging zu dem Camcorder. Er musste ihn mitnehmen. Die Sache war noch nicht ausgestanden, nicht, bis er alle aufgespürt hatte. Immerhin hatte er seinen Sohn wieder. In gewisser Weise hatte er den kaputten Spiegel repariert. Ja, er hatte ihn repariert, er hatte alles repariert.

Zwischen den Bäumen ballte sich die Dunkelheit.

Ja, lächeln Sie nur.

Alec drehte sich um.

Simon war verschwunden.

Er ging zu dem rostigen Autowrack.

Irgendetwas verbarg sich darin.

Hinter ihm ertönte das dumpfe Knacken eines Zweiges.

Er wirbelte herum.

Sie hätten ihn retten können.

102

Cooper erreichte den See.

Sie unterließ es, zu rufen.

Sie hatte die Taschenlampe ausgeknipst und benutzte nur noch das gedämpfte Licht ihres Handys.

Sie schaute sich um und entdeckte einen Schimmer auf dem Boden, davor einen roten Punkt.

Sie konnte niemanden erkennen.

Sie ging mit wachsender Furcht darauf zu.

Neben einem Kleiderstapel stand eine Holzkiste mit gesplitterten Kanten, die im Lichtschein des Handys einen langen Schatten warf.

Diese Kiste, inmitten einer dahinsiechenden Wildnis, schien einer anderen Realität zu entstammen. Das grobe, gelbliche Holz wirkte im Schein des Handys fast schwarz.

Die Kiste schien auf sie gewartet zu haben.

Cooper sah sich um, konnte aber nichts sehen oder hören.

Sie rief Alec an.

Sie hatte ihm ein Dutzend Mal geschrieben, aber keine Antwort erhalten. Er schien ihre Nachrichten nicht einmal gelesen zu haben.

Er reagierte auch jetzt nicht.

Sie leuchtete die Kiste wieder mit ihrem Handy an. Das Wasser des Sees schwappte leise aufs Ufer.

Sie zögerte beklommen.

Dann suchte sie nach der Nummer von Grace. Sie kam sich vor wie in einem Traum, wie blind.

Als sie Grace anrief, regte sich etwas zwischen den Steinen am Ufer.

Dort erwachte ein Handy zum Leben.

Es klingelte. Ein befremdliches Geräusch in dieser tiefen Stille.

Cooper ging darauf zu.

Sie wollte sich nach dem Handy bücken, als sie einen Schlag gegen den Kopf bekam. Sie spürte Blut in den Haaren.

Dann knickte sie ein und klatschte ins Wasser.

Nur noch Leere.

Dann Blitze.

Eine Hand im Wasser, ein bebender Körper.

Loderndes Feuer spiegelt sich rot auf dem Wasser, die Küste ist weit weg.

Wasser in der Kehle, ihr ist kalt, so kalt …

Sie will sich aufrichten, wird aber wieder unter Wasser gedrückt.

Die Wirklichkeit zerbricht.

Hektisch tastet sie nach dem Skalpell, zerrt es aus der Tasche und rammt es in die Hand ihres Peinigers, schleudert ihn ins Wasser.

Er rudert mit dem freien Arm, wirft sich hin und her, will sich befreien.

Cooper drückt ihn unter Wasser, packt seinen Kopf, ihre Finger bohren sich in eines seiner Augen. Er will schreien, dann fällt auch sie wieder ins Wasser.

Sie taucht kurz auf, holt Luft, geht noch einmal unter.

Das Skalpell ist ihr entglitten.

Die Welt ist ein schwarzes Pulsieren.

Dann erblickt sie das Gesicht, das unter Wasser zu ihr aufblickt.

Ein Gesicht voller Hass, voller Bösartigkeit, voller Verderben.

Hustend torkelt sie zum Ufer und wankt zu der Kiste, zum Lichtschein.

Doch der Angreifer ist ihr gefolgt und will sich von hinten auf sie werfen.

Sie wirbelt herum, stößt ihn weg.

Er stolpert, stürzt und knallt mit dem Kopf gegen einen Stein.

Die zitternde Cooper geht auf ihn zu. Sie atmet hektisch, hat den Drang zu schreien.

Er trägt Alecs Kleidung.

Sie geht noch näher heran.

Im Dunkeln kann sie erkennen, dass er am Kopf blutet.

Sein Blick zuckt hin und her.

$$\neq$$

Er konnte sich nicht bewegen, geschweige denn aufstehen. Sie setzte sich neben ihn. Sein Gesicht war ausdruckslos, doch er hatte Tränen in den Augen.

Stille, bis auf sein Krächzen.

Cooper öffnete die Holzkiste. Sie war nicht zugenagelt, der Deckel lag lose darauf.

Sie schaute hinein.

Entsetzt stand sie eine Weile da und kehrte dann zum Ufer zurück.

Er lag stöhnend da.

»Ganz ruhig«, sagte Cooper und wuchtete den Verletzten in eine Sitzposition. Dann untersuchte sie seinen Kopf im Schein der Taschenlampe.

Ein Schädelbruch, Blut lief in den Nacken.

Er stöhnte wieder.

Behutsam betastete sie den Bruch.

Sie hatte den Impuls, einen Finger in den Riss zu rammen.

Sie unterließ es.

Der Verletzte erbebte.

»Ganz ruhig«, wiederholte sie.

Sobald er sich nicht mehr regte, stand sie auf.

Simon war tot.

Ihre Augen brauchten einen Moment, um sich daran zu gewöhnen.

Der Morgen brach an.

103

Zwei Taucher suchten den See ab. Kleidung und Camcorder waren in Säcke verpackt worden, und Cooper ahnte, was man finden würde. Sie hatte sich die Aufnahmen angeschaut.

Und dennoch. Man musste abwarten.

Während die Sonne höher stieg, intensivierte sich das Summen und Brummen der Insekten. Vögel zwitscherten und sangen. Der bunte Bewuchs an den Seeufern moderte vor sich hin. Was zunächst rot und grün und blau gewirkt und nach blühendem Leben ausgesehen hatte, verriet nun Verfall.

Was hier lagert, ist in unseren Augen gefährlich und abscheulich.

Die Minuten verstrichen.

Dann kamen die Taucher mit einer bleichen, nassen Gestalt an die Oberfläche. Lange, dunkle Haare klebten auf ihren Schultern, sie war nackt, ihr Körper war teilweise mit Schlamm bedeckt.

Sie legten Rebecca Cole auf den Boden und deckten sie zu. Sie war drei Stunden vor Coopers Eintreffen gestorben. Man hatte sie erdrosselt, wie Würgemale zeigten.

Die Suche nach der zweiten Leiche dauerte länger.

Das Gesicht war bis zur Unkenntlichkeit entstellt, doch Cooper wusste Bescheid.

Sie hatten Grace Cole geborgen.

Seit einem Jahr tot, wie Cooper bald erfahren sollte.

Sie war nie nach Portugal gereist.

War nie im Ausland gewesen, von einem Flug nach Irland abgesehen.

Grace hatte ihr Zuhause, ihre Familie nie verlassen, weder ihren Mann noch ihre Tochter.

Sie war nicht fortgegangen.

Die Leichen wurden fortgeschafft.

Ebenso die Holzkiste. Darin lag eine entkleidete Leiche.

Stunden später wurde der dazugehörende Kopf entdeckt, der in einem Dickicht in der Erde lag, ein Auge zum Himmel gerichtet.

Das Video, vor Wochen von einem Fremden aufgenommen, zeigte die schlafende Cooper in ihrem Hotelzimmer.

Es zeigte Bilder aus der Nacht, als man die Pferdeköpfe eingegraben hatte, die mit bloßen Händen in der Erde wühlende Kate.

Dann war eine Stelle an der Küste zu sehen. Rebecca schaute über den Rand der Klippen, wandte sich dann zitternd ab. »Bitte«, sagte sie mit schwacher Stimme. »Bitte.«

»Wir haben sie getötet«, erwiderte jemand.

»Bitte lasst mich …«

»Ich liebe dich«, flüsterte die Stimme eines jungen Mannes in das Mikro des Camcorders. »Alles, was ich getan habe, habe ich für dich getan.«

Dann eine Aufnahme des Mädchens, auf einem Pferd über den Reithof der Eltons trabend.

Dann in einer Kutsche am Strand.

Wie sie am frühen Morgen, als sie die Pferdeköpfe entdeckt, entsetzt aufschreit. Man hört das Handy des Filmenden klingeln.

Dann sieht man sie auf den See zugehen.

Und schließlich ist Alec im Bild.

Den Schluss bilden drei Aufnahmen.

Eine zeigt, wie Simon mit seinem Vater streitet. Dieser will wissen, wann er die Führerscheinprüfung wiederholen wolle. Er brauche den Führerschein.

Simon erwidert, er werde sich bald anmelden.

Alec fordert ihn auf, es unverzüglich zu tun.

Alec verstellt seinem Sohn den Weg zur Treppe.

Simon will ihn wegstoßen, und Alec knallt mit dem Ellbogen gegen das Treppengeländer. Er verzieht schmerzerfüllt das Gesicht, fährt herum und verstellt seinem Sohn erneut den Weg, kommt ihm bedrohlich nahe.

Alec stößt Simon zurück. Dieser knallt mit dem Hinterkopf gegen den Wandspiegel, der Risse bekommt, aber nicht zersplittert.

Simon steht wie erstarrt vor dem Spiegel, und Alec tritt zurück.

»Ich wollte nicht …«, setzt Alec an. »Melde dich einfach für die Prüfung an, ja?«

Die zweite Aufnahme zeigt, wie Alec vor dem See an einem Camcorder vorbeigeht.

In der dritten Aufnahme spricht Alec.

»Es waren wehrlose Tiere«, flüstert er mit feuchten Augen.

»Kannst du mir helfen?«, fragt sein Gegenüber.

»Begreifst du denn nicht, was du getan hast? Du wirst für den Rest deines Lebens im Gefängnis sitzen – du zerstörst deine Zukunft«, sagt Alec. »Aber ich lasse dich nicht hängen.«

»Du hast Mum hängen lassen. Und auch mich.«

Schweigen.

Alec lächelt zaghaft, hilflos. Er hat noch das Messer in der Hand, die schlaff an seiner Seite hängt.

»Man hat dich benutzt. Die anderen haben dich dazu angestiftet«, sagt er.

Sein Gegenüber will etwas sagen, ist aber um Worte verlegen und entlässt nur einen undefinierbaren Laut.

Dann tritt Simon ins Bild.

Er umarmt seinen Vater weinend und bebend. Sein Vater schließt ihn fest in seine Arme.

»Alles wird gut«, sagt er.

Alles wird gut.

Simon nimmt seinem Vater, ohne ihn loszulassen, behutsam das Messer ab und schneidet ihm die Kehle durch.

EPILOG

Ich fand mein geliebtes Mädchen

im alten Hospital,
auf einer Bahre liegend,
so kalt, so schön, so fahl.

Der Herrgott möge sie segnen,
wo immer sie auch sei.
Eine wie sie finde ich nie wieder.
Alle anderen sind mir einerlei.

Sechzehn schwarze Pferde,
vor einen Totenkarren gespannt,
zogen sieben Mädchen zum Friedhof,
von denen eines für immer verschwand.

Amerikanisches Volkslied, Urheber unbekannt

EINS

»Warum sitzen wir hier?«, fragt die Therapeutin.

In diesem kleinen, weißen, von Neonröhren erhellten Raum gab es keine Wanduhr.

Cooper hatte an diesem Tag ihre Uhr vergessen. Sie fragte sich, ob ihre Therapeutin dieser Tatsache eine Bedeutung beimessen würde. Sie fühlte sich nackt ohne ihre Uhr, sah wiederholt auf ihr Handgelenk und sehnte sich nach dem Ende der Stunde. Es wäre die letzte.

Die Klimaanlage summte, während sich die Therapeutin Notizen machte.

Cooper trank einen Schluck Wasser aus ihrer Flasche.

»Wir haben es anhand der Aufnahmen rekonstruiert. Und im Rucksack des Jungen wurden Aufzeichnungen gefunden. Er hatte den Account von Grace nicht geschlossen.«

»Der Junge hat sich also als Grace ausgegeben?«

Cooper saß reglos da. »Ja. Und zuvor hatte Rebecca das getan.«

Draußen schien die Sonne.

Die Vorfälle in Ilmarsh lagen nun ein Jahr zurück.

$$\neq$$

Vor einigen Wochen hatte sich Cooper im Internet als jemand anders ausgegeben. Sie hatte das Foto einer Fremden benutzt und sich mit Fremden unterhalten. Hatte von Missbrauch und Traumata erzählt, die sie nie erlebt hatte.

Seither hatte sie mit fast niemandem gesprochen. Sie hatte nicht auf die Anrufe ihrer Schwester reagiert. Sie war auch nicht mehr im Internet gewesen.

ZWEI

Die Therapeutin beobachtete die erzählende Cooper, sah, wie ihr Blick flatterte und gelegentlich zu den Neonröhren emporzuckte.

»Könnten wir … Entschuldigung.« Ihre Patientin zögerte. »Wäre es möglich, dass Sie …«

»Ja?« Sie wartete, doch Cooper starrte stumm in ihren Schoß. »Was möchten Sie? Sagen Sie es einfach.«

»Ich finde es zu grell. Könnten Sie vielleicht …«

Die Therapeutin stand auf und dimmte das Licht. Nun konnte man sehen, wie die Abendsonne in das Fenster schien.

»Besser so, Cooper?«

Cooper bejahte oder verneinte dies nicht, nickte nicht einmal.

»Sie haben gerade von den Kindern erzählt.«

»Simon war kein Kind mehr«, sagte Cooper. »Alle haben so getan, als würden sie einen Jungen suchen, aber er war achtzehn. Also ein Mann.«

Man konnte den Verkehr auf der Straße hören. Die Leute gingen ihren Tätigkeiten nach, erledigten Einkäufe, kehrten von der Arbeit zurück.

Cooper kratzte sich am Arm.

»Er bildete sich ein, sie zu lieben. Sie bildete sich ein, ihn zu lieben. Und ... damit fing es an, nicht wahr? Damit fing alles an.«

Man machte sich selbst am meisten vor.

Ermutigt von Simon, hatte Rebecca begonnen, ihrer Mutter immer höhere Dosen zu verabreichen. Warfarin, ein Wirkstoff gegen Thrombosen, konnte auch als Rattengift dienen. Rebecca wollte endlich frei sein, ein Leben ohne Demütigungen und Schmerz führen, und so hatten sie die vom Arzt verschriebene Dosis schrittweise erhöht. Grace sollte so geschwächt sein, dass sie ihre Tochter nicht mehr behelligen konnte.

Cooper wandte das Gesicht vom hellen Fenster ab. Sie erzählte tonlos, jedenfalls zu Beginn.

»Alec war nicht besonders umsichtig. Und er hielt andere für genauso unaufmerksam. Er nahm seine Arbeit mit nach Hause und ließ die Unterlagen auf dem Schreibtisch liegen. Er kam nicht auf den Gedanken, dass sein Sohn darin lesen würde, ja, die Sachen überhaupt bemerkte. Doch als Alec die Akten über die Vorgänge auf der Insel mitbrachte – Fotos und Berichte über die Brände und das Gift –, schaute Simon heimlich hinein und erfuhr alles. Und sein Hass erwachte.«

Sie grub die Fingernägel in ihren Arm.

»Die Nachrichten auf dem Handy, das am See lag, haben uns gezeigt, dass Simon sich … Er kam sich wichtig vor, weil er all diese polizeilichen Informationen kannte. Beide, Rebecca und er …« Sie verstummte kurz. »Beide kamen sich wichtig vor, weil sie von den Erregern wussten. Weil sie begriffen hatten, wozu der Mensch imstande sein kann.«

Sie krempelte die Ärmel runter, fummelte am Stoff.

»Schließlich starb Grace. Ihre Leiche wies keine Anzeichen von Gewalt auf, nur die Spuren der Verwesung unter Wasser. Schwer zu sagen, ob die Kinder ihren Tod bewusst einkalkuliert hatten. Aber wahrscheinlich nahm der Vater Rebecca von der Schule, weil er die Sache vertuschen wollte. Albert Cole scheint nicht geahnt zu haben, dass ihre Tochter mit dem Jungen zusammen war. Sie verbargen die Leiche, und das Leben ging weiter.«

Coopers Blick war leer, ihre Augen waren gerötet. Ihre Arme wiesen frische, aber auch ältere Kratzspuren auf. Sie kam oft ins Stocken, wenn sie von schmerzhaften Ereignissen sprach, über die sie nicht nachdenken, die sie eigentlich hinter sich lassen wollte, aber nicht konnte, weil sie so hartnäckig nachhallten. Selten, dass jemand Mitgefühl zeigte, und wenn sie versuchte, Nachsicht mit sich selbst und ihren Versäumnissen zu haben – sie war nicht schnell genug im Wald gewesen und hatte Simons Tod verschuldet –, hatte sie stets die Holzkiste vor Augen, den im Erdboden eingebetteten Kopf, den Schädelbruch.

Nach dem Tod lebten die Gedärme weiter. Das Mikrobiom blühte und gedieh. Doch was am See geschehen war … was in den kaputten Familien des im Niedergang

begriffenen Ilmarsh gärte … All das hatte Cooper verändert. Sie war nachhaltig erschüttert.

Als Cooper in diesem Raum von dem Fall der sechzehn
Pferde erzählte, tat sie das in so präzisen, überlegten Worten, dass sich die Therapeutin unwillkürlich fragte, ob der
Bericht einstudiert war. Cooper benutzte Wendungen wie
man ist der Ansicht, sprach auch zunehmend in der ersten Person Plural.

Und sie kam immer wieder ins Stocken. Manchmal
hatte sie Atemprobleme. Es war, als würde sie ertrinken.

»Wie war es für Sie, seine Leiche zu entdecken?«, fragte
die Therapeutin.

»Ich habe von Grace gesprochen«, erwiderte Cooper.

»Schon richtig, aber …«

»Rebecca hat den Account ihrer Mutter weiter benutzt«, fuhr Cooper fort. »Sie erweckte den Anschein,
Grace hätte das Land verlassen. Vielleicht war das ihre
Art, mit Schuldgefühlen und Trauer umzugehen, wer
weiß. Die Chats legen jedenfalls nahe, dass es nicht nur
eine List war. Sie hat Freundschaften aufgebaut, indem
sie sich als die Frau ausgab, von der sie zur Welt gebracht
worden war und die sie dann gequält hatte.«

»Cooper?« Die Therapeutin sah sie scharf an. »Ich habe
Ihnen eine Frage gestellt. Wie war es für Sie …«

Cooper kam erneut ins Stocken, während sie erzählte.
Wie war es für sie gewesen? Sie hatte das Gefühl, von der
Therapeutin unterbrochen worden zu sein. Und sie fühl-
te sich wie ausgehöhlt.

»Schließlich haben sie sich getrennt. So etwas wie

Glück gab diese Beziehung nicht mehr her. Rebecca nahm ihr altes Leben wieder auf. Sie hatte eine Reitstunde. Sie kontaktierte frühere Freunde und Freundinnen. Sie erwog sogar, wieder zur Schule zu gehen. Sie wollte sich ändern.«

»Warum weichen Sie meiner Frage aus?«

»Ich versuche ja nur …«

»Vielleicht konzentrieren Sie sich darauf, wie Sie sich fühlen«, sagte die Therapeutin, nun freundlicher. »Wie Sie klarkommen. Wenn Sie erzählen, kommen Sie ständig ins Stocken. Sie kreuzen die Füße. Das erinnert mich an etwas.«

»Woran?«

»An Ihre Schilderung der Hunde in den Kisten. Ihre Beschreibung der Haltung der Tiere, Ihre Vermutungen darüber, was sie während ihrer letzten Stunden empfunden haben.«

Cooper schwieg.

»Ich denke, Sie geben nicht zu, wie betroffen Sie sind, Cooper. Aber wissen Sie – Sie dürfen betroffen sein, und das dürfen Sie auch zeigen. Was Sie hier sagen, dringt über diesen Raum nicht hinaus.«

Coopers Miene wurde immer ernster. In ihrem Inneren rumorten Zorn und Kummer und nicht nur das.

Als sie weitersprach, ignorierte sie die Therapeutin.

»Simon bemerkte etwas an sich selbst. Er hatte Rebecca geholfen, Grace zu beseitigen, und nun war er auf sich gestellt, vollkommen allein. Ihm blieb nur ein Mann, den er hasste. Ein Mann, dem er die Schuld am Tod seiner Mutter gab. Ein Mann, der kaum noch schlief. Der sich mit Arbeit übernahm. Diese beiden, der Vater und Rebecca, waren die Ziele von Simons Rachsucht, und es war ihm gleichgültig, ob andere zu Schaden kommen oder sterben würden. Ihm ging es um den Vater und das Mädchen, das er liebte. Und er fand eine Lösung.«

»Eine Lösung für was?«

»Für das Problem, das andere Menschen darstellten.«

Die Therapeutin notierte etwas.

Die Sonne ging unter, der Himmel färbte sich rot. Cooper griff nach ihrer Wasserflasche und betrachtete sie eine Weile.

»Er übernahm den Account von Grace. Er nahm Rebecca alles, was von ihrer Mutter geblieben war. Er wollte sich unbedingt an jenen Menschen rächen, die ihn im Stich gelassen hatten. An den Menschen, die er geliebt hatte.«

Die Stunde war fast zu Ende. Die Therapeutin wirkte besorgt, sagte aber nichts. Sie würden sich nicht wiedersehen.

»Sechzehn Pferde«, fuhr Cooper fort, wobei ihre Stimme immer leiser wurde. »Eines für jedes Lebensjahr von Rebecca. Kreise … wie Kerzen auf einem Geburtstagskuchen.«

Über London ging die Sonne unter.

»Sind Sie glücklich, Cooper?«

Sie schüttelte den Kopf.

»Waren Sie vor dem Fall mit den sechzehn Pferden glücklich? Bevor Sie Alec kennenlernten?«

Cooper schüttelte wieder den Kopf.

»In unserer ersten Sitzung haben Sie erklärt, Menschen geholfen zu haben. Sie meinten, Sie hätten Schlimmeres verhindert und Tiere gerettet und seien stolz auf Ihr Leben.«

»War ich auch. Bin ich.« Cooper wandte sich ab.

»Was würde Ihr Innerstes über Sie selbst sagen, wenn es sprechen könnte? Welche Meinung hätte Ihre Psyche von Ihnen? Wie würde sie über Ihr Leben urteilen?«

»Schwer zu sagen.« Cooper zuckte mit den Schultern.

»Was würde Ihre Psyche dazu sagen, Cooper?«

»Sie würde …«

Sie würde sagen, dass ich dabei bin, sie abzutöten.

433

VIER

Ihre Heimfahrt, zuerst mit der U-Bahn, dann mit dem Bus, dauerte anderthalb Stunden. Sie musste meist stehen, denn es war voll. Das Einsteigen war ein regelrechter Kampf, das Aussteigen auch. Einmal musste sie einen Mann wegdrängen, damit eine junge Mutter die U-Bahn verlassen konnte. Der Mann trug Kopfhörer, er hörte nichts, er reagierte nicht, verstellte einfach die Tür.

Im Bus war es besser. Er wurde immer leerer, je näher sie ihrer Haltestelle kam. Eine schöne Wohngegend, Häuser aus rotem Backstein, bemooste Mauern. In den Straßen gab es viele Cafés, überall ertönte Musik. Der Sommer wollte nicht enden.

Zu Hause entkorkte sie eine Flasche Wein. Sie wärmte ihr Lieblingsfertiggericht auf, Hackfleischbällchen. Dazu aß sie Brokkoli. Sie hatte die Köpfe halbiert, zehn Minuten gekocht, dann Salz und Pfeffer und etwas Zitrone dazugetan.

Sie sah fern und leerte währenddessen die Flasche.

Anschließend ging sie zu Bett. Ihre Wohnung war klein und modern, die Wände nicht gestrichen. Über dem Kamin hingen bunte Lichterketten. Cooper hatte sie seit ihrer Rückkehr kein einziges Mal angeschaltet. Sie erwog sie abzunehmen, konnte sich aber nicht dazu aufraffen. Sie putzte sich die Zähne, schlüpfte in ihren Pyjama.

Dann schaltete sie ihre Einschlafmusik ein und wälzte sich danach lange von einer Seite auf die andere.

FÜNF

Cooper erwachte. Der Morgen graute, und sie lag quer im Bett, das Deckbett halb auf dem Fußboden. Eine unbequeme Position. Ihre Schultern und ihr Nacken schmerzten.

Dann klingelte ihr Handy.

Sie wuchtete sich hoch und wischte sich Schlaf aus den Augen. Sie griff im Halbdunkel nach dem Handy, wobei sie beinahe ihr Wasserglas umstieß.

Sie räusperte sich.»Hallo?«

Doch noch ein neuer Fall für sie. Man verband sie mit dem zuständigen Beamten.

Sie dachte an die Worte ihrer Therapeutin.

Die schlimmste Sünde, die sie je begangen hatte?

Alec hatte ihr von seiner Frau und seinem Sohn erzählt.

Sie dachte über die Antwort nach, die sie damals gegeben hatte.

Ein fremdes Auto mit dem Schlüssel zerkratzt. Der Fahrzeughalter hatte seinen Hund getreten, also hatte sie sein Auto beschädigt. Sie war dreizehn gewesen.

Das Dumme: Es war nicht sein Auto gewesen. Sie hatte sich geirrt.

Bei dieser Erinnerung musste sie lächeln. Irgendwie idiotisch, doch bei dem Gedanken an die Person, die sie damals gewesen, zum Teil bis heute war, lächelte sie.

Cooper erwog kurz, die Verbindung zu unterbrechen und stattdessen wie geplant zu ihrer Mutter zu fahren.

Ja, sie sollte besser aufbrechen.

Sie hatte ihre Familie monatelang nicht mehr gesehen.

Alles, was sie getan, und alles, was sie in Ilmarsh erlebt hatte – sie hatte niemandem davon erzählt.

Nur ihrer Therapeutin.

Sie sollte ein Schild neben ihre Tür hängen. Eines wie das im Hotel.

Keine Angst mehr.

Kein Hass.

Kein Alec.

Keine Pferde.

Nichts von alledem.

Sie könnte es aufschreiben, wozu hatte sie einen Textmarker, nur das Klebeband wäre ein Problem.

Der Anrufer fragte, ob sie noch dran sei.

Cooper?

Cooper?

Sie hatte jemanden getötet.

Sie hatte einen Jungen getötet. Keinen Mann. Einen Jungen.

≠

Wenn sie an Alec dachte, sich an ihn zu erinnern versuchte, dachte sie stets an den halbmondförmigen See. Sie hatte die unscharfen Videoaufnahmen vor Augen, die zeigten, wie er dastand, zum See ging, zu Rebecca, zu seinem Sohn.

Cooper würde eines Tages dorthin zurückkehren. Dann wäre sie gewiss ergraut. Ein Hund würde sie begleiten. Sie würde an den Ort zurückkehren, wo sie jemanden getötet hatte. Sie würde ein letztes Mal durch die leere Stadt, die verwaisten Straßen gehen.

Ja, sie würde dorthin zurückkehren.

Wieder am See stehen. An alles denken, was sie nicht wusste. Sich fragen, ob in jener Nacht noch jemand dort gewesen war. Alte Ängste und Zweifel waren nicht totzukriegen. Sie würde sie weiter mit sich herumschleppen, und sie würden immer wieder erwachen, und dann könnte sie nicht einschlafen, und die dunklen Gestalten würden ihre Träume heimsuchen.

Sie würde sich vorstellen, dass Alec neben ihr stand, noch eine dumme Frage stellte, noch einen Gedankengang unterbrach, ihr dieses alberne Lächeln schenkte. Und sie würde sich auch alle anderen vorstellen, die Opfer diverser Verbrechen, die sich fragten, warum sie nicht mehr am Leben waren, Cooper aber schon.

Dieses Leben hätte sie zu erwarten, wenn sie jetzt weiter telefonieren und den Fall annehmen würde. Wenn sie sich nicht für ein unbeschwertes Leben entschied, wenn sie wie gehabt in ihrem Beruf funktionierte, wenn sie keine Weiche stellte.

Sie wollte keine Angst mehr haben.

Die Menschen lebten weiter, sie gaben ihre Eigenarten weiter, gute und schlechte.

Alec lebte in ihren Gedanken – was er gewesen war, was aus ihm geworden war.

Manchmal hatte sie geglaubt, er würde sie lieben. Im Grunde hatte sie das gewusst.

Sie hatte auch geglaubt, er hätte seinen Sohn geliebt.

Worin bestand das Geheimnis des Lebens, wie konnte man es schaffen, glücklich zu sein?

Das war ganz einfach, wie Cooper wusste. Es war ein Trick.

Man unterließ es einfach, darüber nachzudenken.

Sie presste das Handy ans Ohr und sprach.

DANK

Ich danke meinen Freunden und Freundinnen, G.C. Baccaris, Jose Borromeo, Sarah Longthorne, Anna Wharton, Patrick Weekes, Valerie Price, Gary Kings und allen in meiner Klasse am UEA für Feedback und Vorschläge. Claire McGowan, Doug Johnstone und TLC danke ich für die hellsichtigen Kommentare zu frühen Entwürfen. Ich danke Dr. Harriet Brooks Brownlie für tiefe, unverzichtbare Einblicke in die Veterinär-Pathologie und Graham Bartlett für seinen fachmännischen Rat zum polizeilichen Prozedere. Mein Dank gilt auch Gildes Foden, dessen frühzeitige Ermutigung und dessen Titelvorschlag *Sixteen Horses* den weiteren Verlauf des Romans bestimmt haben. Ich danke meinem Agenten, Sam Copeland. Mein Leben veränderte sich, als ich dir einen Auszug von sechzehntausend (sic!) Zeichen schickte; ohne dein Feedback und deine helfende Hand hätte ich während der letzten zwei Jahre sicher das Schicksal der Pferde geteilt und den Kopf verloren. Außerdem danke ich Peter Straus, Stephen Edwards, Sam Coates, Tristan Kendrick, Katharina Volckmer, Natasia Patel, Honor Spreckley, Madeleine Dunni-

441

gan, meiner Filmagentin Michelle Kroes, Arian Akbar und jedem bei RCW und CAA für ihren Einsatz für *Sixteen Horses*.

Meiner Lektorin, Maria Rejt, danke ich für ein gründliches, kluges und sorgfältiges Lektorat – sie hat nicht nur für einen besseren Roman, sondern auch für einen besseren Autor gesorgt. Ich danke meinem übrigen britischen Lektorats-Team – Josie Humber, Sarah Arratoon, Rosie Wilson, Alice Gray, Samantha Fletcher, Claire Gatzen, James Annal –, sowie dem Team in den USA, meinem Lektor, Zachary Wagman und seinem Vorgänger Noah Eaker, außerdem Lauren Bittrich, Maxine Charles, Katherine Turro, Lisa Davis, Jonathan Bush, Marlena Bittner, Samantha Zukergood, James Sinclair und Jason Reigal.

Ich danke meinen Eltern, Tricia und Glenn, und meiner Schwester Amy dafür, mein Schreiben so lange unterstützt und mich zu dem gemacht zu haben, der ich bin (seit meinem achten Lebensjahr habe ich euch bestimmt mit fünf Milliarden Story-Entwürfen bombardiert!). Das Schreiben eines Romans ist ein aufregender, berauschender und erfüllender Prozess, kann aber auch einsam sein. Ihr habt mir stets gesagt, was euch gefallen hat, und euer unerschütterliches Vertrauen hat mich über die Ziellinie befördert. Andere Familienangehörige – Deirdre, Hilda, Ben, James – haben die späteren Entwürfe des Romans gelesen und kommentiert. Ich möchte auch meiner Nichte Izzy danken, die an jenem Tag zur Welt kam, als erstmals Agenturen Interesse an *Sixteen Horses* signalisierten.

Ich hoffe, du hast Freude an diesem Roman, nachdem du Lesen gelernt hast.

Zu guter Letzt danke ich der Tierchirurgin Dr. Charlotte Mahood, der leibhaftigen Cooper, für ihre Informationen über Tiere, ihre emotionale Unterstützung, ihre Kommentare zum Text und ihre Geduld und Liebe während des Entstehungsprozesses. Als wir uns 2012 kennenlernten, war ich kein Profi-Autor, und du warst keine Tierärztin, ich konnte nicht mit den Fingern schnippen, und du konntest nicht pfeifen. Daran arbeitest du zwar noch, aber es ist nicht schlecht, drei von vier Träumen verwirklicht zu haben, und wir haben ein Leben lang Zeit, um den letzten auch noch wahrzumachen.

Leser und Leserinnen – das Buch, das ihr gelesen habt, wäre ohne jene Menschen, denen ich hier danke, undenkbar. Sollte euch der Roman gefallen und solltet ihr einem dieser Menschen über den Weg laufen, dann richtet bitte einen Dank an ihn und sie.

Tana French
Der Sucher
Roman

Cal Hooper, ehemaliger Cop aus Chicago, hat sich in den
Westen von Irland geflüchtet. Die Natur scheint friedlich,
im Dorf nimmt man ihn freundlich auf. Da springt sein in-
nerer Alarm an: Er wird beobachtet. Immer wieder taucht
ein Kind bei ihm auf. Auf den umliegenden Farmen kommen auf seltsame Weise Tiere zu Tode. Stück für Stück gerät
Cal in eine Suche, die ihn tief in die Dunkelheit führt.

»Ein Meisterwerk in seiner eigenen Liga: Diese soghafte
Geschichte über vereitelte Träume ist Tana Frenchs bestes
Buch bisher.« Washington Post

Aus dem Englischen von Ulrike Wasel
und Klaus Timmermann
496 Seiten, gebunden

Weitere Informationen finden Sie auf
www.fischerverlage.de

AZ 651-02567/1

Emma Stonex
Die Leuchtturmwärter
Roman

In der Silvesternacht verschwinden vor der Küste Cornwalls
drei Männer spurlos von einem Leuchtturm. Die Tür ist von
innen verschlossen. Der zum Abendessen gedeckte Tisch
unberührt. Die Uhren stehengeblieben. Welch rätselhaftes
Schicksal ereilte die Leuchtturmwärter? Zurück bleiben drei
Frauen, die auch zwei Jahrzehnte später von dem rätselhaften Geschehen verfolgt werden.

»Ein außergewöhnliches Buch! Durch jede Seite, jede Figur
hallt die dunkle, mächtige Präsenz des Meeres wider.«
Raynor Winn, Autorin des Bestsellers Der Salzpfad

Aus dem Englischen von Eva Kemper
432 Seiten, gebunden

Weitere Informationen finden Sie auf
www.fischerverlage.de

AZ 10-397037/1